사랑의 인문학

*은 본문에 사용된 주, 작은 숫자는 후주를 표기한 것입니다.

사랑의 인문학

사랑, 그 끊임없는 발견을 위하여

주창윤

마음의숲

차례

프롤로그

사랑, 그 끊임없는 발견

사랑에 흥미를 잃으면, 다른 물건들처럼
우린 사랑을 서랍 속에 넣는다.
- 에밀리 디킨슨

책상 서랍을 열어보면, 한때 필요했거나 소중했던 것들로 가득하다. 낡은 반지, 사진, 편지, 열쇠 등. 그것들은 한때 나에게 소중했기에 지금 필요 없더라도 버리지 못한다. 어쩌면 지금 우리의 사랑은 각자의 서랍 속에서 닳고 있는지도 모른다. 에밀리 디킨슨의 시처럼, 우리는 사랑을 서랍 속에 넣어두고 있다.

사랑이란 무엇인가? 이 거대한 질문에 대한 나의 대답은 사랑은 '끊임없는 발견'이라는 것이다. 이 책에서 내가 말하고자 했던 것은 바로 사랑은 나에 대한 발견으로 시작해서 타자에 대한 발견, 그리고 둘 사이를 메우는 불완전한 과정이라는 것이었다.

나는 사랑이 '하나 됨이 아니라 둘 됨'이라고 믿는다. 플라톤에서 낭만적 사랑론자들에 이르기까지 사랑은 하나 됨, 둘의 융합이었다. 그러나 사랑은 한 무대 안에서 둘 됨의 과정이다. 이것은 타자성을 인정해야 한다는 것이다. 나와 너의 차이를 인정하면서 둘의 세계를 구축하는 실천이 사랑이다. 사랑은 동일성의 추구가 아니라 타자성의 추구이다. 하나가 된다는 것은 환상이다. 두 사람이 영원히 하나가 되는 것은 불가능하다. 다만 하나가 되기를 꿈꿀 뿐이다.

사랑이 둘 됨을 지향하는 과정이라면, 사랑의 아름다움은 이것을 추구하는 시도 속에 있다. 비록 그 시도가 성공하지 못한다 하더라도 시도 자체는 아름답다. 왜냐하면 내가 사랑하고 사랑받는 자격을 부여받기 때문이다. 때때로 사랑의 시도 속에서 상처를 입기도 한다. 그러나 마음에 멍이 들었다 해서 사랑 때문에 궁핍해지는 것은 아니며, 과일처럼 썩는 것도 아니다. 상처는 새살이 돋는다는 증거다.

랭보는 "사랑은 재발명되어야 한다"고 말한다. 어찌 보면 내가 말하고자 하는 끊임없는 발견으로써의 사랑과 재발명되는 사랑은 비슷해 보인다. 그러나 태양의 흑점은 발명이 아니라 발견인 것처럼, 발견은 이미 존재하는 것을 찾는 것이고, 발명은 이전에 없는 것에 대한 창조다. 랭보는 19세기 말 급격한 사회변화 속에서 사랑이 오염되었고, 결혼도 안정성만을 추구하는 제도일 뿐이어서 경험의 창조로서 사랑이 재발명되어야 한다고 말했다.

그러나 내가 말하고자 하는 끊임없는 발견은 그녀(그)에게 없는 것을 창조하는 것이 아니라 이미 그(그녀) 안에 존재하는 것을 찾는 것이다. 내가 지금 여기에 있는 까닭은 그만한 이유가 있기 때문이다. 누구에게나 존재하는 이유가 있듯이, 내가 사랑하는 그녀(그)도 사랑하고 사랑받을 만한 이유가 있다. 그것은 때로 잘 보이지 않는다. 자신조차도 알지 못할 때가 있다. 내가 얼마나 괜찮은 사람이고, 사랑을 받고 사랑할 자격이 있는 사람인지. 나는 사랑이 창조의 과정 이전에 이미 그(그녀)에게 존재하지만 보이지 않는 것들을 서로 찾아서 발견해나가는 과정이라고 믿는다. 이것이 바로 내가 이 책에서 일관되게 말하고자 하는 내용이다.

왜 지금 사랑이 중요한가?

사랑은 두 이방인의 친밀한 만남으로부터 시작된다. 지금 그것은 마치 해안가 절벽에서 처녀비행을 하는 어린 갈매기처럼 불안해 보인다. 어쩌면 내가 우리 시대의 사랑을 지나치게 우려하는 시선으로 바라보는 것일 수도 있다. 그러나 사랑을 포기하는 사람들이 많아지고 있는 것을 보면, 지금 세대는 정서의 불안과 허기 속에서 사랑을 하고 있는 것처럼 보인다.

사랑을 못하는 것이 아니라 하지 않겠다는 선택은 자신이 소중한 존재라는 사실을 인정하지 않는 것이다. 때론 사랑을 하지 못하는 것이 열등감을 불러일으키기도 한다. 사랑은 상대에게 인정받고 싶어 하는 개인의 열망이 잘 드러나는 영역이기 때문이다. 우리는 사랑을 통해서 독특한 한 개인의 개성과 가치를 인정하고 인정받아야 한다. 그러나 서로를 인정하고 인정받는 일은 쉽지 않은 현실이다.

우리에게 왜 지금 사랑이 중요한가? 우리는 '혼자 남아 있다'는 불안한 감정 속에 살고 있다. 가족, 친구, 직장동료 등 다양한 인간관계가 우리를 감싸고 있는 듯하지만 이 관계들은 생각만큼 견고하지 않다. 사랑은 생각했던 것 보다 빠르게 변하고 또 쉽게 무너진다. 사랑의 열정, 헌신 그리고 약속은 어느 순간 공기 속으로 사라져 모습을 감추기도 한다. 지금의 사랑은 과거 어느 때보다도 불안정한 관계 속에서 전개되고 있다.

사랑을 이루는 핵심요소는 열정과 낭만이지만, 지금은 다른 중요한 요인들이 추가된다. 그것은 바로 '인정욕구'와 '불안감'이다.[1] 인정욕구는 말 그대로 상대방을 인정하고 상대방에게 인정받고 싶어 하는 욕구다. 불안감은 자신의 가치를 확신하지 못하는 마음에서 시작된다. 열정과 낭만이 두 사람 사이의 개인적 관계에서 비롯되는 초월적 가치라면, 인정욕구와 불안감은 사랑으로 극복하고 싶어 하는 현실적 가치이다.

미디어와 네트워크는 사람 사이의 연결을 확장하지만, 도리어 개인과 개인의 관계는 점점 멀어지는 비개인화 과정이 급속히 진행되면서, 우리는 더욱더 자신의 존재감을 찾고자 갈망한다. 존재감은 혼자 얻을 수 있는 것이 아니라 다른 사람과 상호작용을 통해서 얻어진다. 비개인화되고 있는 것만큼, 다른 사람에게 의존해야 하는 필요성은 증가한다. 사람 사이의 관계는 개인적이지만 의존적이며, 밀접하지만 떨어져 있다. 그러므로 우리 시대의 "사랑은 지독한 그러나 너무나 정상적인 혼란"[2]이다. 지독히 혼란스러운 사랑이, 그러나 너무나 정상적인 사랑이 되었다.

가족, 친족, 공동체와 같은 사랑의 안전장치가 약화되면서, 사랑에 대한 모든 고민의 해결책을 혼자 찾아야 한다. 과거에는 같은 계급 안에서만 사랑과 결혼이 이루어졌고, 스스로 사랑의 한계를 설정하고 인정했다. 선택의 자유는 적었지만 심리적 안정감은 유지되었다. 하지만 지금은 선택의 자유가 확대되면서 개인의 고민도 커지고 있다. 개인은 사랑의 선택권을 갖고 있지만, 서로를 선택하는 과정은 마치 전장과도 같다. 사랑의 대상을 선택할 수 있는 여지는 많지만, 그만큼 선택의 어려움도 크다.

더욱이 지금 우리는 '관계의 시대'를 넘어 '연결의 시대'를 살고 있다. 이제 사랑은 관계가 아닌 연결이 되었다. 관계는 안정성을 기반으로 형성되기 때문에 원하지 않는다고 끊을 수 있는 것이 아니다. 그러나 연결은 마치 컴퓨터에서 로그인과 로그아웃을 하듯이, 언제든지 내가 원할 때면 끊거나 다시 연결할 수 있다. 사람들은 끊임없이 연결에 집착하고 있다. 홀로 남겨져 있다는 불안감이 새로운 연결하기를 부추기는 것이다.

오늘날 사랑이 중요한 이유가 바로 여기에 있다. 과연 나는 누구인지, 나는 어디로 가고 있는지에 대한 '실존적 불안' —— 자신의 심리적 안정감을 잃고 홀로 남겨져 있다는 생각 —— 으로부터 구원해줄 수 있는 것이 바로 사랑이다.

시인 김승희는 "아름다운 자아, 나 자신보다 훨씬 이상적이고 사랑을 통해 완성된 환상적 자아라는 것은 그러므로 나 혼자, 나에 대해, 나를 통해 만들어진 것은 아니다. 그것은 4분의 1의 나와 4분의 3의 당신이 만든 것이다"[3]라고 말한다. 지금 내가 존재하는 이유가 수많은 타인들이 있기에 가능하다는 말이지만, 4분의 3의 사랑하는 사람이 나를 인정할 때, 4분의 1의 나는 비로소 존재하고 가치를 지닌다.

사랑에 관한 너무나 많은 책과 논의들이 있지만 나는 그것들에게 불만이다. 우선, 많은 연애지침서가 있다. 이것들은 어떻게 연애를 잘할 수 있는지 전략이나 비법을 제시한다. 연애의 비법으로 제시되는 것들은 상대에게 특별한 존재로 보이도록 하라, 먼저 말을 걸지 말고 상대에게 너무

많은 말을 하지 말라 등 밀당의 기술만 선보일 뿐이다.[4] 이것은 비법(秘法)이 아니라 비법(非法)이다. 상대방을 내 안에 가두려는 밀당의 전략들이 실제 사랑에서 성공할 가능성은 낮다. 왜냐하면 사랑은 이기심에서 나오는 것이 아니기 때문이다.

나는 프로이트나 정신치료 전문가들이 제시하는 사랑에도 동의하지 않는다. 프로이트는 성적 욕망이나 섹스를 과대평가함으로써 사랑의 숭고함을 심각하게 파괴했다. 프로이트의 뒤를 따르는 정신분석가나 임상심리학자들도 마찬가지다. 이들에게 사랑은 정신치유의 대상일 뿐이다. 어린 시절 겪었던 상실의 체험이나 정서장애를 바탕으로 사랑의 문제를 해결하려는 정신분석학적 논점을 받아들일 수 없다. 사랑의 문제는 과거의 퇴행적 기억에서 찾아야 하는 것이 아니다.

생물학자나 신경과학자들도 사랑을 논의한다. 이들은 인간을 수많은 동물 종의 하나로 바라보면서 사랑이란 종의 번식과 보호를 위한 감정과 행동이라고 정의한다. 종의 번식과 보호는 작은 사랑의 편린일 뿐이다. 이들은 사랑과 관련된 호르몬과 신경화학물질 등을 과학적으로 밝혀냈다. 그러나 그것이 사랑이 갖는 의미의 복합성을 설명하는 것은 아니다.

극단적으로 사랑의 묘약까지 제조할 수 있다고 주장하는 과학자도 있다. 예를 들어, 테스토스테론(성욕 호르몬), 도파민(성욕과 쾌감), 옥시토신(성적 흥분), 엔도르핀(뇌 속의 마약) 등을 섞으면 사랑의 묘약이 된다는 것이다. 하지만 이것은 사랑의 묘약이 아니라 성적 흥분제일 뿐이다.

과학자들은 사랑과 관련된 다양한 화학 반응들을 밝혀왔고, 연구결과들은 우울증 같은 심리치료에 유용하게 사용될 수 있다. 하지만 신비한 사랑의 힘을 호르몬이나 신경화학물질의 반응만으로는 밝혀내기 어렵다.

많은 사회학자가 사랑의 의미를 연구해왔다. 사회학자들은 사랑이 역사적으로 절대적 사랑, 열정적 사랑, 낭만적 사랑 등으로 변화해왔다고 말한다. 그리고 자본주의, 개인주의, 자유, 결혼제도, 젠더 등과 관련해서 사랑의 위기를 분석한다. 사랑과 관련해 남녀관계는 여전히 불평등하며, 사랑은 자본주의의 상품판매 전략으로 이용되고, 결혼은 과거보다 불안정한 관계 속에서 유지되고 있다는 점들을 설득력 있게 제시한다. 그러나 사회학자들의 논의는 '사랑 없는 사랑'의 사회학일 뿐이다. 사랑의 본질에 대한 언급이 없기 때문이다.

사랑에는 원본이 없다. 사랑은 두 사람 사이에 공유되는 고유한 체험이다. 사랑이 무엇인가에 대한 하나의 대답을 찾는 것 또한 어려운 일이다. 수천 년 동안 사랑에 대한 수많은 논의가 있었지만, 누구도 완벽한 대답은 하지 못했고, 앞으로도 그럴 것이다. 그렇다고 인간을 더욱 인간답게 만드는 복잡한 감정, 사랑을 탐구하는 것을 포기할 수 없다. 사랑 없는 삶은 무의미하기 때문이고, 사랑도 시대와 함께 변하기 때문이다. 사랑은 '일 만 개의 직소퍼즐'과 같다. 수많은 퍼즐 조각들은 사랑을 개별적으로 구성하며, 그것들을 맞추어갈 때 어렴풋이 사랑의 실체를 확인할 수 있다.

스페인의 문화학자인 가세트는 지난 200년 동안 사랑에 관한 이론은 없이, 단지 '사랑들'에 대해서만 말해왔다고 주장한다. 그 누구도 소크라테스의 사랑론을 넘어서지 못했다고 지적한다. 사랑의 주제는 절대성과 숭고함의 가치를 지닌 우주의 본질이다. 그러나 이성과 합리성을 중요한 가치로 바라보는 현대사회에서 사랑의 개념도 이성의 논리에서 해석됨으로써 그동안 사랑이 가지고 있었던 우주의 신비는 사라졌다는 것이다.[5]

나는 그의 주장에 동의한다. 비록 이 책이 사랑에 대한 이론을 제시하지 못하지만, 나는 다양한 '사랑들'을 통해서 사랑의 숭고함과 성찰을 기술할 것이다.

신에 대한 사랑, 모성애나 부성애, 형제애, 자기애, 동성애, 이웃사랑, 우정 등 사랑에 대한 다양한 양식들이 있다. 하지만 이 책에서 주로 다루고 있는 사랑은 남녀 간의 사랑이다. 두 이방인이 만나는 사랑은 이전보다 더 어렵고, 이전보다 더 중요해졌기 때문이다.

《사랑의 인문학》은 기존의 책 《사랑이란 무엇인가》를 대폭 개정해서 다시 출간한 것이다. 《사랑이란 무엇인가》를 출간한 이후 몇 해 동안 다른 글들을 읽고 생각을 정리하면서 아쉬웠던 부분들이 적지 않았다. 페미니즘과 사랑, 동성애 그리고 사랑의 중요한 요소인 열정이 갖는 복합적인 의미들도 제대로 논의되지 못했기 때문이다. 더욱이 깊이 있는 인문학적 성찰도 부족했다. 《사랑의 인문학》은 좀 더 인문학적 관점에서 사랑을 다루었다. 인문학이 인간의 가치와 표현활동을 탐구하는 학문이라면, 사랑이야말로 가장 중요한 인문학의 주제임에 틀림없다. 더 다양한 이미지들과 해석을 통해서 사랑의 가치와 표현방식에 대하여 논의를 확대했다.

사랑을 탐구하는 작업은 내 능력의 한계를 넘어서기도 한다. 어쩌면 내가 잘못된 퍼즐 조각들을 가지고 사랑이라고 말하는 것은 아닐까 하는 두려움도 있다. 만일 그랬다면, 그것은 전적으로 내 능력의 부족함 때문이다. 그렇지만 내가 찾아가는 사랑의 과정을 통해 독자들이 한번쯤 진지하게 생각할 기회를 가질 수 있다면, 나는 그것으로 만족한다.

북디자인을 맡아주신 서울여대 시각디자인학과 이재원 교수님께 감사드린다. 새롭게 책을 내도록 격려해준 오랜 벗 마음의숲 대표 권대웅 시인, 동생 생각이 많은 누나와 사랑하는 아내 은진에게 늦었지만 고마움을 전한다.

2019년

주창윤

1장

미켈란젤로의 발견

한 여자 돌 속에 묻혀 있었네.
그 여자 사랑에 나도
돌 속에 들어갔네.

이성복

미켈란젤로(Michelangelo), 〈자화상〉, 1530

미켈란젤로 현상

사랑은 발견으로부터 시작된다. 사랑의 대상은 나에게 발견되기 이전까지 특별한 존재가 아니었다. 마치 평범한 대리석에서 특별함을 찾아내는 미켈란젤로의 작업처럼, 대상의 특별함은 나의 눈에서 발견되는 아름다움이다. 대상은 사랑을 통해 하나밖에 없는 유일한 존재가 된다.

피렌체의 독립과 자유의지의 상징이 된 다비드(다윗) 상은 미켈란젤로가 3년에 걸쳐 제작한 대작이다. 당시 피렌체는 공화정을 거부하는 교황파와 심각하게 갈등했다. 하지만 시민이 의결권을 갖고 주권을 행사하는 공화정이 회복되면서 피렌체는 정치적 안정을 되찾았고, 미켈란젤로가 제작한 다비드 상은 사회적 의미를 담아 주목받기 시작했다.

피렌체 시는 미켈란젤로에게 5.5m 크기의 대리석을 제공했는데, 그것은 이전에 다른 조각가가 작품을 만들려고 했지만 실패해 몇십 년 동안 작업장에 그대로 방치되어 있던 것이었다. 미켈란젤로는 어느 조각가도 다루기 힘든 대리석을 가지고 생명을 창조했다. 미술사가 곰브리치는 미켈란젤로의 예술관을 다음과 같이 소개한다.

> 미켈란젤로는 항상 처음부터 그가 깎아내는 돌덩어리 속에 인물상이 감추어져 있다고 생각했다. 조각가로서 그가 해야 할 일은 단지 그들을 덮고 있는 돌을 제거해 주는 것이다. 그러므로 조각상의 윤곽 속에는 언제나 본래

> 대리석 덩어리의 단순한 형태가 반영되어 있고 그 때문에 조각상의 형태가 제아무리 복잡하다 하더라도 명료한 전체적인 통일성을 잃지 않았다.
>
> – 곰브리치, 《서양미술사》, 287~288쪽

여기서 흥미로운 점은 미켈란젤로가 대리석을 보면서, 그 안에 인물상이 감추어져 있다고 생각했다는 데 있다. 미켈란젤로는 대리석을 조각한 것이 아니라 인물상을 덮고 있는 돌을 벗겨낸 것뿐이다.

이것을 남녀관계에 비유하자면, 사랑하는 두 사람이 서로를 덮고 있는 돌(아직은 미완성 상태인 사랑)을 제거하는 작업을 한다. 미켈란젤로가 대리석 안에서 잠자고 있는 이상적 인물을 끄집어낸 것과 마찬가지로, 사랑은 상대방의 아름다운 모습을 이끌어내는 일이다. 심리학자들은 이 과정을 '미켈란젤로 현상'이라고 부른다.

미켈란젤로 현상은 사랑하는 두 사람이 어떻게 이상적 관계로 나아갈 수 있는가를 보여준다. 미켈란젤로의 관점에서 사랑하는 두 사람의 관계를 생각해 보면, 사랑하는 나는 조각가이면서 대리석이다. 조각가로서 나는 사랑하는 사람 안에 있는 아름다움을 발견하고 끄집어낸다. 대리석으로서 나는 사랑하는 사람을 통해서 이상적 모습으로 만들어진다.

나는 너의 조각가이지만 동시에 너의 대리석인 셈이다. 사랑을 하면 아름다워지는 이유는 상대방이 내 안에 잠재해 있는 아름다움을 꺼내주고, 그로 인해 나 역시 아름다워지고 싶은 동기를 갖기 때문이다.

내 기대가 상대방을 변화시킬 수 있는 것처럼, 동시에 상대방의 기대는 나를 변화시킬 수도 있다. 사랑은 절대적 아름다움을 창조해나가는 행위지만, 창조나 절대적 아름다움이라는 거창한 말을 접어두고, 소박하게 생각하면 내가 상대방의 아름다움을 찾아내고, 또 상대방은 나의 아름다움을 끄집어냄으로써 두 사람은 서로를 새롭게 발견하는 것이다. 이 과정이 쉬운 것만은 아니다. 때때로 상대방에게 이상적인 모습을 지나치게 기대하는 것은 갈등을 초래할 수 있기 때문이다.

심리학자들은 '상대방의 생각을 긍정하는 것'과 '상대방의 행동을 긍정하는 것'을 통해 우리도 미켈란젤로가 될 수 있다고 말한다.[1] 내가 상대방이 갖고 있는 생각을 긍정해주면, 상대방은 자신의 현실적 자아와 이상적 자아 사이에 있는 불일치를 메우려고 노력한다. 상대방의 행동을 긍정해주는 것도 같은 역할을 한다.

상대방의 외모나 스타일을 긍정하는 것과 상대방의 태도나 성격을 긍정하는 것 중에서 어느 것이 효과적일까? 외모를 긍정하는 것은 "오늘 입은 옷이 참 잘 어울려"라든가 "헤어스타일이 좋은데"라고 말하는 것이다. 반면 태도나 성격을 긍정하는 것은 "그때 너무 힘들었는데, 네 위로가 큰 힘이 됐어"라고 말하는 것이다. 심리학자들은 태도나 성격을 긍정할 때 그 효과가 크다는 점을 강조한다.

긍정의 힘이 효과를 발휘하는 것은 이상적 자아를 만들어가는 동기를 제공받기 때문이다. 자신을 변화시키는 동기를 가질 때, 우리는 성장하고 발전하게 된다. 자신을 향상시킨다는 것은 사랑하는 사람에게 더 잘 보이고 싶다는 의지이고, 자신을 상대에게 맞추어 간다는 의미를 내포한다. 이때 상대방이 내 변화된 모습을 인정하고 알아봐 줄 때, 두 사람 사이 친밀성은 더 높아진다. 이것은 나 자신의 변화뿐만 아니라 두 사람 사이의 관계 변화에도 큰 영향을 미친다.

매혹의 발견

매혹은 상대방에게 특별함을 발견하는 것이다. 흔히 '첫 눈에 반한다'는 말은 즉각적으로 매혹을 발견했다는 것이다. '첫 눈'이란 상대방의 특성에 대한 직관적 포착이며, 매혹은 무엇인가 끌어당기는 특별함이다.

매혹은 나에게는 특별하지만 다른 사람에게는 특별하지 않을 수도 있다. 사랑할 대상을 발견하지 못한 사람들은 "왠지 느낌이 안와!"라고 말하곤 한다. 상대방에게 매혹적인 것을 찾지 못했다는, 즉 '끌림'이 없었다는 것이다. 매혹을 느끼는 감정은 개인마다 매우 다르기 때문에 나에게 특별한 것이 다른 사람에게는 평범하게 느껴질 수 있다.

단테가 베아트리체를 만났을 때, 매혹을 느꼈던 것은 성모 마리아와 닮은 그녀의 미소였다.

> 그대의 눈에서 불타고 있는 미소가,
> 내 눈과 더불어 나의 깊숙한 곳에 있는
> 은총과 천국에 함께 도달했다고 믿고 있소
>
> – 단테, 《신곡》, 〈천국편〉 15곡

단테는 베아트리체의 미소에서 천상의 아름다움을 보았기 때문에 평생 그녀를 마음에 간직할 수 있었다. 그러나 단테는 베아트리체를 평생 우연히 단 두 번 만났을 뿐이었다.

《젊은 베르테르의 슬픔》에서 베르테르는 로테를 처음 만난 날의 기억을 생생하게 묘사한다. 청초하고 단정한 흰 옷을 걸치고, 팔과 가슴에는 연한 붉은 빛 리본을 달고 있는 로테가 덤덤하게 인사하는 모습을 보고, 베르테르는 그녀의 매력에 빠졌다. 베르테르는 첫 인상에서 강한 끌림을 느꼈다. 베르테르는 무도회장에서 춤을 추다가 천둥번개로 잠시 무도회가 멈추었을 때, 창가에 서 있는 로테를 바라보았다.

"그녀는 자기 손을 내 손 위에 포개 얹은 다음, '클롭슈토크!'라고 말했다. 나는 즉시 로테가 생각하고 있을 그 화려한 송가(頌歌)를 생각했다. 그리고 나는 그녀가 이 같은 암호로 내게 쏟아놓은 감정의 벅찬 흐름 속에 잠기고 말았다. 나는 참을 수가 없어서 몸을 구부리고 기쁨에 넘치는 눈물을 흘리며 그녀의 손등에 키스했다."[2] 로테가 말한 '클롭슈토크'는 독일 계몽주의 시인의 이름인데, 베르테르는 이것을 사랑의 암호로 해독했다.

《로미오와 줄리엣》 1막 5장은 로미오가 무도회장에서 줄리엣을 보고 사랑에 빠지는 장면을 담고 있다. 로미오는 줄리엣을 보자마자 "아, 횃불보다 더 밝게 빛나구나! 까마귀 무리 속의 흰 비둘기 같네. 음악이 끝나고 그녀에게로 가서 손을 만지면 거친 내 손은 축복을 받으리. 내가 누구를 사랑했던가? 내 눈이여! 부인하라. 진정한 아름다움을 이 밤에 보았으니까"[3]라고 감탄한다.

단테, 베르테르, 로미오는 사랑의 대상을 보고 첫 눈에 반하는 마법에 걸렸다. '마법에 걸린 사랑'은 설명이 불가능하다. 그것은 직관적 경험이면서 영혼으로부터 나오는 거대한 자력과 같은 것이기 때문이다. 이들에게 사랑의 대상은 유일하며 누구와도 비교할 수 없는 존재가 되었다. 사랑의 신인 에로스(혹은 큐피트)의 화살이 제멋대로인 이유는 매혹을 발견하면서 시작되는 사랑을 논리적으로 설명할 수 없다는 것이다.

단테는 베아트리체의 미소를 보고 반했으며, 베르테르는 로테의 청초한 자태와 하늘을 바라보는 슬픈 눈매에 빠졌고, 로미오는 줄리엣이 보여주는 전체적인 아름다움에 매력을 느꼈다. 그러나 마법에 걸린 사랑은 이 같은 설명만으론 부족하다. 그것은 비합리적이면서 신비스러운 연금술이기 때문이다.

프랑스 가수이자 소설가인 이브 시몽의 소설 《다음 사랑》에서 주인공은 공항에서 이렌느를 처음 만난다. 주인공이 이렌느에게 느낀 특별한 매혹은 그녀의 향기였다. 이렌느의 향기는 주인공이 어린 시절 어머니에게 맡았던 아련한 냄새이고, 비 온 후 나는 부드러운 풀내음이며, 프랑스 봄 풍경의 이미지가 주는 향기로움이었다.[4] 그녀를 향한 끌림은 바로 후각의 잔영 혹은 '향기의 기억'이었다. 누군가에게 매혹을 느낀다면, 그것은 우리가 살아오면서 경험한 기억의 축적으로부터 나오기도 한다.

사람마다 특별한 경험이 있고, 그 경험은 사랑에 대한 문화적 취향을 형성한다. 기억 속에 각인된 이미지나 경험들이 매혹을 상대적으로 만든다. 매혹은 첫눈에 반하는 끌림이지만, 우리는 살아가면서 이상적 타자에 대한 '사랑의 지도'를 그리기도 한다. 일차적으로 아버지와 어머니는 '사랑의 지도'를 만드는데 중요한 요인이 되지만, 다른 경험들도 함께 쌓여서 마음속에서 이상적 타자를 구성한다. 각자가 구성한 '사랑의 지도'를 타인에게서 발견할 때 우리는 매혹에 빠지게 된다. 그러므로 매혹은 내가 형성한 문화적 경험이기도 하다.

생물학자들에게 매혹은 사랑을 쟁취하기 위한 하나의 장치이다. 생물학자들은 사랑을 종의 번식을 위한 본능으로 간주한다. 수컷들은 자신의 능력을 과시하기 위해 신체의 특정 부위를 변화시키기도 한다. 수컷 공작의 꼬리가 대표적이다. 공작의 꼬리는 사랑을 쟁취하기 위한 매혹의 수단으로 활용된다.

생물학자의 논리에 따르면, 매혹은 생식본능을 충족시키기 위해서 자신의 능력을 증명하기 위한 수단이다. 사람도 마찬가지로 자신의 능력을 과시하며 이성에게 매혹적으로 보이기 위해 노력한다. 외모뿐만 아니라 경제적 능력이나 다른 문화적 능력(유머, 지성, 태도 등)도 매혹적인 요소로 작용한다.

문학작품이나 영화들은 매혹을 '마법에 걸린 사랑'으로 표현하며, 지나치게 낭만적으로 그려내는 경향이 있다. 이것은 매혹을 너무 단순하게 환상으로 보는 것에 지나지 않는다. 매혹은 무엇인가 특별한 끌림이고, 첫눈에 빠지는 즉각적 감성으로부터 기억이 구성한 '사랑의 지도'이며, 경제적 능력이나 문화적 능력에 이르기까지 다양한 모습에서 찾을 수 있다.*

---

* 20세기 초 독일 지성계에서 가장 매혹적인 여인은 살로메였을 것이다. 니체는 살로메를 보자마자 "우리는 어느 별에서 떨어져 서로 만나게 되었을까요?"라고 말하면서 그녀에게 빠져들었다. 프로이트는 서재에 그녀의 사진을 걸어둘 정도로 흠모했다. 시인 릴케는 14살 연상인 살로메와 사랑에 빠졌다. 니체는 첫눈에 반했고, 프로이트는 그녀의 지성에, 릴케는 어머니의 모습을 그녀에게서 발견했다. 세 사람이 살로메에게 느낀 매혹은 모두 달랐다.

피그말리온의 사랑

그리스 로마 신화의 전범이 되는 오비디우스의 《변신이야기》에는 '피그말리온의 기도'가 나온다. 피그말리온 신화를 보면 미켈란젤로 현상과 유사점이 많다는 것을 알 수 있다.

피그말리온은 키프로스의 왕이었다. 키프로스 여인들은 이방인을 살해해서 제물로 바치고, 아프로디테(혹은 비너스)*가 여신임을 부인했다. 아프로디테는 격분한 나머지 키프로스의 여인들을 모두 매춘부로 만들어버렸다. 여인들은 몸과 아름다움을 팔면서 부끄러움을 몰랐고, 얼굴의 피가 굳으면서 단단한 돌로 변해갔다. 피그말리온은 여인들이 죄악 속에서 살아가는 것을 보면서 독신으로 지냈다.

피그말리온은 눈처럼 흰 상아로 소녀상을 조각하기 시작했다. 피그말리온은 자신이 만든 상아 소녀 조각상에 스스로 감동해서 사랑에 빠졌다. 그는 상아 소녀를 갈라테이아라고 이름 붙였고, 조각상에게 말을 걸기도 하고 입맞춤도 하며 조개껍질과 백합 등을 선물했다. 그는 조각상에게 옷을 입히고 보석반지와 긴 목걸이도 걸어주었다.

피그말리온은 아프로디테의 축제일에 제물을 바치고 상아 소녀를 닮은 여인을 아내로 맞을 수 있게 해달라고 기도했다. 아프로디테는 그의 소원을 들어주었다. 피그말리온이 집에 돌아와서 상아 소녀에게 입을 맞추자 조각상은 생명을 얻었다. 갈라테이아의 손에는 반지가 생겼고, 그것은 두 사람의 사랑이 영원히 지속될 것이라는 믿음의 징표였다.[5]

---

* 아프로디테와 비너스는 같은 여신이다. 이 책에서는 아프로디테로 통일한다.

자신이 만든 조각상과 사랑에 빠진 피그말리온 신화는 후세에 와서 수많은 사랑 이야기의 모티브가 되었다. 피그말리온은 조각상을 통해 이상형(이상적 타자)을 만들었고 그녀와 사랑에 빠졌다. 이 신화는 사랑에 대한 수많은 영감을 불러 일으켰지만, 피그말리온의 사랑법에는 다양한 문제가 녹아있다.

피그말리온과 미켈란젤로는 비슷하게 보이지만, 자세히 들여다보면 매우 다르다는 것을 알 수 있다. 피그말리온은 소녀 조각상을 통해 자신이 원하는 이상적 타자를 만들었지만, 미켈란젤로는 이상적 타자를 조각한 것이 아니라, 대리석 안에 잠들어 있는 존재를 상호작용을 통해서 깨우고자 했기 때문이다.

피그말리온에게 갈라테이아는 이상적 타자이다. 그러나 우리가 바라는 완벽한 이상적 타자를 현실에서 연인으로 찾기란 쉽지 않다. 누구나 이상형은 있다. 그렇지만 이상형은 내 안에만 존재할 뿐이다. 엄밀히 말하면, 피그말리온은 갈라테이아를 사랑한 것이 아니라 자기가 생각하는 이상적 자아를 사랑한 것이다. 이것을 '투사적 동일시'라고 말할 수 있다.

심리학자인 조디 헤이스는 투사적 동일시를 중독관계로 본다. 중독관계는 사랑할 누군가를 찾는데 사로 잡혀 있으며, 서로에 대한 신뢰성이 결핍되어 있고, 자신의 욕구를 충족시키기 위해 상대방을 변화시키려고 시도하는 것이다. 더욱이 상대방에게 변하지 않는 관계를 기대하며, 관계에 문제가 생겼을 땐 그 문제에 사로잡혀 자신의 감정을 다스리지 못한다. 중독은 열정과 절망의 순환이 반복적으로 나타나는 불안정한 감정 상태이다.[6]

피그말리온은 중독 상태에 빠져 있었다. 그는 현실에서 벗어나 자신의

장 제롬, 〈피그말리온과 갈라테이아〉, 1890

피그말리온이 입을 맞추자 대리석상에 화색이 돌기 시작한다. 하지만 무릎 아래는 아직도 대리석인 듯 하얗다. 갈라테이아의 발은 여전히 좌대에 붙어 있다. 이 그림은 갈라테이아가 생명을 얻는 극적인 과정을 그린 것이다. 그림 오른 쪽 위에는 사랑의 신 에로스가 화살을 쏘고 있다.

욕망에 부합하는 상아로 만든 소녀를 탄생시켰다. 갈라테이아는 피그말리온의 이상형이지만, 그녀는 이상형으로서만 존재할 뿐이다. 그녀는 일방적으로 사랑을 받고 있을 뿐, 피그말리온과 상호관계 속에서 사랑을 만들어가는 존재가 아니다.

피그말리온 신화는 그가 현실관계에 고립되어 있다는 것을 보여준다. 그가 다른 여성과 사랑하지 못하는 이유는 키프로스 섬의 여인들이 저주를 받아 매춘부가 되었고, 모두 돌로 변했기 때문이다. 피그말리온이 사랑을 찾을 수 없는 상황에 처해 있는 것은 분명하다. 그러나 피그말리온처럼 현실에서 벗어나 존재하지 않는 가상의 이상적 존재를 만들어 탐닉하고, 그에 집착하는 것을 사랑이라고 말하긴 어렵다. 피그말리온 신화는 사랑이 타자와의 관계 속에서 형성된다는 사실을 잊고 있다.

교육심리학에서는 '피그말리온 효과'라는 가설이 있다. 하버드대 심리학과 로버트 로젠탈 교수는 1964년 미국 샌프란시스코의 한 초등학교에서 하버드 학습능력예측 테스트라는 보통의 지능 테스트를 실시했다.

선생님에게는 앞으로 수개월 안에 성적이 오를 학생을 산출하기 위한 조사라고 설명했지만, 실제 조사에는 아무런 의미가 없었다. 로젠탈 교수는 조사결과와 관계없이 무작위로 뽑은 학생 이름을 담임 선생님에게 보여주었고, 명부에 기재된 학생들은 앞으로 성적이 향상될 것이라고 알려주었다. 그 후 학급 담임은 아이들의 성적이 향상될 것이라는 기대를 품었고, 놀랍게도 진짜 그 아이들의 성적이 향상되었다. 선생님의 기대가 아이들 성적 향상의 원인이 된 것이다.

이것은 긍정적인 기대가 학습 효과를 높인다는 가설인데, 후속 연구에서는 별다른 효과가 없었다는 결과도 있다. 나는 피그말리온 효과가 그리 크지 않으리라 생각한다. 왜냐하면 한 사람의 긍정적 기대만으로는 놀라운 효과를 기대하긴 어렵기 때문이다. 중요한 것은 기대를 받는 사람이 기대하는 사람과 갖는 상호작용의 정도이다.

다시 사랑의 관계로 돌아오면, 긍정적인 기대가 상대에게 약간의 영향을 줄 수는 있지만, 그것이 일방적 관계가 된다면 두 사람의 관계가 좋아지기 어렵다. 피그말리온의 기도로 갈라테이아는 생명을 얻었지만, 그녀가 스스로 한 것은 아무 것도 없었다(물론 조각상이었던 그녀가 할 수 있는 것은 없었겠지만). 확실한 것은 갈라테이아처럼 사랑은 기다린다고 이루어지는 것은 아니다. 상대방과 상호작용하지 못한다면, 그것을 사랑이라고 이야기할 수 없다.

사랑의 결정과정

스탕달은 《연애론》에서 사랑을 결정과정으로 보았다. 스탕달에 따르면, 사랑은 상대방에 대한 감탄, '저 사람에게 키스하고 키스를 받으면 얼마나 좋을까'하는 생각, 상대방에 대한 희망, 상대방 옆에서 모든 감각을 느끼는 즐거움, 제1의 결정작용, 의혹, 제2의 결정과정을 통해서 진행된다.[7] 여기서 중요한 것은 제1의 결정작용과 제2의 결정작용이다.

사실 이 두 과정은 분리된 것이 아니다. 두 과정 모두 상대방에 대한 상상적 몰입을 의미한다. 제1의 결정작용은 상대방도 자신을 사랑할까 하는 의심 속에서 마치 보물을 소유한 것처럼 행복감을 느끼는 것이며, 상대방의 아름다움을 발견하는 정신활동이다. 제2의 결정작용은 상대방이 나를 사랑한다는 확신을 갖고 상대방의 완벽함을 상상하고 투영하는 것이다.

만일 내가 직장이나 모임에서 어떤 사람에게 매력을 느낀다고 생각해 보자. 아직 그 사람이 나에 대해 어떤 마음을 가지고 있는지 알지 못하지만, 나는 혼자 그 사람이 갖고 있는 아름다움을 상상하고 그 사람의 사소한 몸짓까지도 매력적으로 느낀다. 이것이 제1의 결정과정이다. 그 사람도 나에 대해서 호감을 갖고 있다는 것을 알게 되면, 사랑의 확신을 갖고 지속적인 사랑을 꿈꾼다. 동시에 더없는 행복감을 느끼면서 몰입하게 되는데, 이것이 제2의 결정과정이다.

스탕달은 사랑을 잘츠부르크 암염(巖鹽)의 나뭇가지에 비유했다. 암염은 소금광산을 의미하는데, 거대한 숲이 땅에 묻혀 오랜 세월을 지나면서 형성된 소금 지층이다. 소금광산에 나뭇가지를 넣어두었다가 두세 달 정도 지난 후에 꺼내보면 다이아몬드처럼 빛나는, 전혀 다른 나뭇가지로 변한다. 평범한 나뭇가지가 소금광산에서 아름다운 나뭇가지가 되는 것처럼, 내가 누군가를 사랑하게 되면 그 사람은 내 마음 속에서 스스로 빛나는 존재가 된다.

스탕달은 백작의 딸인 게라르디 부인과 함께 잘츠부르크 소금광산에 갔던 경험담을 예로 들었다. 소금광산의 안내를 맡은 사람은 젊은 장교였는데, 그는 게라르디 부인을 보자마자 첫눈에 반했다. 그는 게라르디 부인이 갱부에게 받은 다이아몬드로 덮인 아름다운 나뭇가지를 자신이 갖고 있던 것과 교환했다. 그는 게라르디 부인의 나뭇가지를 받자마자 가슴에 끌어안고 좋아했다.

스탕달은 이 광경을 보면서 소금광산에서 다이아몬드처럼 빛나는 나뭇가지가 젊은 장교의 상상력으로 그려낸 게라르디 부인이라고 생각했다. 누군가를 사랑하게 되면 그 사람을 사실 그대로 보지 않고 자신이 생각하는 대로 바라보며, 바라보는 사람의 마음속에서 사랑이 환상으로 만들어진다는 것이다.[8]

가세트는 스탕달이 말하는 사랑의 결정과정에 대해서 비판적이었다. 사랑의 결정과정은 상대의 실제 이미지가 마음에 들어오면, 그 이미지 위로 상상의 층들이 쌓이고 결국엔 아무것도 없던 마음에 어떤 절대적인 힘이 형성되는 것이다. 그렇다면 사랑에 있어서 가장 필요한 것은 절대적인 사랑을 마음속에 그리는 일일까? 이것은 상상의 순간이 가장 신비롭고 심오한 순간이라는 것을 강조하는 것에 지나지 않는다. 가세트는 스탕달이 말한 사랑의 결정과정을 사이비 연애의 전형이라고 폄하했다.[9]

가세트의 비판은 가혹해 보인다. 스탕달은 열정을 통한 사랑의 내면적 구성과정을 논의했던 것이고, 사랑이 가지고 있는 신비한 힘이 존재하는 것은 사실이기 때문이다. 스탕달의 문제는 사랑을 마음속에서 만들어내는 환영으로 보았다는 데 있다. 사랑에 빠지면 실체를 보지 못하고, 실체가 아닌 상상을 통해서 사랑이 구성된다고 보았기 때문이다. 스탕달은 모든 전략을 사용해서 사랑을 얻고자 노력했지만 어떤 여자에게도 진실한 사랑을 얻어내는데 실패했기 때문에 사랑을 지나치게 환상으로 보았던 것은 아니었을까 싶다.*

---

* 스탕달이 깊이 사랑했던 여인은 마틸데였다. 그녀는 스물여덟 살이었는데 두 아이의 어머니였고 남편과 별거하면서 이탈리아 정치혁명운동에도 가담했다. 1818년 스탕달은 그녀에게 푹 빠졌지만, 마틸데는 아무 반응을 보이지 않았다. 스탕달의 《연애론》은 마틸데에 대한 경험과 환

미켈란젤로, 〈포로(혹은 아틀라스의 노예)〉, 1530~1534년경

미켈란젤로는 왜 미완성의 작품들을 남겼을까? 〈포로(혹은 아틀라스의 노예)〉를 보면, 얼굴 부분은 완성되지 않았다. 포로 혹은 노예는 세상을 등에 이고 있는 아틀라스의 신처럼 무거운 삶의 짐을 지고 살아갈 것이다. 아마도 미켈란젤로는 자신의 작품을 보는 사람들에게 포로 혹은 노예의 표정을 스스로 발견하라고 했던 것은 아니었을까?

피그말리온이 상아로 소녀 조각상을 만들어서 사랑에 빠진 것이나 젊은 장교가 잘츠부르크 소금광산에서 게라르디 부인을 다이아몬드처럼 빛나는 소금광산의 나뭇가지로 생각한 것은 사랑이 환상이라는 점에서 같다. 현실의 실체나 서로 간의 체험이 뒷받침되지 않는 환상 속의 사랑은 쉽게 녹아내린다. 더욱이 스탕달은 여성을 소유의 대상으로만 바라보았다. 이것은 스탕달이 살았던 18세기 말에서 19세기 중반 프랑스의 사교계 분위기를 잘 반영한다. 스탕달이 추구한 것은 사랑이 아니라 유혹의 기술, 관능의 욕망 그리고 열정의 과장이었으며, 자기중심적인 사랑이었다.

앞에서 논의했던 미켈란젤로로 돌아가 〈포로(혹은 아틀라스의 노예)〉라는 미완성 작품을 보자. 이 조각상은 미켈란젤로가 작업 마무리를 못한 것이 아니라, 미완성인 상태로 완성한 작품이다. 따라서 미완성 작품이라고 볼 수 없다.

미켈란젤로는 미완성 상태로 남긴 여러 개의 조각 작품들을 제작했다. 그는 분명히 어떤 의도를 가지고 미완성 상태로 작품을 완성했을 것이다. 그의 의도는 완성하지 않은 나머지 부분을 보는 사람의 해석으로 마무리하라는 것이 아니었을까. 작품의 주인공인 포로 혹은 노예는 세상을 등에 이고 있는 아틀라스 신처럼 무거운 돌을 어깨에 메고 있고, 그의 얼굴은 돌 안에 싸여 보이지 않는다.

나는 사랑의 관계가 미켈란젤로의 미완성 작품과 비슷하다고 생각한다. 내가 상대방을 처음 만났을 땐, 상대방은 겉모습 그대로 존재한다. 상

상을 바탕으로 쓰여진 것이다.

대방의 내면 속에 있는 이상적 자아의 모습은 겉으로 드러나지 않았다. 미켈란젤로가 대리석에 숨겨져 있는 조각상의 모습을 이끌어낸 것처럼, 사랑은 상호작용을 통해서 완성되지 않은 채로 남아 있는 부분들을 찾아가는 과정이다.

두 사람은 서로를 잘 알지 못하는 상태에서 사랑에 빠진다. 아직 각자가 가지고 있는 진정한 자신의 모습은 드러나지 않는다. 얼굴이 대리석 속에 가려 드러나지 않은 미켈란젤로의 조각처럼. 미완의 상태가 완성된 사랑이 되기 위해서는 서로의 어깨를 누르는 사랑의 무거움, 대리석 속에 감춰져 있는 이상적 자아의 모습을 서로에게 드러내주도록 배려하고 긍정해야 한다. 우리가 창조적 사랑을 위해서 피그말리온이 아니라 미켈란젤로가 되어야 하는 이유가 바로 여기에 있다.

소크라테스로부터

플라톤이 스승 소크라테스를
찾아가 가르침을 구했습니다.

"도대체 사랑이란 무엇입니까?"

소크라테스는 플라톤을 데리고
넓은 보리밭으로 나갔습니다.

"한 가지 명심할 것은 절대 뒤돌아 갈 수 없고
앞으로만 걸어가야 한다.
나는 이 보리밭 반대편 끝에 서 있을 테니
너는 내가 있는 곳을 향해 똑바로
걸어오도록 해라.

오는 동안 이 보리밭에서 가장 크고
실한 이삭 하나를 가져와야 한다."

플라톤은 보리밭 사이를 걷기 시작했습니다.
하지만 플라톤이 소크라테스가 서 있는
반대편에 도착했을 때
그의 손에는 아무 것도 없었습니다.

"왜 보리 이삭을 가져오지 않았느냐?"
"따지 않은 것이 아니라 따지 못했습니다."
"왜 따지 못했느냐?"

"생각이 너무 많았습니다. 가장 크고
실한 것 하나를 골라야 하는데
뒤돌아갈 수는 없으니, 괜찮다 싶은 것을
발견해도 혹시 저 앞에 더 크고
더 좋은 것이 있지 않을까 하는 생각이
들었습니다. 그런 생각으로 계속 걷는데
처음에 발견했던 것만큼 크고
실한 것은 없었습니다. 결국 이렇게
빈손으로 여기까지 올 수밖에
없었습니다."

소크라테스가 빙그레 웃으며 대답했다.

"그것이 바로 사랑이다."

* 국내와 국외의 인터넷이나 SNS에서 떠도는 소크라테스 사랑의 가르침이다. 이 대화의 원전(原典)을 찾아보았는데, 소크라테스와 관련된 어느 책에서도 이 내용을 확인할 수 없었다. 아마도 후세에 만들어진 내용이 아닌가 싶다.

2장

사이 메우기

사랑은 내게 언제나
가장 큰 사건, 혹은 유일한
사건이었다.

스탕달(Stendhal)

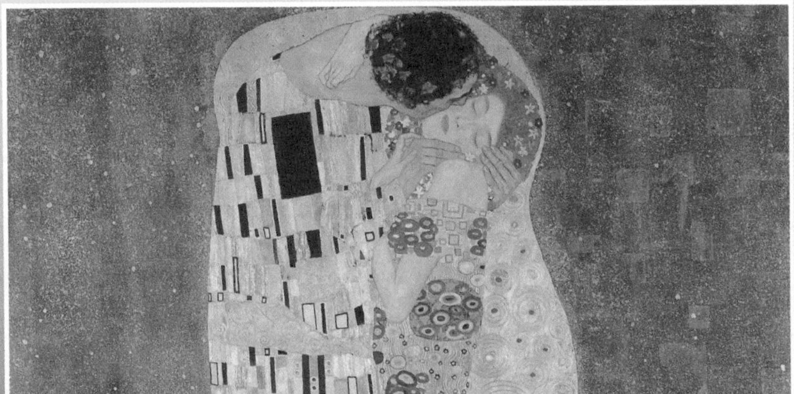

구스타프 클림트(Gustav Klimt), 〈키스〉, 1907

사람과 사람 사이의 섬

사람들 사이에 섬이 있다

그 섬에 가고 싶다

– 정현종 〈섬〉

정현종 시인의 〈섬〉 전문이다. 시 속에 섬을 상징하는 구체적인 대상이 녹아있지 않기 때문에, 시를 읽는 독자들은 섬이 무엇을 의미하는지 짐작하기 어렵다. 때문에 시를 읽는 사람들은 저마다 '섬'에 대해 나름의 정의를 내린다.

시를 읽는 독자마다 짐작하는 의미는 다양하겠지만, 이 시에서 주목해야 할 단어는 '섬'이 아니라 '사이'다. 시 속에 등장하는 '사이'는 '약간 떨어져 있음'과 '가깝게 다가가기'라는 두 가지 의미를 지닌다. 사람들 사이에 섬이 있다는 것을 '약간 떨어져 있음'으로 해석한다면, 섬은 고독이나 자기성찰을 의미한다. 바다 위에 외롭게 떨어져 있는 섬처럼, 군중 속을 벗어나 온전히 바라본 자신의 모습이 '섬'인 셈이다.

시인은 '그 섬에 가고 싶다'고 이야기하는데, 이는 군중 속을 벗어나 오롯이 자신만의 세계를 간직하고 싶다는 뜻이다. 이것은 타아(他我), 즉 '다른 나'를 성찰하겠다는 의미로 해석할 수 있다.

'사이'가 가깝게 다가가기를 의미하는 것이라면, 타자와 관계를 맺겠다는 뜻으로 해석할 수 있다. 시인이 가고 싶은 섬은 사랑이나 그리움을 의미할 것이다. 고독한 존재인 시인은 자신을 채우는 사랑의 세계에 가고 싶다고 말하는 듯하다. 사랑은 내 안이나 네 안에 있는 것이 아니라 '사이'에 있기 때문이다.

다음은 한용운의 시 〈사랑의 측량〉으로 사랑의 사이를 노래한 작품이다.

당신의 사랑은 당신과 나와 두 사람의 사이에 있는 것입니다
사랑의 양을 알려면 당신과 나의 거리를 측량할 수밖에 없습니다
그래서 당신과 나의 거리가 멀면 사랑의 양이 많고
거리가 가까우면 사랑의 양이 적을 것입니다
그런데 적은 사랑은 나를 웃기더니 많은 사랑은 나를 울립니다

– 한용운 〈사랑의 측량〉

두 사람 사이에 존재하는 사랑의 거리를 측량하는데, 거리가 멀면 사랑의 양이 많고 거리가 가까우면 사랑의 양이 적다는 것은 역설이다. 눈에서 멀어지면 마음도 멀어진다는 말처럼, 두 사람 사이의 거리가 멀수록 마음에서 멀어지고, 가까울수록 더 사랑하게 된다는 것이 우리가 가지고 있는 일반적인 생각이다.

이 시 속에서 거리가 멀 때 사랑의 양이 많다는 것은 채워야할 공간이 많다는 것이고, 거리가 가까울 때 사랑의 양이 적다는 것은 채워야할 공간이 적다는 뜻으로 읽을 수 있다. 또 다른 해석으로 한용운은 사랑의 양을 그리움의 양과 같은 것으로 생각한 듯하다. 멀리 떨어져 있을수록 그

리움의 양이 많아지는 것처럼, 가까이 있을수록 그리움의 양은 적어지기 때문이다.

〈사랑의 측량〉에서 흥미로운 것은 '측량', '양', '거리' 같은 단어들이다. 사랑은 양(객관적 수치)의 문제가 아니라 질(주관적 경험)의 문제인데, 한용운은 '사랑의 사이'를 '측량'으로 표현하며 일반적이지 않은 사랑을 노래했다. 이 시의 다음 구절 "뉘라서 사람이 멀어지면 사랑도 멀어진다고 하여요 / 당신이 가신 뒤로 사랑이 멀어졌으면 // 날마다 나를 울리는 것은 사랑이 아니고 무엇이여요"에서도 볼 수 있듯이, 몸이 멀어지면 사랑도 멀어진다는 통념으로부터 벗어나 한용운은 몸에서 멀어져도 사랑은 멀어지는 것이 아니라고 말한다.

한용운은 절대자(님)에 대한 사랑의 거리를 말하고 있다. 그가 추구했던 절대자는 물리적으로 떨어져 있어도 멀리 있는 존재가 아니다. 님은 갔어도 나에게는 떠나지 않았다. 님(사랑)은 내 안에 존재하기 때문이다.

하지만 일반적인 연인들의 관계는 절대자에 대한 열망과는 상당히 다르다. 사랑은 나와 너 '안'에 각각 존재하는 것이 아니라 나와 너 '사이'에 존재한다. 사랑이 '사이'에 존재한다는 것은 함께 마음을 나누려는 시도 속에 사랑이 형성된다는 뜻이다. 사랑은 혼자하는 것이 아니라 함께하는 것이기 때문이다. 사랑의 성공과 실패 여부와 관계없이 사랑은 떨어져 있는 '사이'를 메우려는 과정 안에 존재한다.

사랑은 하나의 자아가 다른 자아와 만나는 과정이다. 상대방을 사랑하는 마음으로만 내면을 채우는 것보다 어느 정도 공간과 여백을 가져야 한다. 그 여백을 갖기 위해서는 타아를 성찰적으로 바라볼 수 있어야 한다. 상대방의 우물 안으로 깊이 빠져 들어가면 '사랑하고 있는 나'를 돌아보지 못한다. 그러므로 '사랑하는 나'(자아)와 '사랑받는 나'를 돌아보는 '타아' 사이의 관계가 중요하다. 사랑의 지리학에서 가장 중요한 것은 상대방에게 뿐만 아니라 나 자신에게도 '어느 정도 거리를 두고 떨어져 있으면서 가깝게 있는 것'이다.

눈(雪과 目)의 언어

사랑이 사이를 메우는 감정적 체험과 행위라면, 그것은 대부분 언어를 통해서 이루어진다. 사랑의 대화는 나를 다른 사람과 구별 짓는 소통이다. 나는 자신을 상대에게 말함으로써, 그의 세계 속으로 들어간다. 자신에 대해서 말하는 것은 한 개인이 다른 세계(타인)와 맺는 관계의 첫걸음이다. 그러므로 '사이'를 메우는 언어는 나에 대한 것으로부터 출발한다.

리차드 링클레이터 감독의 영화 〈비포 선라이즈〉*는 셀린느가 가을학기 개강에 맞춰 파리로 향하는 기차 안에서 제시를 만나면서 시작된다. 그들은 끊임없이 자신에 대한 이야기를 서로에게 들려준다. 셀린느는 어린 시절의 경험, 부모님, 할머니에 대한 이야기까지 자신을 둘러싼 세계

* 〈비포 선라이즈〉(1996), 〈비포 선셋〉(2004), 〈비포 미드나잇〉(2013)은 리차드 링클레이터 감독의 사랑 3부작이다. 〈비포 선라이즈〉에서 셀린느와 제시는 6개월 후 기차 승강장에서 만나기로 했지만, 셀린느 할머니의 죽음으로 만나지 못했다. 〈비포 선셋〉은 9년이 지나 작가가 된 제시가 파리로 오면서 두 사람의 재회로 이야기가 전개된다. 제시는 아내와 갈등 속에서 결혼생활을 하며, 셀린느는 환경단체에서 일한다. 〈비포 선셋〉은 서로에 대한 그리움을 담고 있다. 〈비포 미드나잇〉에서 셀린느와 제시는 결혼해서 쌍둥이 딸을 두고 있다. 셀린느와 제시는 양육, 직장문제, 가사문제 등으로 갈등한다. 〈비포 미드나잇〉은 일상 속의 사랑과 섹스를 중요한 주제로 다루고 있다.

를 제시에게 말한다. 모든 것을 거부했던 68세대**에 속해 있으며 지금은 성공한 건축가가 된 아버지의 이야기, 평생 동안 마음속에 다른 남자를 품고 있는 할머니의 이야기, '무명씨의 묘지'에 잠들어 있는 13세 소녀의 무덤 앞에서 느낀 감정까지 셀린느는 자신의 모든 이야기를 털어놓는다. 마찬가지로 제시는 부모의 이혼, 마드리드에 사는 여자 친구와 이별을 하고 돌아왔다는 것까지 셀린느에게 고백한다.

여기서 말하는 개인의 사소한 이야기들은 관계적 소통을 위한 출발이다. 두 사람의 소통은 단순히 주변 잡담을 넘어서 서로를 강하게 끌어당긴다. 제시가 무지개를 통해 어린 시절 돌아가신 할머니를 본 이야기는 따뜻한 눈(雪)의 언어로 다가와서 단단하게 굳어 있던 셀린느의 마음을 녹인다.

> "내게 어린 시절은 마법의 시간이었어. 엄마가 처음으로 죽음에 대해 얘기해준 게 기억나. 증조할머니가 돌아가셔서 가족이 모두 플로리다에 갔을 때였거든. 내가 세 살인가 세 살 반인가 그랬을 거야. 어쨌든 그때 난 뒤뜰에서 놀고 있었어. 햇빛에 물을 뿌리면 무지개 생기는 거 있잖아. 그걸 하고 있었는데, 그때 물안개 너머로 할머니가 보이는 거야. 저기 서 계시더라구. 나한테 미소를 지으면서 말이야. 난 호스를 들고 한참이나 서 있었지. 할머니를 보면서 말이야. 마침내 호스를 놓아버렸어. 그러자 호스는 땅에 떨어지고 할머니는 사라졌지."
>
> –〈비포 선라이즈〉 중에서

** 68세대는 1968년 프랑스에서 사회변혁운동을 일으킨 세대이다. 개인의 삶에 대한 국가권력의 간섭, 기성세대의 권위에 도전했던 이들의 이념은 전 세계로 퍼져나갔다. 68세대의 이념은 반핵평화운동, 인권운동, 환경운동, 페미니즘, 노동운동 등이 성장하는데 밑거름이 되었다.

셀린느는 제시의 이야기를 들으며 사랑에 빠진다. 무지개 속에서 죽은 할머니를 발견하는 아름다운 영혼을 느꼈기 때문이다. 알려지지 않은 채 사라져간 사람들에 대한 이야기를 좋아하는 셀린느의 말에 제시의 마음도 녹아들었다. 두 사람의 대화는 끊임없이 서로의 가슴에 닿아서 녹아 사라지는 따뜻한 눈(雪)의 언어로 사랑을 꽃피웠다.

〈비포 선라이즈〉에는 두 사람이 서로를 바라보는 눈(目)빛의 언어가 수없이 등장한다. 제시가 무지개 속에서 죽은 할머니를 보았다고 말할 때 셀린느의 눈빛은 이미 그 가슴 속에 들어가 있었다.

이 영화에서 가장 아름다운 눈빛의 언어는 중고 레코드 상점 음악 감상 부스 안에서 케스 블룸의 노래 〈Come Here〉를 함께 듣는 장면이다. "북쪽에서 바람이 불어와 속삭이죠. 사랑은 이 길을 가는 거라고. 여기로 오세요. 여기로 오세요"라는 노랫말을 들으면서 두 사람은 서로 눈을 마주치지 못한다. 혹시라도 들킬 것 같은 감정을 숨기고 싶어 하기 때문이다. 상대방을 볼 때마다 다른 곳을 바라보며 마주치지 못하는 시선은, 서로를 따뜻한 눈빛으로 바라보는 것보다 더 감동으로 다가온다.

〈비포 선라이즈〉가 '나'로부터 출발하는 대화를 통한 '가깝게 다가가기'를 다루고 있다면, 왕자웨이 감독의 영화 〈화양연화〉는 '약간 떨어져 있음'을 통해서 '사이'가 주는 친밀감을 다른 방식으로 표현한다. 〈화양연화〉는 '인생의 가장 아름다운 한 때'를 의미한다. 남녀 주인공인 차우와 수리 첸에게 화양연화는 가장 아름다우면서 가장 슬펐던 한 때이다.

수리 첸의 남편은 차우의 넥타이와 똑같은 것을 메고 있었고, 차우의 아내는 수리 첸의 핸드백과 똑같은 것을 들고 다녔다. 이를 통해 옆집으로 함께 이사를 온 두 사람은 자신들의 남편과 아내가 바람을 피우고 있다는 사실을 알게 된다.

두 사람은 자신의 남편과 아내가 불륜 사이라는 것을 확인한 뒤 자주 만남을 갖는다. 차우와 수리 첸은 함께 레스토랑에서 저녁 식사를 하고, 국수를 먹으며, 밤새 대화를 나누기도 한다. 차우는 아내가 바람을 피우고 있다는 괴로움 속에서 무협소설 쓰기를 다시 시작하는데, 둘은 무협소설을 함께 구상한다는 핑계로 만남을 이어나간다. 두 사람의 친밀감은 자신들의 배우자가 배신했다는 충격적인 사실과 외로움으로 형성되었다. 친밀감은 끊임없는 대화가 아니라 서로를 바라보는 시선 속에서 더 깊어진다.

> 주위에서 우리 소문이 무성해요. 우리만 결백하면 되는 것 아니에요? 나도 처음엔 당신처럼 생각했죠. 우린 그들과 다르다고. 근데 틀렸소. 당신을 위해서라도 내가 떠나야 하오. 날 사랑했다는 말인가요? 나도 모르게. 처음에는 그런 감정이 아니었소. 하지만 조금씩 바뀌어 갔소. 걷잡을 수 없을 정도로. 당신이 남편과 있다고 생각하면 미칠 정도로. 난 나쁜 놈이오. 부탁이 있소. 미리 이별연습을 해봅시다. 다시 전화하지 말고 남편을 잘 지켜요.
>
> -〈화양연화〉 중에서

차우와 수리 첸 사이의 거리두기는 결국 이별로 끝난다. 두 사람의 사랑이 이별로 끝났다는 사실은 중요하지 않다. 영화 속에서 두 사람은 거리를 두고 떨어져서 서로를 바라보고 있지만, 서로를 향한 눈빛은 사랑의 거리를 빠른 속도로 좁히고 있다. 때때로 사랑한다는 말보다 혼자 국수를 사가지고 오는 수리 첸을 바라보는 차우의 눈빛은 말로는 표현하기 힘든 감정을 잘 전달한다.

결국 사랑의 언어는 눈(雪과 目)의 언어이다. 사랑한다는 말보다도 사랑을 담은 눈빛이 상대방의 가슴에 소리 없이 쌓여서 눈처럼 녹기 때문이다.

대화적 관계로서 기대지평

철학자 가다머는 예술작품에 대한 독자의 해석을 '대화적 관계'로 보았다. 우리가 미술관에 가서 어느 화가의 그림을 감상한다고 하자.

우리는 화가가 그림에 부여한 의미를 그대로 해석할 수 없다. 그림을 해석하는 것은 작가가 만든 의미를 그대로 받아들이는 것이 아니다. 만일 화가가 제작한 그림의 의미를 그대로 읽어낸다면, 그것은 창조적 해석이 아니라 일방적 읽기에 지나지 않는다. 창조적 해석이 이루어지려면, 그림과 감상자 사이에 대화적 관계가 필요하다. 감상자로서 나는 그림의 구성요소에 질문을 하고, 스스로 대답하는 과정을 거쳐야 한다. 그림은 나에게 아무 말도 하지 못하지만, 그림과 대화하지 않는다면 창조적 해석을 해나갈 수 없다.

대화적 관계는 연인관계에서도 마찬가지다. 대화적 관계는 너와 나의 새로운 관계 맺음이고 창조적 사랑을 만들어가는 토대가 된다. 창조적 사랑은 환상이나 허구 속에 있는 것이 아니라 사랑하는 두 주체들이 함께 만들어가는 것이다. 그림의 의미가 하나로 고정된 것이 아닌 것처럼, 사랑의 의미도 고정되어 있는 것이 아니다. 사랑하는 두 사람은 새롭게 융합하면서 변화하는 사랑의 의미를 창조해간다. 사랑하는 두 사람이 만나면 만날수록 행복한 것은 두 사람 사이의 사랑이 매번 새롭게 다가오기 때문이다.

대화적 관계는 '기대'와 '회상'의 과정을 통해서 두 사람 사이를 메우는 것이다. 기대는 두 사람 사이 다음에 무슨 대화를 할 것인지 어떤 관계로 나아갈 것인가를 예상하는 것이고, 회상은 이전의 관계로부터 제기된 기대에 대답하는 것이다. 두 사람은 기대와 회상 사이의 교환을 통해서 사랑의 의미를 그려나간다.

이것은 사랑하는 두 사람이 서로에게 '기대지평'을 만들어간다는 것을 뜻한다. 기대지평이란 순수하게 주관적이지도 않고 객관적이지도 않은 두 사람의 마음속에서 형성된 그 무엇이다.[1] 서로에게 기대지평이 넓어진다는 것은 사랑의 크기가 커져간다는 것이고, 기대지평이 좁아진다는 것은 서로에게 기대할 것이 적어진다는 것이다. 따라서 두 사람 사이에 기대지평은 주관적인 경험을 넘어서서 서로 공유하는 상호주관적인 경험의 확대라고 볼 수 있다.

마그리트의 작품 〈연인들〉에서 사랑하는 두 사람은 보자기를 쓴 채 키스를 하거나 보이지 않는 곳을 바라본다. 이 그림을 보면, 여러 가지 질문을 제기할 수 있다. 왜 연인들은 보자기를 쓴 채 키스를 하는 것일까? 두 사람의 키스는 감미로울까? 연인들은 보자기를 쓴 채 어디를 바라보는 것일까? 사랑은 보이지 않는 것을 추구하기 때문일까? 눈먼 사랑을 그려낸 것일까?

르네 마그리트, 〈연인들I〉과 〈연인들II〉, 1928

마그리트는 친숙한 것들을 원래 그것이 자리 잡고 있던 곳에서 다른 자리로 옮겨다 놓음으로써 낯설게 만드는 기법을 자주 사용했다. 이것은 초현실주의 기법 중의 하나인 데페이즈망('depaysement' 환경의 변화라는 의미)이다. 〈연인들〉의 보자기가 여기에 해당한다. 정진국은 《사랑의 이미지》에서 "실체를 모르는 맹목적인 것이 우리에게 강요하는 공포와 불안"을 이 작품들이 표현한다고 해석한다.

이와 같은 질문들에 대해서 하나의 답을 구하기는 어렵다. 우선 생각해 볼 수 있는 것은 상대방의 실체를 모른 채 나누는 '맹목적 사랑'이다. 사랑의 열정에 빠지면, 두 사람은 눈이 먼 것도 모른 채 같은 곳을 바라보고 있다고 생각하고, 어떤 장애물도 두 사람의 키스(사랑)를 방해하지 못한다. 다른 해석도 가능하다. 사랑은 보이는 것이 아니라 보이지 않는 것을 추구하는 것이며, 조건을 보지 않고 장벽을 넘어서는 '순수한 사랑'이 표현되었다고 해석하는 것이다.

또 다른 해석은 사랑은 결국 '타자와 타자 사이의 만남'이라는 것이다. 두 사람이 아무리 정열적으로 키스를 해도 보자기를 쓴 두 사람은 감정과 느낌을 공유하지 못할 것이기 때문이다. 두 사람의 키스는 체온을 나누지 못하며 달콤하지도 않을 것 같다. 결국 사랑은 하나가 되는 것이 아니라 타자로 남는 것일 뿐이다.

이외에도 수많은 해석이 가능하다. 마그리트의 그림은 열린 해석을 이끌기 때문이다. 예술 작품이 갖는 의미가 고정되어 있지 않은 것처럼, 두 사람 사이 사랑의 의미도 고정되어 있지 않다. 두 사람은 대화적 관계로부터 서로에 대한 경험의 기대지평을 넓혀가면서 체험과 기억의 의미를 만들어나간다.

하나 됨이 아니라 둘 됨

사이를 메운다는 것은 타자성을 인정하는 것이다. 하나 됨이 아니라 둘 됨을 추구하는 것이다. 사랑은 나와 타자의 관계 속에서 나온다. 이 관계가 사이다. 이것은 나와 타자 사이의 경계(거리)가 있다는 것이다. 나와 타자와의 경계가 없다면, 그것은 타자성이 아니라 동일성이다. 동일성은 나르시시즘과 유사한 표현이다. 나르시시즘은 타자를 지향하는 것이 아니라 내 안에 빠져 있는 것이다.

한병철은 오늘날 나르시시즘적 경향이 점점 강화되어가고 있다고 말한다. 나르시시즘에 빠진 사람들은 자기 자신을 위해서 타자를 배제하는 경향이 높다. 그에게 세계는 그저 자신의 그림자로 나타날 뿐이다. 그는 타자성을 인식하고 인정할 줄 모른다. 사람들은 타자와의 관계가 아니라 자기 자신을 확인하는 경우에만 의미가 있다고 느끼기 때문에 결국 자신의 그림자 속에서 철벅거리다가 익사한다는 것이다.[2]

나르시시즘에 빠진 주체는 우울증을 겪는데, 타자성을 인정하지 않으면서 자아의 나르시시즘에 빠지기 때문이다. 이것이 사랑을 위기에 빠뜨리기 때문에 한병철은 극단적으로 에로스(사랑)의 종말을 선언한다. 비록 지금 나르시시즘과 우울증 증세가 깊어지고, 사랑이 위기에 빠진 것은 사실이라고 하더라도 그것이 곧 사랑의 종말을 의미하는 것은 아니다. 사랑에는 종말이 없기 때문이다.

사랑은 타자성을 인정하면서 시작되는 것이지만, 우리가 일반적으로 생각하는 사랑의 관심은 타자성에 있기보다 동일성에 있다. 낭만적 사랑에 대한 오해 중의 하나는 동일성의 추구로부터 비롯된다. 왜냐하면 내가 누구를 사랑한다는 것은 두 사람의 융합상태 혹은 동일한 하나의 상태를 꿈꾸는 것이기 때문이다.

알랭 드 보통의 소설 《왜 나는 너를 사랑하는가》는 이십 대 초반 젊은 이들의 사랑이 얼마나 낭만적인 관점에서 출발하는지 잘 묘사한다. 소설은 "삶에서 낭만적인 영역만큼 운명적 만남을 강하게 갈망하는 영역도 없을 것이다"라는 낭만적 운명론으로부터 시작한다.

주인공은 파리에서 런던으로 가는 브리티시 항공 이코노믹 클래스에서 우연히 자신의 옆자리에 앉게 된 클로이를 만난다. 주인공은 "어떤 사람을 두고 자신의 필생의 사랑이라고 말하는 것은 다 살아보고 나서야 가능한 일이다. 그러나 클로이를 만난 직후, 그녀를 필생의 사랑이라고 부르는 것이 그렇게 무리한 일은 아니라는 생각"[3]을 한다.

그들은 서로에게 운명 지어졌다는 온갖 사건들을 꿰맞추어 서사적 논리를 부여한다. 짝수 해의 같은 달 자정 무렵에 태어났고, 둘 다 클라리넷을 분 적이 있으며, 학교 다닐 때 〈한여름 밤의 꿈〉공연에 참가한 적이 있었고, 왼쪽 발가락에 커다란 점이 있고, 햇빛이 밝은 곳으로 나가면 재채기를 하는 것 등이다. 더욱이 주인공은 그녀가 자신의 옆자리에 앉을 확률은 988,727분의 1이라고 계산한다. 이것은 두 사람이 운명 지어졌다는 낭만적 운명론을 말하는 것이지만, 동시에 두 사람은 서로 만나기 이전부터 이미 같은 존재였다는 것을 확인하고 싶어하는 동일성의 욕망이 작동된 것이다.

그러나 레비나스나 알랭 바디우 같은 철학자들은 사랑을 가능하게 하는 것은 타자성이라고 주장한다. 낭만적 사랑론자들은 사랑의 융합을 추구하고 둘의 일치를 지향해왔지만, 사랑의 경험은 타자의 타자성, 즉 타자와의 차이를 체험하는 경험이다. 하나 됨이라는 융합의 단일성, 완전하고 융합적인 사랑이라는 낭만적 관념은 사랑이 낳은 오해라는 것이 바디우의 생각이다.[4] 그렇다면 사랑은 '하나 됨이 아니라 둘 됨'(레비나스)이거나 '둘이 등장하는 하나의 무대'(바디우)다. 사랑은 둘의 경험을 소유하는 것이 아니라 둘의 세계를 구축하는 실천이며, 융합되어 하나가 되는 것이 아니라 구분과 차이를 갖는 '둘 됨'을 실천하는 것이다.

두 남녀가 사이먼과 가펑클처럼 듀엣으로 노래를 부른다고 생각해보자. 두 사람은 아름다운 화음을 만들어서 '공명'을 일으킨다. 둘은 마치 하나가 된 듯하다. 그러나 아름다운 노래는 각자 존재하기 때문에 가능한 것이다. 서로에 대한 타자성의 인식이 아름다운 조화를 이루었기 때문이지, 둘이 하나가 되었기 때문이 아니다. 둘이 하나가 된다는 것은 오해거나 착각일 수 있다. 둘이 등장하는 하나의 무대가 되었을 뿐이며, 둘은 서로에 대한 타자성을 인정하고 실천했기 때문에 하나가 된 것처럼 보이는 것 뿐이다.

앞에서 마그리트의 〈연인들〉을 '맹목적 사랑'과 장벽을 넘어서는 '순수한 사랑'이라는 상이한 해석을 했지만, 타자성에 대한 인정이라는 관점에서도 해석될 수 있다. 임지연은 마그리트의 그림을 보면서 "연인들은 근원적으로 타자적 존재이며, 사랑의 관계는 동일자가 아니라 타자 간의 연대"[5]로 해석한다. 두 사람이 보자기를 쓰고 있다는 것은 서로의 타자성을 인정한 것으로 사랑은 융합상태가 아니라는 것이다. 그렇다면 보자기는 사랑을 해도 서로에게 '타자'라는 것을 인식하게 해주는 요소이며, 함께 어떤 곳을 바라보거나 키스를 하는 것은 타자와의 연대를 보여준다.

연인들은 사랑의 영원성과 하나 됨을 꿈꾼다. 영원성은 사랑의 지속성을 의미하고, 하나 됨은 너와 나의 거리를 초월하는 것이다. 이 두 가지를 꿈꾸지 않는 연인은 없다. 그러나 우리는 사랑의 영원성과 하나 됨의 허구성을 인식해야 한다. 사랑의 영원성이 있다면, 그것은 변치 않는 곳에 있는 것이 아니라 끊임없이 변화하는 과정 속에 있다. 영원은 지금 이 순간이거나 이 순간의 끝없는 연장이다.

하나 됨은 존재하지 않는다. 오히려 하나 됨을 위한 지속적인 시도가 있을 뿐이다. 하나 됨을 위한 시도가 사이 메우기이다. 그와 같은 시도가 성공하는 일은 드물고 실패한다고 하더라도 사랑의 아름다움은 그 시도 안에 존재한다.

마리나 아브라모비치로부터

행위 예술가 마리나 아브라모비치는
2010년 뉴욕 현대미술관에서
〈예술가가 여기 있다〉 퍼포먼스를
736시간 30분 동안 진행했습니다.
아브라모비치 30주년 회고전이었습니다.

아브라모비치는 의자에 앉아서
낯선 사람과 1분간 눈빛만 주고받는 것을 반복했습니다.

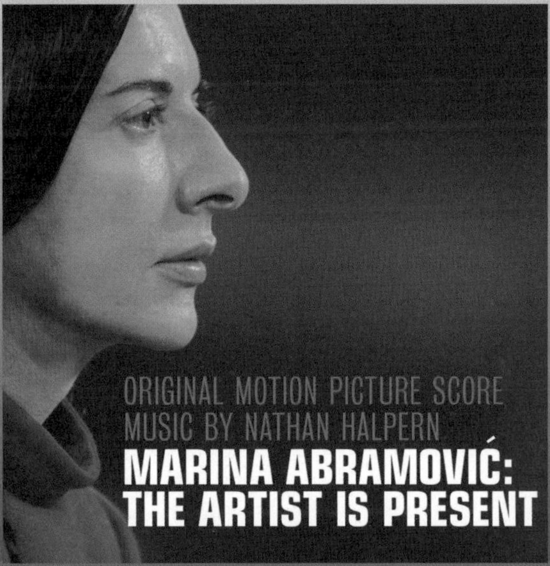
ORIGINAL MOTION PICTURE SCORE
MUSIC BY NATHAN HALPERN
MARINA ABRAMOVIĆ:
THE ARTIST IS PRESENT

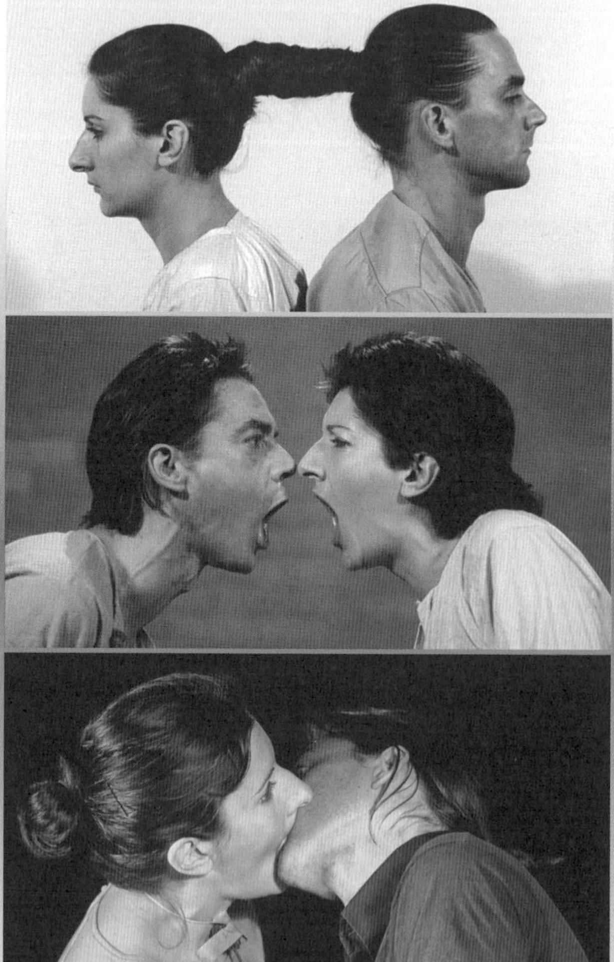

뉴욕 현대미술관 역사상
가장 긴 퍼포먼스 첫째 날
22년 전에 헤어진,
그녀의 전 연인이자 동료 행위 예술가인 울라이가
그녀 앞에 앉았습니다.

아브라모비치는 1976년 독일에서 울라이를 만났고
1988년까지 연인으로 지내며 공동작업을 했습니다.
테마는 '나는 누구인가?'
'예술가는 누구인가?'였습니다.
두 사람은 헤어지기 직전까지 예술적으로나 육체적으로 하나였습니다.

아브라모비치와 울라이는 1988년
〈연인: 만리장성 걷기〉
퍼포먼스를 진행했습니다.

두 사람은 만리장성 반대편 끝에서
90일 동안 걸어 만리장성 중간 지점에서 만났습니다.
아브라모비치는 황해에서
울라이는 고비사막에서 출발해
2,500km를 걸었습니다.
두 사람은 만리장성 중간에서 만나
악수를 한 후

"Good Bye"

마지막 인사만 나누고 헤어졌습니다.
진짜 이별을 한 것입니다.

두 사람은 1분 동안 시선을 교환하면서
고개를 흔들거나 끄덕거렸고,
아브라모비치는 무엇인가 억제할 수 없는 감정 속에서
눈물을 흘렸습니다.

헤어진 22년 동안 하지 못했던 말들을
눈빛의 언어로 주고받았습니다.
고작 1분 동안 눈빛만으로 나눈 대화였지만,

두 사람은 떨어져 있었던 22년의 공백을 넘어서는
영원의 교감을 나누는 듯 보였습니다.

겨우 1분간 나눈 눈빛의 대화로 말입니다.

3장

열정의 역설

사랑이란 그 사람만 보이고
다른 것은 모두 배경으로
물러가는 것이다.

제인 오스틴(Jane Austen)

카르멘 티럴(Carmen Tyrrell), 〈뜨거운 여름사랑〉

해와 별들을 움직이는 사랑

지존하신 환상 앞에 나는 힘을 잃었다.
그러나 이미 나의 열정과 의미는
같은 방향으로 움직이는 바퀴와 같이
'해와 별들을 움직이는 사랑'이 돌리고 있다.
– 단테, 《신곡》, 〈천국편〉 33곡

단테 《신곡》〈천국편〉 33곡 마지막 구절 '해와 별들을 움직이는 사랑'은 가장 많이 인용되는 잠언 중 하나다. 사랑은 해와 별들을 움직일 정도로 강렬하다. 단테에게 사랑은 하나님에 대한 사랑이며, 하나님은 사랑의 시작과 끝이다.

많은 사람이 단테와 베아트리체의 관계에 대해 세속적인 관심을 기울인다. 단테가 베아트리체를 만나지 못했다면, 《신곡》을 쓰지 못했을 것이라고 생각하기도 한다. 단테는 생전에 베아트리체를 단 두 번 만났다.

초기 단테 연구자였던 보카치오는 단테가 9살 때 피렌체 귀족 가문 축제에서 베아트리체를 한 번 보았고, 9년 후 우연히 길에서 그녀를 보았을 뿐이라고 말한다. 그로부터 6년이 지나서 단테는 베아트리체가 죽었다는 소식을 전해 듣는다. 이것뿐이었다. 단테는 두 번째 만남에서 베아트리체에게 선과 행복 그리고 구원을 터득하는 원천을 발견했을 것이다. 베아트

헨리 홀리데이, 〈단테와 베아트리체〉, 1883

단테가 베아트리체를 다시 만났을 때는 18살이었다. 그림 속 단테는 그보다 나이가 들어 보인다. 아마도 헨리 홀리데이는 시간을 초월하여 열정의 본래적 의미인 '이상화된 헌신'을 표현하고자 했던 것 같다.

리체는 구원자의 존재로 《신곡》에 등장한다.[1]

단테가 베아트리체를 만나지 못했다하더라도, 그는 다른 상상 속의 인물을 내세워 《신곡》을 썼을 것이다. 베아트리체는 단테의 상상력에 단지 영감을 주었을 뿐이지만, 영감의 원천은 사랑의 열정이었다. 단테는 사랑을 통해서 하나님의 세상 속에서 자신을 새롭게 발견했다. 순간적인 사랑이든 지속적인 사랑이든 사랑은 모든 것을 바꾸는 힘을 가지고 있다. 사랑이 해와 별들을 움직이게 만드는 것처럼.

헨리 홀리데이의 작품 〈단테와 베아트리체〉는 사랑의 열정 속에서 바라보기만 하는 단테의 마음을 표현한다. 화가는 상상력을 통해서 단테와 베아트리체의 조우를 그렸다. 왜냐하면 단테는 18살 때 베아트리체를 우연히 다시 만났는데, 그림 속 단테는 그 보다 나이가 들어 보이기 때문이다. 아마도 화가는 나이가 들어도 열정과 그리움으로 가득 차 있는 단테의 마음을 그리고 싶었을 것이다.

단테는 가로등 옆에서 친구들과 함께 걸어가는 베아트리체를 응시한다. 그러나 장미꽃을 든 베아트리체는 단테가 쳐다보는 것을 아는지 모르는지 다른 곳을 바라본다. 시선의 관점에서 보면, 단테는 '교류적(transactive)' 시선을 보낸다. 이것은 시선을 받는 사람이 '이상화의 대상'이라는 의미다. 단테는 가로등 옆에 서 있는데, 가로등은 단테의 그리움을 표현하는 은유일 것이다. 단테 뒤에 있는 강은 피렌체의 아르노 강이다. 흘러가는 첫 사랑을 보여주는 듯하다. 이 그림은 시간이 흘러도 변치 않는 선망의 대상을 그리워하는 단테의 열정을 담고 있다.

열정이라는 용어는 종교적 의미에서 비롯되었다. 열정은 종교적으로 끊임없는 헌신, 이상화, 영원성을 포함할 뿐만 아니라 고통을 의미하기도 한다. 특정한 대상에 대한 영원하고 변하지 않는 헌신과 이상화가 열정이다. 종교적 의미의 열정이 세속적으로 변화하면서 감정의 지나침으로 확장되었다. 이제 열정은 억제할 수 없는 삶의 기쁨과 희망을 주지만 동시에 고통과 슬픔을 가져오는 감정이다. 헨리 홀리데이는 감정의 지나침이나 과잉을 표현하기보다 '해와 별들을 움직이는 사랑'의 원천으로 열정이 갖는 본래적 의미인 '이상화된 헌신'을 담담하게 그렸다.

나흘간의 열정

《로미오와 줄리엣》은 단지 나흘 동안의 사랑 이야기지만, 사랑의 열정이 얼마나 참을 수 없을 만큼 열렬하고 고통스러운가를 보여준다.

일요일, 로미오는 가면무도회에서 줄리엣을 만난다. 로미오가 무도회에 간 이유는 짝사랑하는 로젤린이 캐풀렛 집안의 무도회에 간다는 사실을 알았기 때문이다. 로미오는 로젤린을 짝사랑하고 있었다. 원수 집안 캐풀렛이 주최한 무도회였지만 로미오는 가면을 쓰고 들어간다. 우연히 마주친 로미오와 줄리엣은 첫눈에 사랑에 빠졌고, 줄리엣은 로미오가 몬터규 집안 출신이라는 것을 알고 괴로워한다. 무도회가 끝난 밤, 로미오는 몰래 줄리엣의 집으로 찾아가서 발코니에 나와 있는 줄리엣을 만났고 다음 날 결혼을 약속한다.

월요일, 로렌스 신부는 로미오와 줄리엣의 결혼식 주례를 맡는다. 로미오가 결혼을 하고 돌아오는 길에 줄리엣의 사촌 오빠 티볼트가 자신의 친구 머큐시오를 죽이는 것을 보게 된다. 로미오는 티볼트와 결투를 하고, 결투 중에 티볼트를 죽인다. 영주는 티볼트를 죽인 로미오에게 추방 명령을 내린다. 캐풀렛은 줄리엣과 결혼하고 싶어하는 파리스에게 결혼을 허락하고, 사흘 후 결혼식을 올릴 것을 제안한다. 늦은 밤 로미오는 줄리엣을 찾아가 하룻밤을 보낸다.

화요일, 로미오는 이른 아침 만투아로 떠난다. 캐풀렛은 줄리엣에게 목요일 성 베드로 성당에서 파리스 백작과 결혼하게 될 것이라고 말한다. 줄리엣은 결혼을 하지 않겠다고 선언한다. 줄리엣은 로렌스 신부에게 파리스와 결혼하지 않을 방법을 알려달라고 요청한다. 로렌스 신부는 42시간 가사(假死) 상태에 머무르는 약을 줄리엣에게 건네준다. 로렌스 신부는 편지로 로미오에게 미리 자신의 계획을 알려주고, 두 사람이 함께 만투아로 떠날 수 있도록 도와줄 생각이었다.

수요일, 이른 아침 줄리엣의 죽음이 알려진다. 로미오는 줄리엣이 죽어 조상의 묘소에 묻혔다는 소식을 접한다. 로미오는 로렌스 신부의 편지를 받지 못했고, 줄리엣이 죽었다는 사실을 확인하면 따라 죽기 위해 독약을 준비한다. 로미오는 무덤에 와 있는 파리스와 싸우게 되고, 파리스는 로미오의 칼에 죽는다. 로미오는 줄리엣의 죽음을 확인한 후 독약을 마신다. 줄리엣은 가사 상태에서 깨어난 뒤 독약을 먹고 죽은 로미오를 발견한다. 줄리엣은 로미오의 단검으로 자신을 찌른다. 줄리엣은 로미오의 몸 위로 쓰러져 죽는다.

로미오와 줄리엣은 일요일 저녁 가면무도회에서 처음 만났고 목요일 새벽 함께 죽음을 맞는다. 두 사람은 나흘 동안 사랑의 열정에 빠졌다. 로미오와 줄리엣이 경험한 심리상태를 '리머런스(limerence)'[2]라고 하는데, 이것은 도취적이면서 불안정한 끌림의 상태다. 이 같은 경험의 상태는 사랑에 빠졌을 때 일반적으로 나타나는 현상이다. 로미오가 줄리엣을 보고 첫눈에 반했을 때, 그의 동공은 확대되고 심장박동이 치솟았을 것이다. 로미오가 밤늦게 줄리엣 집으로 간 것도 억제할 수 없는 도취적 끌림에서 벗어나지 못했기 때문이다. 로미오와 줄리엣이 발코니에서 결혼을 약속했을 때, 둘은 구름 위를 걷는 느낌이었을 것이다.

줄리엣의 나이는 열네 살이었고, 로미오의 나이는 명확하지 않지만 대략 두세 살 위가 아니었을까 싶다. 이와 같은 억제할 수 없는 끌림의 상태는 단지 로미오와 줄리엣이 미성숙한 상태에 있는 십 대였기 때문일까? 그렇지만은 않은 것 같다.

로버트 제임스 월러의 소설《매디슨 카운티의 다리》도 나흘간의 사랑을 그려낸다. 로버트 킨케이드가 프란체스카 존슨을 처음 만난 날은 1965년 8월 16일 월요일이었다. 로버트는 쉰두 살이고, 프란체스카는 마흔다섯 살이었다.《내셔널 지오그래픽》사진작가인 로버트는 지붕이 있는 로즈먼 다리를 찾아 헤매다가 프란체스카를 만난다. 프란체스카의 남편과 아이들이 일리노이 가축박람회로 떠난 후였다. 프란체스카는 자녀에게 남긴 편지에서 로버트를 처음 만난 날을 회고한다.

> 그가 차를 세우고 로즈먼 다리까지 가는 길을 물었을 때, 나는 그를 처음 보았지… 그를 본 지 5초도 지나지 않아서, 난 그를 원한다는 것을 알았지. 내가 나중에 그를 원하게 된 것만큼은 아니었지만… 나흘 동안, 그는 내게 인생을, 우주를 주었고, 조각난 내 부분들을 온전한 하나로 만들어 주었어. 나는 한순간도 그에 대한 생각을 멈춘 적이 없단다. 그가 내 의식 속에 있지 않을 때도, 나는 어디선가 그를 느낄 수 있었고, 그는 언제나 그 자리에 있었지.
>
> – 로버트 제임스 월러,《매디슨 카운티의 다리》, 188~191쪽

로버트와 프란체스카는 로즈먼 다리에 함께 가서 사진을 찍고, 프란체

스카의 집으로 와서 저녁 식사를 한다. 그날 밤 프란체스카는 로즈먼 다리 입구로 다시 가서 쪽지를 붙이고 돌아온다. "'흰 나방들이 날갯짓할 때' 다시 저녁 식사를 하고 싶으시면, 오늘 밤 일이 끝난 후 들르세요. 언제라도 좋아요." 예이츠의 싯구를 인용한 쪽지였다.

다음날 로버트는 시더 다리를 촬영하러 가야 하는데 프란체스카에게 함께 가자고 제안한다. 프란체스카는 로버트가 사진 촬영을 하는 동안 성실히 도와준다. 프란체스카는 집으로 돌아오는 길에 시내의 옷가게에서 밝은 핑크색에 가는 끈이 달린 원피스를 산다. 두 사람은 함께 저녁 식사를 하고, 라디오 음악을 들으면서 춤도 춘다. 만난 지 24시간도 되지 않았지만, 두 사람은 억제할 수 없는 열정으로 깊은 사랑을 나눈다.

셋째 날과 넷째 날 로버트는 촬영을 포기하고, 프란체스카도 꼭 필요한 일이 아니면 농장 일을 하지 않는다. 두 사람은 내내 함께 지내면서 이야기하거나 사랑을 나누었다. 로버트는 프란체스카를 위해 기타 연주를 하고 노래도 불러준다. 아이오와 시골에서 아이 둘을 키우며 살아온 프란체스카는 남편에게 느끼지 못한 신비감, 지성 그리고 에로티시즘을 로버트에게 느끼며 사랑의 감정에서 빠져나오지 못한다. 로버트는 자신과 함께 이곳을 떠나자고 요청하지만, 프란체스카는 남편과 아이들에 대한 책임감으로 거절한다.

1979년 남편 리처드가 죽자 프란체스카는 로버트를 찾고자 수소문하지만 결국 그가 어디에 있는지 알지 못한다. 1982년 2월 프란체스카에게 우편물이 배달되는데, 그것은 로버트의 유품이었다. 로버트는 자신이 죽으면 화장을 해서 로즈먼 다리에 뿌려 달라는 유언을 남겼다. 1989년 1월 프란체스카도 죽게 되는데 자식들에게 남긴 유언 역시 자신도 화장해서

로즈먼 다리에 뿌려달라는 것이었다. 이승에서 두 사람은 하나가 되지 못했지만, 죽어서 다시 만난 것이다. 두 사람이 처음 갔던 로즈먼 다리에서 영원히 하나가 된다.

《로미오와 줄리엣》과 《매디슨 카운티의 다리》에서 보여주는 사랑의 열정은 차이가 없다. 사랑의 열정이 갖는 도취, 영원성, 감정의 과잉, 비합리성 등을 보여주기 때문이다. 하나의 차이가 있다면, 로미오와 줄리엣은 격렬한 감정으로 죽음에 이르렀지만, 로버트와 프란체스카는 사랑의 열정을 마음으로 간직하면서 평생을 살았다는 것뿐이다. 로버트는 프란체스카의 책임감을 존중했고 두 사람은 이별했다. 그렇다고 해서 프란체스카와 로버트가 경험한 열정이 로미오와 줄리엣의 열정보다 약한 것은 아니다. 프란체스카와 로버트도 '리머런스'의 감정에서 벗어나지 못했다.

두 사람이 사랑의 열정에 빠지는 데 있어서 나이와 시간은 중요하지 않다. 첫눈에 반한 사랑의 열정은 십 대이건 중년이건 나이와 관계없이 다가오는 것이고, 두 사람이 얼마나 사랑하는가의 문제도 만남의 기간과 관계없다. 프란체스카의 사랑에서 보듯, 며칠 동안의 사랑이 수십 년의 사랑보다 더 깊을 수 있다.

'사랑의 열정'과 '열정적 사랑'은 다르다. '사랑의 열정'이 보편적 감정이라면, '열정적 사랑'은 18세기 사랑과 관능의 통합으로 나타난 사랑의 코드였다.* 열정은 어느 시대, 어느 사회에서 남녀 관계에서 보이는 일반

* '열정적 사랑'은 6장 〈사랑의 역사〉에서 자세하게 다룰 것이다.

적 감정이다. 오비디우스의 《사랑의 기교》를 보면, 기원전에도 남녀 간에 열정적 연애는 존재했다. 중세 시대에도 자신이 처한 계급적 한계와 결혼 제도와 같은 제약이 있더라도 두 사람은 사랑의 열정에 빠졌다.

전해 내려오는 수많은 전설은 오랜 기간 열정이 사랑을 어떻게 지배했는가를 보여준다. 예를 들어, 이슬람 문화에는 〈라일라와 마즈눈(Layla and Majnun)〉이라는 유명한 사랑 이야기가 있다. 7세기 때 카이스라는 남자가 꽃다운 처녀 라일라를 격정적으로 사랑했지만, 그녀 아버지의 반대로 그들의 사랑은 이루어지지 않았다. 그는 슬픔을 이기지 못해 광인이 되었고 세상을 떠돌면서도 그녀를 흠모했다. 여기서 마즈눈이라는 이름은 광인을 뜻한다.

《돈끼호떼》에서도 산양치기 처녀 마르셀라는 빼어난 미모와 고운 머릿결 그리고 늘 허벅지를 반만 가리는 치맛자락으로 마을 청년들을 사랑에 빠뜨렸다. 청년들은 목동의 옷을 입고 들판으로 나가 마르셀라에게 사랑을 고백했다. 그 많은 남자 중에 그리소스토모라는 청년이 있었는데, 마르셀라가 그의 고백을 거절하자 사랑의 열병으로 죽었다.

우리가 잘 알고 있는 낙랑공주와 호동왕자의 전설도 사랑의 열정을 보여준다. 낙랑공주의 사랑은 아버지와 부족을 배신할 정도로 강렬했다. 열정은 상대방에 대한 감정에 깊이 빠져서 자신의 일상과 책무를 잊게 만든다. 열정은 사랑하는 대상에 강력히 묶임으로써 자신의 희생뿐만 아니라 극단적 선택마저도 기꺼이 받아들이게 만들기도 한다.

사랑에 빠지다와 사랑이 들어오다

사랑의 열정은 모순적이거나 역설적 구조를 지닌다. "열정은 본래 능동적으로 작용하는 상태가 아니라 수동적으로 겪고 있는 정신 상태를 뜻한다".[3] 열정이라는 감정은 수동적이지만, 열정이 발현하는 행위는 능동적이다.

'사랑에 빠지다'는 말은 열정의 수동성을 의미한다. '빠지다'는 뜻은 내가 어찌할 수 없는 상태에 있다는 것이다. 늪이나 우물에 빠졌을 때, 우리는 그곳에서 벗어나려고 애를 쓰지만, 결국은 벗어나지 못한다. 사랑에 빠진 사람은 '나'이므로 나는 불가항력적이거나 무기력한 상태가 된다.

이승우는 《사랑의 생애》에서 사랑에 빠졌다는 말을 하지 말라고 조언한다. 오히려 사랑이 내 안으로 들어와 있으며, 그럼으로써 내가 사랑할 수 있는 자격을 부여받았다고 생각하라고 말한다.

> 사랑하는 사람은 사랑의 숙주다. 사랑은 누군가에게 홀려서 사랑하기로 작정한 사람의 내부에서 생을 시작한다… 사람이 사랑 속으로 들어가는 것이 아니라(사람이 빠질 사랑의 웅덩이가 대체 어디 있단 말인가!) 사랑이 사람 속으로 들어온다. 사랑이 들어와 사는 것이다. 숙주가 기생체를 선택하는 것이 아니라 기생체가 숙주를 선택하는 이치이다… 어느 순간 사랑이 문득 자기 속으로 들어오고, 그러면 당신은 도리 없이 사랑을 품은 자가 된다. 사랑과 함께 사랑을 따라 사는 자가 된다.
>
> – 이승우, 《사랑의 생애》, 9~12쪽

사랑하는 그가 내 안에 들어와서 살기 시작하면, 그의 존재에 따라 살아갈 수밖에 없다. 이승우는 사랑에 빠져서 자신이 불가항력적이거나 무기력한 존재가 되었다는 것을 부인하면서, 사랑이 내 안에 사는 것이라고 말하지만 그렇다고 해서 내 안에 들어와 있는 그(그녀)를 내가 어찌할 수 있는 것도 아니다.

"사랑하는 사람은 사랑의 숙주"라는 말은 내가 숙주가 살 만한 자격을 갖추었다는 것이다. 사랑할 만한 자격을 갖추었다는 것은 내가 사랑할 만한 지위와 능력을 지녔다는 뜻이 아니다. 사랑이 들어와서 나에게 사랑할 만한 자격을 부여했다는 것이다.

에리히 프롬은 사랑과 관련한 일반적인 오해 중의 하나로 내가 사랑받을 자격을 지니고 있어야 사랑할 수 있다고 생각하는 것이라고 지적한다.[4] 지금 내가 사랑하지 못하는 이유로 내가 사랑을 받을 만한 자격, 즉 재산, 능력, 매력, 권력 등을 갖고 있지 않기 때문이라고 생각하는 것은 오해라는 것이다. 대부분 사람은 내가 좋은 직업을 갖고, 괜찮은 외모를 지니고 있으면 사랑할 수 있다고 믿는다. 그렇다면 어느 정도의 재산, 어느 정도의 매력을 지녀야 내가 사랑할 수 있는 자격을 갖추었다는 말인가? 대부분 우리는 만족할 만한 자격을 못갖추고 있다. 그럼에도 사랑을 한다. 또한 사랑받을 만한 자격을 갖추었다고 믿는 사람이 아름다운 사랑을 하는 것도 아니다. 우리가 알고 있는 재벌가나 매력적인 연예인들의 사랑을 생각하면 쉽게 알 수 있다.

여기서 중요한 것은 내가 사랑할 자격을 갖추고 있지 못했다고 하더라도, 사랑이 들어와서 나에게 자격을 부여한다는 것이다. 나는 이제 누군가가 사랑할 만한 사람으로 인정받은 것이다.

'사랑에 빠지다'라는 열정의 수동성은 격정적 행위를 위한 동기를 부여함으로써 능동적 행위가 된다. 수동적 열정 개념에서 능동적 열정 개념으로 이행된 것이다. 열정의 능동화는 사랑하는 개인들에게 인격적 특성을 부여하고, 나 자신뿐만 아니라 사랑하는 사람에게 복무할 수 있는 능동적 원리가 된다. 자신의 열정과 사랑하는 사람의 열정은 상호작용하면서 서로를 상승시키는 관계로 나아간다. 자신을 포기하면서도 사랑하는 사람의 요구를 받아들이고, 그것을 의무로써 인식하며 자신의 무한한 사랑을 스스로 정당화한다.

열정의 역설적 구조

사랑의 열정이 무방비한 상태에 빠져 있는 나를 격정적 행위로 나아가게 만든다면, 그것은 과도함 때문이다. 사랑이 욕망 자체는 아니지만 본질적으로 사랑하고 사랑받고 싶은 욕망을 낳으며, 이것이 충족되지 않으면 사랑하는 사람의 기쁨은 고통으로 변한다.

사랑의 모순은 희망에 부푼 기대와 좌절에 대한 불안감 사이에서 발생한다. 나는 이미 정복당하고 싶은 복종, 눈뜨고 있는 맹목, 기꺼이 받아들이는 달콤한 순교의 상태에 와 있지만, 두 사람 사이의 관계에서 이것이 동일하게 적용되는 것은 아니다. 한계를 넘어서는 열정의 과도함은 사랑의 시련을 낳는다.

오스카 코코슈카의 그림 〈바람의 신부〉(1914)와 〈인형과 함께 있는 자

오스카 코코슈카, 〈바람의 신부〉, 1914

〈인형과 함께 있는 자화상〉, 1921

〈바람의 신부〉는 폭풍우와 같은 사랑의 열정 속에서 불안과 평온함을 보여준다. 남자는 허공에 시선을 응시하면서 두 손을 꽉 잡고 있다. 그는 애착불안 상태에 빠져 있다. 그러나 여자는 남자의 불안을 모른 채 잠들어 있다. 〈인형과 함께 있는 자화상〉에서 코코슈카는 사랑했던 알마 쉰들러가 떠나자 인형으로 대체함으로써 더 이상 사랑이 나아갈 수 있는 길 자체를 차단했다. 그는 퇴행과 상상적 투사 속에 빠져 있다.

화상〉(1921)은 열정의 과도함이 지닌 사랑의 역설적 구조를 극명하게 보여준다. 코코슈카는 20세기 초 인간의 비합리적 감정과 무의식을 표현하고자 했던 빈 분리파에 속해 있었다. 코코슈카는 열정이 갖는 황홀함과 불안을 거칠게 표현했다.[5]

〈바람의 신부〉는 코코슈카가 알마 쉰들러와 사랑에 빠졌을 때 그린 작품이고, 〈인형과 함께 있는 자화상〉은 헤어진 이후 그린 것이다. 알마 쉰들러는 당시 오스트리아에서 유명한 남성 예술가들에게 사랑을 받은 여인이었다. 그녀는 화가 클림트와도 사랑했지만, 22살이 되던 1902년 작곡가 구스타프 말러와 결혼해서 두 딸을 낳았다. 그러나 구스타프 말러가 1911년 죽은 이후 알마 쉰들러는 코코슈카와 사랑에 빠졌다.

〈바람의 신부〉는 '폭풍우'라는 제목으로도 알려져 있다. 사랑하는 두 사람은 폭풍우가 몰아치는 바다 한가운데 함께 누워 있다. 거센 파도는 사랑의 열정을 보여주는 듯하다. 남자는 허공을 바라보고 있으며, 여자는 잠들어 있다. 남자의 시선이 허공을 보고 있다는 것은 불안, 표류, 공허함 등을 의미한다. 그에게는 어떤 사랑의 확신도 없는 듯하다. 그가 자신의 두 손을 꽉 잡고 있는 것을 보면, 그녀를 놓치고 싶지 않다는 집착을 보여준다. 그는 애착불안 상태에 놓여 있다. 제목이 〈바람의 신부〉인 것을 보면, 바람처럼 떠나갈 사람은 남자가 아니라 여자이며, 폭풍우 속에 빠진 사람은 여자가 아니라 남자다. 반면 여자는 평온하게 한 손을 남자의 가슴에 올려놓고 잠을 잔다. 그녀는 남자가 얼마나 불안해하는지 알지 못한다.

〈인형과 함께 있는 자화상〉은 코코슈카가 알마 쉰들러와 이별한 이후 그린 작품이다. 코코슈카는 알마 쉰들러에게 집착했다. 코코슈카는 알마 쉰들러와 이별 후 그녀를 닮은 인형을 주문 제작해서 그 인형과 함께 살았다. 인형에게 드레스를 입히고 함께 오페라 극장에도 갔다. 많은 사람이 비웃었지만 그는 개의치 않았다. 코코슈카에게 인형은 알마 쉰들러에 대한 투사(投射)였다. 이런 측면에서 보면, 코코슈카는 피그말리온이 상아로 소녀 조각상을 만들었던 것과 유사하다. 다만 피그말리온은 사랑할 대상을 찾지 못해서 갈라테이아를 조각했지만, 코코슈카는 사랑하는 대상이 떠남으로써 인형에 집착했다. 코코슈카는 가상에 집착하는 피그말리오니즘에 빠져 있었다.

코코슈카는 알마 쉰들러를 인형으로 대체함으로써 더 이상 사랑이 나아갈 수 있는 길 자체를 차단했다. 상아소녀가 갈라테이아가 된 것처럼, 코코슈카는 인형이 알마 쉰들러로 변신하기를 기대했을 것이다. 그러나 알마 쉰들러는 그에게 돌아오지 않았다. 코코슈카는 정체된 사랑의 기억 속에서 살아간 것이나 다름없다. 사랑의 열정이 주는 고통이 퇴행과 상상적 투사로 표출되었기 때문이다.

열정의 과도함에는 한계가 없다. 열정은 사랑하는 사람의 하찮은 것까지 모두 숭고하게 만듦으로써 어느 것 하나 가벼이 여기지 않는다. 열정의 과도함은 질투, 집착, 자기비하 등 여러 가지 형태로 분화되어 나타난다. 더욱이 열정의 과도함은 하나의 방향으로 유도하도록 이끈다. 사랑하거나 집착하거나, 행복하거나 고통스럽거나, 믿거나 불신하는 방식으로. 이제 사랑과 집착, 행복과 고통, 믿음과 불신은 하나로 수렴되거나 한쪽에서 다른 쪽으로 쉽게 넘어간다.

《오셀로》는 사랑에서 믿음이 얼마나 중요한가를 다루고 있지만, 동시에 믿음은 얼마나 불안정한 것인가를 보여준다. 아이고의 거짓 손수건 하나로 오셀로는 질투에서 벗어나지 못했다. 질투는 소유욕망과 열정의 과도함으로부터 나온다. 오셀로는 아내 데스데모나를 열정적으로 사랑했지만, 그녀에 대한 집착은 쉽게 질투로 전이되어 파멸로 이끌었다.

로미오는 줄리엣을 만난 다음 날 로렌스 신부를 찾아가서 결혼식을 집전해달라고 요청한다. 그때 로렌스 신부는 로미오에게 열정의 과잉을 경고한다.

> 지나치게 격렬한 기쁨은 격렬하게 끝날 것이니,
> 불과 화약이 닿자마자 폭발하듯
> 승리의 순간에 죽어가지.
> 너무 달콤한 꿀은 지나치게 달기 때문에 질리는 법이네.
> – 셰익스피어, 《로미오와 줄리엣》, 2막 6장

톨스토이로부터

어떤 사람이 성자(聖者)에게 물었다.

"인생에서 가장 중요한 때는 언제이며,
가장 중요한 사람은 누구이고,
가장 중요한 일은 무엇입니까?"

"가장 중요한 시간은 현재이다.
그것은 지금 이 순간만이 우리가
스스로를 통제하고 고쳐나갈 수
있기 때문이다.
그리고 가장 중요한 사람은 지금
당신 앞에 있는 사람이다.
사람은 앞으로 어떤 관계를 맺을지
알 수 없기 때문에 현재 당신 앞에
있는 사람에게 충실해야 한다.
마지막으로 가장 중요한 일은 당신 앞에
있는 사람과 서로 사랑하는 일이다."

"사람들은 지나간 과거 때문에
고민하고 앞으로 일어날 일들을
생각하면서 가슴 아파한다.
그것은 우리 앞에 놓인 현실을
무시하는 행위이다. 과거나 미래는
환영이고 현재만이 사실이다.
과거와 미래의 일 때문에
고통스럽다면 자신이
현재에 속해 있다는 것을
자각하라."

"사랑에는 시간이 없으므로
앞으로의 사랑이란 있을 수 없다.
오로지 지금 이 순간만 있을 뿐이다."

"과거는 이미 존재하지 않고
미래는 아직 다가오지 않았다.
현재는 이미 존재하지 않는
과거와 아직 존재하지 않는 미래를
잇는 무한히 작은 한 점이다."

"시간은 존재하지 않는다.
존재하고 있는 것은 오직 무한하게
작은 현재뿐이다."

PRESENT
PAST
FUTURE

"스스로 영원을 깨닫는 곳에
그대의 영혼이 있다.
그러니 그곳에서 살아라.
바로 그 부분의 영혼을
우리는 사랑이라고 부른다."

톨스토이 《인생론》 중에서

4장

에로스의 거울보기

사랑은 모든 감정들의 근원이며,
다른 모든 열정들의 기원이자
원칙이다.
사랑은 원초적이고 인간에게
내재하며 모든 감정보다 앞서서
존재한다.
그 외의 모든 감정들은 어떤
의미에서 그 사랑의 변형에 지나지
않는다.

장 자크 루소(Jean Jacques Rousseau)

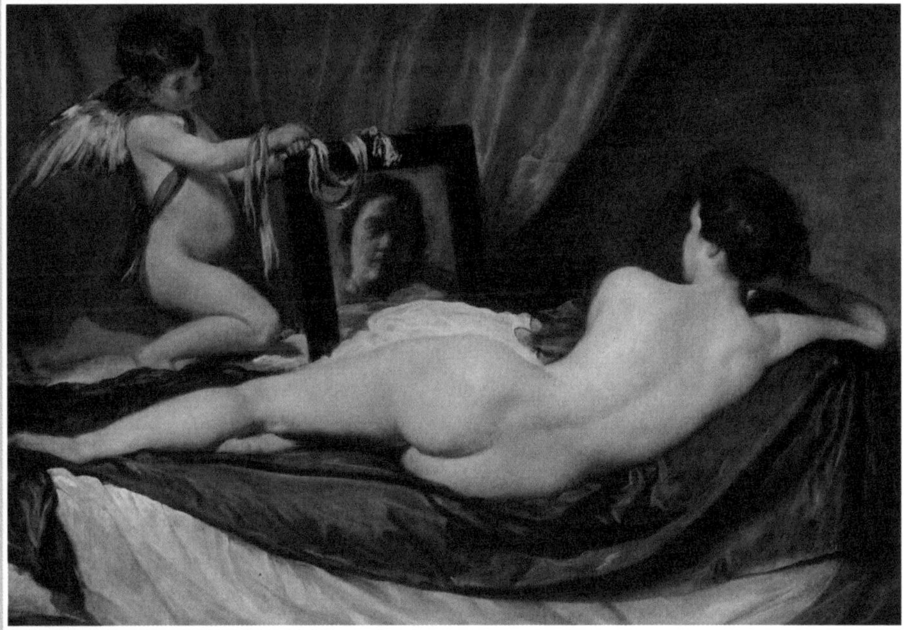

벨라스케스(Velázquez), 〈거울 앞의 비너스〉, 1647~1651

에로스의 신화

그리스 로마 신화에 등장하는 에로스는 육체적 사랑과 아름다움을 추구하는 사랑의 신이다. 에로스는 신화에 등장하는 그 어떤 신보다 후대에 많은 사랑과 관심을 받았다. 사람들에게 사랑받은 만큼 에로스의 탄생에 관한 이야기는 제각각이며, 다양한 모습으로 기록되고 있다.

기원전 700년경 헤시오도스의 《신들의 계보》에 따르면, 에로스는 세계가 창조될 때 카오스(공기), 가이아(대지)와 함께 탄생한 태초의 신이었다. 에로스는 우주 만물에 생명을 불어넣어 주는 강력한 힘을 지니고 있었다.[1] 하지만 이후에 등장하는 신화 속에서 에로스는 태초의 신이 아니라 수많은 신들 중 하나로 묘사된다. 에로스는 무절제한 욕망, 관능, 정념을 낳을 수 있는 신이 되었다.

에로스는 신화 속에서 다양한 모습으로 등장하는데, 아름다움, 사랑, 욕망의 여신인 아프로디테의 아들로 가장 많이 알려져 있다. 신화 속에서 에로스의 어머니 아프로디테는 한 명이 아니라 두 명이다. 가이아의 자녀인 우라노스(천상의 신)가 거세되면서 어머니 없이 그의 음부에서 뿜어 나오는 거품으로 탄생한 아프로디테와 제우스와 디오네 사이에서 태어난 아프로디테로 각각 다른 배경에서 태어난 신화가 전해진다. 우리가 일반적으로 알고 있는 에로스는 제우스와 디오네 사이에 태어난 아프로디테의 아들이다.

에로스의 출생에 대한 또 다른 이야기는 플라톤의 《향연》에 등장한다. 에로스는 풍요의 신 포로스와 궁핍의 여신 페니아의 아들로 태어났다. 아프로디테가 태어났을 때, 신들의 잔치가 열렸는데 결핍의 신 페니아는 구걸을 하기 위해 문간에 서 있었다. 페니아는 포로스가 넥타르(과일주)에 취해서 잠들자 그의 아이를 갖기로 작정하고 포로스 옆에 누워 에로스를 잉태했다.[2]

그리스 로마 신화는 수천 년 이어지면서 끊임없이 바뀌었기 때문에 각각의 신들은 서로 복잡하게 얽혀 있으며, 때때로 신들의 계보는 일관성을 갖지 않는다. 그러나 그리스 로마 신화에 등장하는 이야기들은 인간의 본성을 가장 풍부하게 표현했다.

그리스 로마 신화 속 신들은 인간의 삶처럼 세속적이면서 현실적인 모습으로 살아간다. 그리스 로마 신화나 플라톤의 《향연》에 따르면, 에로스는 어린 아이부터 프시케를 사랑한 성년에 이르기까지 다양한 모습으로 등장한다. 가장 단순하게 분류해도 에로스는 세 가지의 정체성 —— 태초의 신으로서 에로스, 아프로디테의 아들로서 에로스, 포로스와 페니아의 아들로서 에로스 —— 을 지닌다.

태초의 신으로서 에로스는 생명을 창조하는 신으로 공기의 신 카오스와 대지의 신 가이아와 같은 위치에 있었다. 헤시오도스가 에로스를 태초의 신으로 이야기한 것은 사랑을 공기와 대지처럼 모든 존재의 본질이라고 말하고 싶었기 때문일 것이다.

신화 속 아프로디테 역시 한 명이 아니라 두 명이기 때문에 그 아래에서 태어난 에로스도 두 가지 의미를 지닌다. 우라노스의 딸로서 어

보디 첼리, 〈비너스의 탄생〉, 1485년경

수스트리스, 〈아프로디테와 에로스〉, 1560년경

보디 첼리의 〈비너스의 탄생〉은 우라노스가 거세되면서 그의 음부에서 뿜어나오는 거품으로 탄생한 비너스(아프로디테)를 보여준다. 왼쪽은 바람의 신 제피로스이고, 오른쪽은 봄의 여신 호라다. 수스트리스의 〈아프로디테와 에로스〉는 제우스와 디오네 사이에 태어난 아프로디테를 그린 것이다. 아프로디테는 전쟁의 신 아레스(오른쪽 위)와 불륜관계에 빠졌다. 전자는 '성스러운 아프로디테'를, 후자는 '세속적인 아프로디테'를 의미한다.

머니 없이 때어난 아프로디테의 아들인 에로스는 '성스러운 에로스'이다. 성스러운 에로스는 천상의 순수와 아름다움을 추구하는 사랑을 의미한다. 제우스와 디오네의 딸로 태어난 아프로디테의 아들인 에로스는 '세속적인 에로스'이다. 세속적인 에로스는 육체적 욕망에 빠지는 사랑을 말한다.

제우스와 디오네의 딸인 아프로디테는 아름다움의 신이지만 세속적인 욕망에서 자유롭지 못했다. 아프로디테는 전쟁의 신 아레스와 나눈 간통으로 신들 사이에서 적지 않은 문제를 일으켰다. 제우스는 대장장이 헤파이스토스에게 막대한 선물을 받고 아프로디테를 결혼시켰다. 헤파이스토스는 일만하고 착하지만 못생긴 외모의 절름발이였다. 아프로디테는 남편을 별로 좋아하지 않았고, 아레스와 바람을 피웠다.

아프로디테와 아레스의 불륜은 곧 들통이 났고, 두 사람은 신들의 조롱거리가 되었다. 그녀의 아들인 에로스는 매력적이지만 변덕스럽고 장난이 심한 신이었다. 에로스는 어린 아이의 모습, 청년의 모습, 때로는 성년의 모습으로 다양하게 그려지며 이 신화를 바탕으로 '세속적 사랑'을 의미한다.

포로스와 페니아의 아들로서 에로스는 풍요와 결핍을 상징한다. 플라톤은《향연》에서 포로스와 페니아의 이야기를 꾸며냈다. 왜 플라톤은 신화에도 없는 이야기를 만들어낸 것일까? 아마도 그는 사랑은 한편으로 풍요로움을 만들어내지만 다른 한편으론 결핍의 상태에 있는 것이라고 생각했기 때문일 것이다. 에로스의 어머니가 결핍의 신이라는 점은 '사랑은 늘 결핍의 상태에서 무엇인가를 추구하는 것'이라는 뜻이다. 아버지는 풍요의 신이므로 사랑은 결핍으로부터 마음의 풍요를 얻는 것이다.

에로스에 대한 여러 가지 신화나 이야기들이 함축하는 것은 바로 사랑의 복합성이다. 다른 신들과 달리 에로스는 변신과 변형의 신이라고 할 수 있다. 에로스는 생명을 창조하며, 천상의 성스러움을 갖고 있는 동시에 세속적 욕망까지 모두 포함하고 있다. 에로스는 사랑의 화살로 장난치는 변덕스러운 신이며, 마음의 결핍을 채워 풍요로움을 얻는 신이기도 하다.

신화를 바탕으로 에로스는 사랑 자체가 아니라 사랑을 추구하는 마음으로 이해할 수 있다. 사랑을 추구하는 행위는 끊임없이 변화할 수밖에 없다. 사랑은 본질적으로 고정되어 있는 것이 아니라 변화에 기반을 두고 있기 때문이다. 사랑이 변화하는 것은 사랑 자체가 아니라 두 사람이 추구하는 사랑의 실체가 변화하기 때문이다.

성적 본능과 성적 사랑

플라톤의 《파이드로스》에서 소크라테스는 사랑에 대해서 다음과 같이 정의한다.

> 사랑은 일종의 욕망이네. 그런데 욕망에는 두 가지가 있지. 하나는 쾌락에 대한 선천적 욕망이고, 다른 하나는 후천적 판단으로 가장 좋은 것을 추구하는 욕망이라네. 둘은 어떤 때는 뜻을 같이하다가 어떤 때는 다투기도 하지. 욕망이 이성의 안내를 받을 경우 분별이라고 하지만 욕망이 이성의 안내를 받지 않고 쾌락으로 향해 달려가면 무분별이라고 한다네. 욕망이 먹기를 탐하면서도 이성의 안내를 받지 않을 경우 식탐이라고 하

는 거야. 욕망이 이성의 안내를 받지 않고 아름다움이 주는 쾌락을 향해 나아가고 육체의 아름다움 쪽으로 떠밀려갈 경우 에로스라고 한다네.

– 플라톤, 《파이드로스》, 237d ~ 238

소크라테스에게 에로스는 쾌락을 주는 본능적 욕망과 후천적 판단이 융합된 것이다. 그러므로 에로스는 이성도 아니고 본능도 아니다. 우리가 알고 있는 에로스는 일반적으로 육체적 욕망이나 관능을 지칭한다.

에로스에서 파생된 에로티시즘은 주로 육체적 욕망을 의미한다. 에로티시즘이 단순히 성적 욕망을 의미하는 것만은 아니다. 문명에 가려진 인간의 광기나 욕망을 탐구한 바타이유는 에로티시즘을 '육체적 에로티시즘', '심정의 에로티시즘', '신성의 에로티시즘'으로 구분한다. 육체적 에로티시즘은 성적 욕망을 의미하고, 심정의 에로티시즘은 서로 공유하는 내면적 체험(예를 들면 콘서트에서 열광하는 것)을, 신성의 에로티시즘은 순수한 의미에서 신에 대한 사랑을 말한다.[3]

성적 욕망은 반드시 사랑의 전제조건이 되는 것은 아니기 때문에, 성적 욕망이 없어도 사랑을 할 수 있다. 헌신적이고 이타적인 사랑이 이에 해당된다. 그러나 사랑을 하게 되면 어떤 형태로든 욕망이 피어오른다.

성적 본능은 포유동물이 갖고 있는 생물학적 종족유지의 본능에 기초한다. 섹스는 종의 번식과 보호를 확보하기 위한 행위라는 데 의심할 여지가 없다. 그러나 인간에게 섹스는 단지 종의 번식에 국한되는 것은 아니다. 근대사회가 시작 되면서 인간의 섹스는 종의 번식으로부터 해방되기 시작했다. 결혼제도가 바뀌고 다양한 피임방법이 나왔으며 섹스의 억압으로부터 벗어나기 시작하면서 성적 본능은 억압의 장벽을 뛰어넘었다.

섹스는 사랑관계에서 있어서 중요한 부분을 차지한다. 섹스는 두 사람 사이의 육체적 거리를 좁히는 행위인데, 여기에는 성적 욕망과 애착관계가 깊이 개입한다. 하지만 성적 욕망과 정서적 애착관계가 반드시 연결되어 있는 것은 아니다. 애착관계가 깊어지면 자연스럽게 섹스에 이르지만, 매춘을 예로 들 수 있듯이 애착관계 없이도 섹스는 가능하다.

섹스와 관련해서 항상 논의되는 것이 사랑 없는 섹스이다. 프로이트는 《집단 심리학과 자아 분석》에서 '애정적 사랑'과 '관능적 사랑'을 구분했다. 애정적 사랑은 부모 자식의 관계처럼 성적 본능이 없는 애착관계를 의미하며, 관능적 사랑은 성적 만족을 목표로 하는 성 본능에 집중하는 것이다. 관능적 사랑은 충족되면 사라지게 되어 있다. 따라서 관능적 사랑이 지속되는 것은 처음부터 애정적 요소와 혼합되었을 때이다.[4] 애정적 사랑 없이 관능적(육체적 욕망추구) 사랑이 지배하는 것은 성적 본능에만 빠지는 것이다.

유사하게 가세트도 성적 본능과 성적 사랑을 구분한다. 육체를 탐닉하면서 감정적 이끌림이 없는 상태는 성적 본능이 지배하는 것이고, 상대방의 영혼을 지향하고 그(혹은 그녀)의 육체를 바라보고 함께 하는 열망은 성적 사랑이다.[5]

여기서 중요한 것은 바로 대상의 존재이다. 성적 본능은 대상이 누구인가는 중요하지 않다. 왜냐하면 섹스 행위 그 자체에 대한 만족과 희열을 추구하기 때문이다. 그러나 성적 사랑에서 대상은 매우 중요하다. 상대방이 나와 어느 정도 정서적 친밀감을 갖는가는 섹스 이후 관계의 지속성에 큰 영향을 미치기 때문이다. 애착과 욕망이 함께 한다면 그것은 성적 사랑으로 이어지지만, 그렇지 않을 경우 사랑의 실체는 해체되는 경향이 있다.

밀란 쿤데라의《참을 수 없는 존재의 가벼움》은 성적 본능과 성적 사랑의 경계를 무너뜨린 작품이다. 토마스는 유능한 외과의사였지만, 소련군이 체코슬로바키아를 점령한 후 주간잡지에 발표한 글이 문제가 되어 쫓겨났다. 그는 생계를 위해 유리창 닦기와 농장 트럭 운전사 등을 전전하면서 살아간다. 토마스는 소련군의 사진을 찍은 죄로 일자리를 잃고 바텐더로 살아가는 테레자를 만나서 사랑에 빠진다. 하지만 테레자는 토마스의 바람기로 인해서 언제나 괴로워하며 지낸다.

토마스는 끊임없이 새로운 여성을 찾아 헤매는데, 토마스에게 사랑과 섹스는 별개의 것이다. 토마스는 다른 여성과 섹스를 할 때마다 그 여성이 가지고 있는 특별한 개성을 느낀다고 주장한다. 그는 탐닉하는 성에 빠져 있는 것이다.

> 〔여성들〕 그들 사이에는 차이점이라곤 100만 분의 1이고 공통점은 9십 9만 9천 9백 9십 9이다. 토마스는 이 100만 분의 1을 발견하고 정복하려는 욕망에 사로잡혔다. 그는 여자마다 가지고 있는 그 상상할 수 없는 것에 사로잡혀 있다. 다시 말해 한 여자를 다른 여자와 구별하는 바로 100만 분의 1이란 차이점에 사로잡혀 있는 것이다. (중략) 오직 섹스에 있어서만 그 100만 분의 1이란 다른 점이 그 어떤 신선한 것으로 나타난다.
>
> – 밀란 쿤데라, 《참을 수 없는 존재의 가벼움》, 214~215쪽

토마스가 성적 본능에 탐닉하는 이유는 모두 똑같은 공통점을 가지고 있는 여성들의 100만 분의 1이라는 차이점이 신선하게 다가오기 때문이다. 이 말도 안되는 주장으로 토마스는 자신의 성적 욕망을 정당화했다.

토마스는 세상 여자들을 모두 다른 개성과 아름다움을 가진 존재로 생각했지만, 바꾸어 말하면 그는 방탕한 돈 후안과 다를 바가 없다.

《참을 수 없는 존재의 가벼움》은 토마스의 성적 본능에 대해 많은 이야기를 하고 있지만, 밀란 쿤데라가 갖는 섹스에 대한 철학적 진술들은 이 소설을 통속적인 에로티시즘에서 벗어나게 만들었다. 《참을 수 없는 존재의 가벼움》은 섹스(육체)와 사랑(영혼)의 관계를 다루고 있다. 육체는 영혼을 가두는 굴레와 같은 것이어서 섹스를 통한 육체의 해방은 영혼에 자유를 부여한다. 소련군의 체코슬로바키아에 대한 침공이 주는 불합리한 역사의 무게로부터 밀란 쿤데라는 섹스를 통해서 영혼의 자유를 표현하고자 했을 것이다.

그렇지만 밀란 쿤데라 스스로 말했듯이 《참을 수 없는 존재의 가벼움》은 속물에 대한 에세이다.[6] 속물은 욕망의 천박함에 관한 것이다. 토마스가 보여주는 섹스에 대한 추구는 속물적인 욕망을 극단적으로 보여준다. 성적 사랑이 없는 성적 욕망으로 가득 찬 토마스가 가야할 길은 죽음밖에 없다. 토마스의 교통사고는 바로 속물적 욕망의 죽음인 셈이다.

남성은 섹스, 여성은 사랑?

남성은 섹스를 원하고 여성은 사랑을 원한다? 이것은 오랫동안 형성된 고정관념 중 하나다. 남성중심의 성문화가 만들어낸 말이지만, 생물학적으로 설명되기도 한다. 동물의 섹스는 종의 번식과 밀접하게 관련되어 있고, 수컷은 번식을 위해서 가능한 한 많은 암컷과 교미를 해야 하며 암컷은 가장 능력 있는 수컷을 선택한다. 동물의 세계에서 수컷과 암컷의 성 전략은 다르다.

남성과 여성의 성 전략과 관련된 풍자로써 '쿨리지 효과'라는 것이 있다. 미국 30대 대통령인 캘빈 쿨리지와 영부인 그레이스는 정부 시범 농장을 시찰했다. 닭장 앞을 지날 때 수탉이 암탉과 교미하는 것을 보자, 영부인이 안내인에게 "수탉이 얼마나 자주 교미를 하느냐?"고 물었다. 안내인은 하루에도 수십 번이라고 대답했다. 그녀는 안내인에게 이 사실을 대통령께도 알려줄 것을 부탁했다. 이 이야기를 들은 대통령은 "수탉은 항상 같은 암탉하고 교미를 하는가?"라고 안내인에게 물었다. 안내인이 아니라고 하자, 이 사실을 영부인에게도 꼭 말해달라고 부탁했다.

이 풍자가 사실인지 아닌지 알 수 없지만, 이것을 바탕으로 남성이 제짝이 아닌 다른 여성에게 강렬하게 성적 욕망을 느끼는 것을 '쿨리지 효과'라고 부른다. 이것은 여성에게도 적용된다. 여성은 능력 있는 남성과 섹스를 통한 지속적 관계를 유지하고 싶어 하기 때문이다.*

생물학적으로 보면, 남성은 자신의 유전자를 더 많이 퍼뜨려서 종의 번식에 기여하고 싶어 하지만, 여성은 평생 400개 정도의 난자밖에 만들지 못하며, 임신, 출산 그리고 양육을 부담해야 하기 때문에 관계의 중요성과 지속성을 고려해야한다. 어쩌면 이런 이유 때문에 남성은 섹스를 원하고 여성은 사랑을 원한다는 말이 나왔는지도 모른다.[7]

---

* 남성이 사랑의 경쟁자를 만났을 때, 가장 먼저 연인에게 하는 질문은 "그에게 성적 매력을 느끼나?"인 반면, 여성은 "그녀를 사랑하나?"이다. 이것은 남성은 연인의 부정으로 자신도 모르게 다른 남성의 자식을 키우는데 투자할 위험이 있다는 것이고, 여성은 경쟁자가 나타나면 연인의 자원을 나누어야 할 위험을 느끼기 때문이다(붕크, 〈파괴적인 질투〉, 《사랑에 대한 모든 것》, 레오보만스 역, 흐름출판, 302~303쪽).

남성과 여성의 성에 있어서 신체적 차이는 분명히 존재한다. 남성의 성적 욕망이 성기적 욕망에 집중되어 있다면, 여성의 성적 욕망은 복합적인 성향을 지닌다. 여성은 확산된 에로티시즘(신체의 특정 부분에 집중되지 않고 몸 전체에 퍼진 에로티시즘)을 가지고 있다. 여성은 성기적 감각을 다른 애착들과 통합시키는 능력을 남성보다 더 많이 가지고 있다.[8] 이런 관점에서 보면, 여성은 남성보다 사랑의 친밀감을 만들어나가는 데 뛰어난 능력을 지녔다.

남성은 섹스를 원하고, 여성은 사랑을 원한다는 말을 비판적으로 생각해볼 수도 있다. 첫째, 남성의 성적 욕망을 생물학적 욕망으로 국한시킴으로써 남성은 여성보다 사랑하는 능력이 부족하다는 결론이 나온다. 남성이 상대적으로 친밀감을 만들어가는 능력이 부족하다고 하더라도, 이것은 남성을 편협하게 바라보는 관념일 뿐이다. 물론 적지 않은 남성들이 여전히 돈 후안을 꿈꾼다. 남성 스스로 여전히 돈 후안을 꿈꾸고 있다면, 자신을 성적 욕망 안에 가두는 것이며, 본능을 사랑이라고 생각하는 것이다.

둘째는 섹스와 사랑을 동일한 수준에서 바라보는 것이다. 섹스가 사랑의 한 부분이 될 수는 있지만, 섹스가 반드시 사랑의 일부가 되는 것은 아니다. 섹스를 성적 욕망이라는 측면에서만 보면, 섹스는 자기 영속적인 것이 아니라 자기 파괴적이다. "욕망과 사랑, 둘은 형제다. 종종 쌍둥이로 태어나기도 한다. 하지만 결코 일란성 쌍둥이는 아니다"[9]라고 바우만이 말한 것은 바로 본능으로서 성적 욕망과 사랑은 다르다는 것이다. 사랑은 대상에게 자신을 내어줌으로써 확대되는 것이지만, 본능에서 시작된 성적 욕망은 관계의 확대가 아니라 스스로를 태워 없애는 것이다.

셋째는 여성에게는 성적 욕망이 적을 것이라는 편향이다. 섹스는 정서적 얽힘과 육체적 만족이라고 볼 수 있다. 그런데 남성은 섹스, 여성은 사랑이라는 말은 여성은 정서적 얽힘에, 남성은 육체적 만족에 더 많은 관심을 기울인다고 말하는 것과 같다. 이것은 여성의 성적 욕망을 수동적으로 바라보는 것이다. 여성도 남성과 마찬가지로 강력한 성적 욕망을 가지고 있다. 다만 여성의 성적 욕망은 남성의 성적 욕망보다 관계의 지속성에 더 많은 관심을 기울일 뿐이다.

넷째는 성적 행동의 변화를 포착하지 못하는 것이다. 서구에서는 1960년대 후반 이후 성관습이 빠르게 변화했다. 과거의 남성은 여성을 성적 정복의 대상으로 바라봤고, 여성은 남성의 성적 접근에 자제하는 경향이 지배적이었다. 그러나 오늘날 남녀는 모두 높은 성적 기대감을 갖고 있다. 여성도 남성과 마찬가지로 성적인 즐거움을 주는 것 뿐만 아니라 받기를 기대하며, 만족스러운 섹스가 행복한 사랑을 위해 필수적이라고 생각한다. 더욱이 두 사람이 만나서 섹스를 하기까지 걸리는 시간은 과거에 비해 급속도로 빨라졌다. 사랑과 섹스는 남몰래 시작하고 즐겨야 한다는 도덕적 금기 역시 극소수를 제외하면 사라졌다.

오늘날 과거에 비해 사랑이 섹스화되었다는 것은 분명한 사실이다. 그렇다고 사랑의 코드가 섹스의 코드가 되었다는 의미는 아니다. 사랑의 방식이 변화되었다고 하더라도 여전히 낭만적 사랑이나 절대적 사랑 등 아름다운 가치가 완전히 사라진 것은 아니기 때문이다. 이것들은 여전히 사랑에서 중요한 역할을 담당한다.

섹스와 사랑의 분리는 더 이상 섹스가 사랑에 묶이지 않는다는 것이다. 예전에는 성관계를 가지려면 먼저 깊은 만남을 가져야 했지만 지금은 사정이 달라졌다. 섹스는 감정의 유무와 관계없이 소비할 수 있는 공공의 자산이 되어버렸다. 그래서 요즘은 오랜 시간에 걸친 찬미와 구애가 오히려 부적절해 보인다.[10] 열정적으로 사랑에 빠진 뒤, 육체적 관계로 나아가는 과정은 지금 시대에서는 유통기간이 지난 것처럼 느껴진다.

사랑이 섹스화되면서 어떤 경험이 '사랑'인가를 판별하는 기준을 약화시켰다. 그래서 '하룻밤 사랑(섹스)'도 사랑으로 간주된다. 갑자기 섹스의 경험이 풍부해지면서, 사랑한다는 것이 섹스를 더 많이 나누는 경험의 축적으로 인식된 것이다. 연인들은 다음 번 사랑은 현재 즐기고 있는 사랑보다 훨씬 더 짜릿한 경험이 될 것이라는 환상을 갖는다. 이런 경험과 인식은 사랑은 쉽게 깨지고 쉽게 끝나기 마련이라는 생각을 갖게 만든다.[11] 따라서 사랑이 갖는 본질적 아름다움은 약화될 수밖에 없다.

성별과 관계없이 성적 즐거움을 제한하거나 억압하는 시각은 더 이상 무의미해졌다. 중요한 것은 두 사람이 섹스를 할 때, 어떤 섹스를 나누었는가 하는 점이다. 두 사람이 본능과 욕망의 결핍상태에서 섹스를 한다면 그것은 사랑이 상실된 상태로 보아야 한다. 이와 같은 섹스는 때때로 가학적 혹은 피학적 행위로 나타나기도 한다.

성숙한 사랑은 자신의 본래 모습을 보존하는 상태에서 이루어지는 합일이다. 그것은 서로를 분리시키는 벽을 허물어버리는 힘, 타인과 결합시키는 힘이다. 사랑과 섹스는 고립감과 분리감을 극복하게 하면서도 각자에게 각자의 특성을 허용하고 그의 본래 모습을 간직하게 한다. 섹스로서 사랑은 두 존재가 하나가 되면서, 둘로 남아있는 긍정적 역설이다. 섹스를 통해 하나가 되었다고 해도 여전이 나와 너의 자아는 일정한 거리에서 유지되기 때문이다. 사랑과 섹스는 진정한 합일에 도달하게 하지만, 그

합일이 어떤 상태의 것인지는 돌아볼 필요가 있다.

에로스의 승화

프로이트는 《문명 속의 불만》에서 인간 본능은 삶을 긍정하는 에로스(사랑의 본능)와 파괴하는 타나토스(죽음의 본능)로 구성된다고 말한다. 인간에게 이 두 가지 본능은 서로 분리된 상태로 나타나는 일이 거의 없으며 혼합되어 나타난다. 사디즘과 마조히즘은 파괴의 본능이 사랑의 본능을 지배하면서 나타나는 현상이다. 사디즘은 죽음 혹은 파괴의 본능이 고유한 의미에서 성적 목적(기쁨)을 왜곡하면서 성 충동을 만족시키는 것이다.[12] 프로이트가 말하고 싶었던 것은 에로스의 문명이었고, 문명이란 욕망의 억압을 통해서 구성된다는 것이었지만, 인간 내면에 있는 죽음과 파괴의 본능은 언제라도 성적 사랑을 지배하면서 자신을 파멸시킬 수도 있다.

성적관계의 고유한 특징은 '함께 있음'이며, 가까움 속에서 외부인을 고려하지 않는다는 점이다. 두 사람 사이 관계의 의미는 관계 자체로부터 충족된다. 자신의 체험이 곧 상대방의 체험이며, 상대방의 체험은 나의 체험이기도 하다. 섹스는 "육체적으로 함께 즐기면서 자신의 고유한 욕망과 그 충족을 넘어 타인의 욕망까지 욕망하는 경험이며, 이에 더해 타인도 욕망되기를 바란다는 것도 함께 경험하는 것"[13]이다.

사랑하고 사랑받는 것은 서로에게 거울이 되는 것과 같다. 상대방의 거울에 비친 나와 내 거울에 비친 상대방을 보면서 성적 본능과 성적 사랑이 결합될 때, 에로스의 승화가 이루어진다. 에로스의 승화는 자기애, 대상애를 통해서 더 넓은 사랑의 대상으로 확장하는 것이다.

섹스는 육체의 문제이지만 동시에 영혼의 문제이기도 하다. 소크라테스부터 프로이트에 이르기까지 성적 욕망은 이분법적으로 구분되었다. 선천적 욕망과 후천적 판단, 세속적 에로스와 성스러운 에로스, 관능과 애정, 성적 본능과 성적 사랑, 파괴의 타나토스와 순수한 에로스 등. 전자는 섹스에 대한 욕망 자체를, 후자는 섹스의 승화를 의미한다. 그러나 성적 욕망과 성적 사랑의 승화가 구분될 수 있는 것인가 하는 점에서는 의문이다. 우리는 돈 후안이 아니기 때문에 성적 욕망 자체에만 빠지지는 않는다. 병적으로 성적 욕망에서 벗어나지 못하는 사람들도 있지만, 이들은 소수에 불과하다. 성적 욕망과 성적 승화는 동전의 양면과 같다.

나는 성적 욕망과 성적 승화로서 에로스는 거울과 같다고 생각한다. 에로스의 거울은 겉으로는 성적 욕망을 비추지만, 안으로는 성적 사랑도 함께 보여주기 때문이다. 진정한 사랑은 내가 에로스의 거울이 비추어주는 안과 밖을 보면서 스스로 사랑을 확장시키는 곳에서 나온다. 에로스의 거울은 자신의 욕망과 사랑을 반성적으로 돌아보고 아름다운 사랑의 세계로 인도하는 매개체이다.

밀란 쿤데라로부터

누구나 에로스를 꿈꾼다.
밀란 쿤데라는 《불멸》에서
성의 환상을 시기별로 구분했다.

첫 번째 단계는
'스포츠적 침묵의 시기'다.
두 사람이 체험하는 몸짓은
열정으로 가득 차서
하나가 된다.

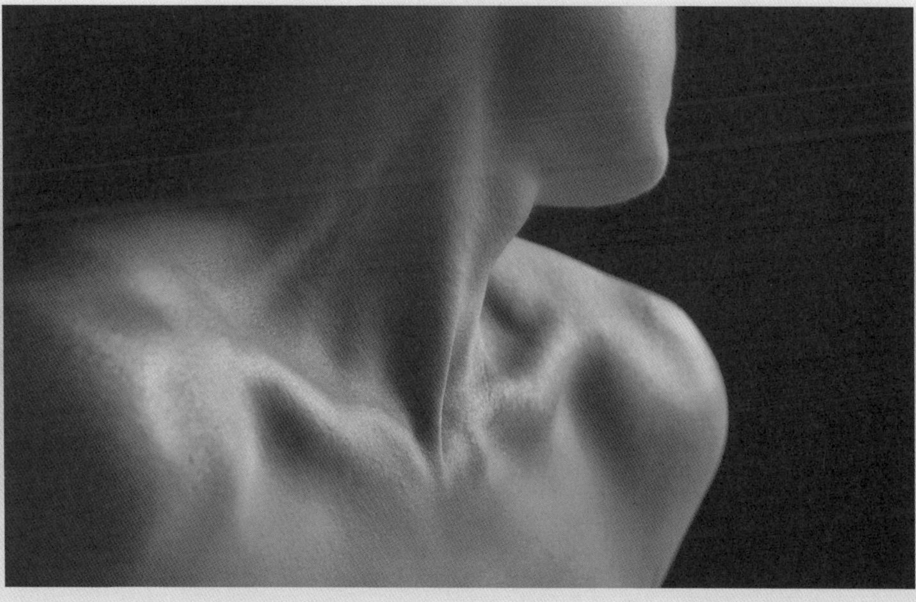

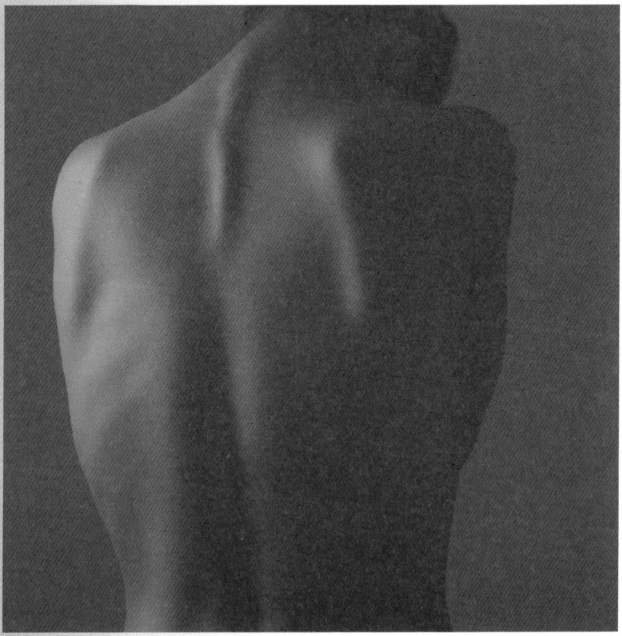

두 번째 단계는
'은유'의 시기다.
사랑을 나누는 과정에서
시적 완곡어법을 사용하여
조심스럽게 서로의 욕망을
표현하는 것이다.

세 번째 단계는
'외설적 진실'의 시기다.
은유보다 직설적인
표현으로 성적 텔레파시를
공유하게 하면서 두 영혼은
신비스러운 혈족관계가 된다.

네 번째 단계는
'아랍 전화의 시기'다.
아랍 전화는 아이들이 일렬로 나란히 앉아서
귓속말로 긴 문장을 전달한다.
맨 마지막 아이가 전달 받은 문장을 외칠 때
처음 문장과 마지막 문장의 차이로 아이들 입가에는 폭소가 터진다.
사랑의 느낌과 언어는
서로에게 전달될 때마다 매순간
다른 느낌, 다른 언어로 다가가서
새로운 기쁨을 함께 나누게 한다.

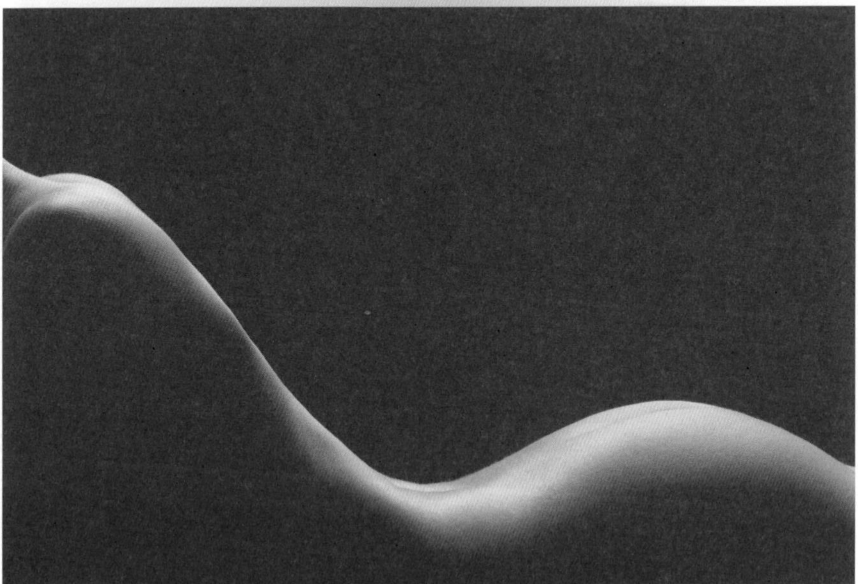

마지막 단계는
'신비적 시기'이다.
사랑의 물결 속에 빠져들 때마다
신비한 융화작용을 느끼며
자신이 사랑을 창조했다는
마치 신이 된 것 같은 느낌을 받는다.

그러므로 사랑의 행위는
몸짓으로 출발해서
은유와 직설화법의 역을 지나
매 순간마다 다른 느낌과 언어를
체험하고 사랑을 창조한
신과 내 자신이 동일시되는
신비한 경험이다.

5장

기억의 공유

그 시절은 지나갔고, 이제 거기
남은 것은 아무것도 없다.
그는 지나간 날들을 기억한다.
먼지 낀 창틀을 통하여 과거를
볼 수 있겠지만 모든 것이
희미하게만 보였다.

〈화양연화〉에서

라파 올빈스키(Rafal Oblinski), 〈햄프톤의 기억들〉, 1943

기억과 망각

"망각하는 자에게 복이 있나니, 자신의 어리석은 실수조차 극복할 수 있기 때문이다."[1]

니체는 망각하는 자에게 복이 있는 이유로 어리석은 실수조차 이겨낼 수 있기 때문이라고 말한다. 니체의 이 경구를 어떻게 받아들여야 하는가. 인간의 심리적 도피기제 중의 하나인 망각으로부터 행복을 찾겠다는 뜻은 아닐 것이다. 오히려 니체는 상처를 껴안고 극복하는 힘을 망각에서 찾은 것 같다. 망각된다는 것은 이제 내가 상처를 끌어안을 수 있게 되었다는 것이고, 그럼으로써 우리는 삶의 고통을 이겨낼 수 있다.

그리스 신화에는 기억의 신 므네모시네와 망각의 신 레테가 등장한다. 제우스는 신들의 전쟁에서 승리한 후 자신의 승리를 기록하기 위해서 기억의 신 므네모시네와 9일 동안 잠자리를 하여 아홉 명의 뮤즈를 낳는다. 이들은 음악, 미술, 철학, 문학, 역사 등 광범위한 지적 영역을 담당한다. 뮤즈들은 아름다운 현재를 기록한다.

반면 망각의 신 레테는 불화의 신 에리스의 딸이다. 레테는 기억을 없애줄 뿐만 아니라 진실을 감추고 은폐하는 역할을 담당한다. 그리스 신화는 기억을 긍정적으로, 망각을 부정적으로 그려내고 있다. 그러나 기억과 망각을 단순하게 구분하는 것은 적절해 보이지 않는다. 기억과 망각은 시간과 밀접히 관련되어 있다. 왜냐하면 기억과 망각은 현재의 시간으로부터 과거를 되돌리는 것이기 때문이다.

기억은 두 가지 관점에서 기술된다. 하나는 기억은 경험이 뇌 안에 퇴적층처럼 쌓이는 것으로, 기억하지 못한다고 하더라도 여전히 내 안에 있다는 것이다. 다른 하나는 기억은 그 자체가 아니라 끊임없이 변형되고 재구성된다는 것이다. 기억은 기억한 마지막 순간을 기억하는 것뿐이며, 복사본의 복사본처럼 희미해질 뿐 절대 생생해지거나 선명해지지 않는다는 것이다.

심리학자 윌리엄 제임스는 "기억은 절대로 재생이 아니다. 기억은 또 하나의 사건이다. 첫 번째 사건과 닮았다는 것 외에는 아무 관계가 없다"[2]고 주장한다. 경험한 사건과 그것을 기억해 낸 사건은 별개라는 것이다. 따라서 강력한 기억도 완전히 믿을 수 있는 것은 아니다. 기억은 끊임없이 유실되기 때문이다.

기억의 불확실성은 특별한 사건에 대한 의미를 부여할 때 발생한다. 이것이 '의미 기억(semantic memory)'이다. 비록 두 사람이 같은 사건을 경험했다고 하더라도 의미 기억은 다를 수 있다. 자신의 관점에서 의미를 부여하기 때문이다.

사랑하는 두 사람은 연애를 하는 동안 수많은 사건을 경험한다. 어떤 것들은 사소한 것들이고, 어떤 것들은 두 사람이 사랑하는 과정에서 중요한 계기가 되는 사건이기도 하다. 두 사람 사이에 특별한 사건(첫 만남, 첫 키스, 둘 만의 여행 등)에 대한 기억은 '에피소드 기억(episode memory)'이다. 문제는 에피소드 기억과 의미 기억 사이의 불일치다.

두 사람이 여행을 떠나 행복했던 경험을 나누었다고 생각해보자. 두 사람은 에피소드 기억을 공유한다. 왜냐하면 어느 곳을 갔는지, 무엇을 타고 갔는지 어디에서 숙박했는지는 객관적으로 명백하기 때문이다. 그러나 그 여행에서 서로 나누었던 이야기들이나 그 여행에 대한 의미부여는 두 사람이 같을 수도 있지만 다를 수도 있다. 특정 사건에 대한 의미는 두 사람 사이에 형성된 것이기만, 내면에서 완전히 공유되는 객관적 경험이 아니기 때문이다.

기억의 불확실성은 의미 기억으로부터 발생하는데 이것은 기억의 현재지향성으로부터 형성되기 때문이다. 사랑하는 두 사람이 과거의 기억을 이야기하고 있다고 하자. 만일 두 사람이 열정적으로 사랑하는 과정 중이었다면, 과거 두 사람이 심하게 다툰 사건에 대한 의미를 사랑이 단단해지기 위한 단계로 기억할 것이다. 이것을 '고난미화(glorifying the struggle)'라고 부른다. 현재의 관점에서 보았을 때 과거가 힘들고 고통스러웠어도 그때 그 시절은 아름답게 기억하고자 한다. 반대로 두 사람이 이별을 앞두고 있다면, 과거 심하게 다툰 사건에 대한 기억은 서로 어울리지 않고, 맞지 않는 상대였다는 것을 재확인하는 것으로 기억할 것이다. 두 사람이 경험한 의미 기억이 다를 수밖에 없는 이유는 현재의 관점에서 과거를 회상하기 때문이다.

더욱이 기억의 불확실성은 선택적 기억과 선택적 망각으로부터 나온다. 우리가 기억을 재구성할 때, 수많은 단편적인 기록들을 서랍에서 꺼내는 것이 아니라 재구성하는 것이다. 이때 기억의 일부만 선택된다. 나의 부모님은 돌아가셨지만, 생전에 부모님 댁에 가면 항상 자신들이 가장 아름다웠던 기억을 반복적으로 말씀하신다. 자식과 함께 술 한잔하는 것을 좋아하셨던 아버님은 매년 추석과 설 때마다 똑같은 기억을 끄집어내신다. 나는 적어도 수십 번 들었지만, 늘 처음 듣는 것처럼 귀를 기울이고 맞장구를 쳐줄 뿐이었다. 선택적 기억을 하시는 것이다.

대부분 어르신들은 자신의 아름다운 젊은 시절의 이야기를 반복하는데, 이것은 퇴행이다. 과거에 대한 향수를 통해서 어떤 점에서 과거의 삶이 더 아름다웠다고 말하는 것이다. 어르신들은 이미 육체적으로나 정신적으로 한계가 있기 때문에 퇴행이 강하게 나타날 수밖에 없다. 퇴행은 현재의 불안과 좌절을 완화시키는 방어기제로서 고착의 강도가 강할수록 그전 시기로 돌아가려는 경향도 강하게 나타난다.

내 부모님은 한 번도 술자리에서 죽은 내 누이의 이야기를 꺼낸 적이 없다. 내가 태어나기 전에 누이가 한 명 있었는데 여섯 살 때 뇌염으로 세상을 떠났다. 부모님은 선택적 망각을 하시는 것이다. 자신들의 고통스러운 일을 더 이상 기억하고 싶지 않기 때문이다. 나는 단지 오래전에 죽은 누이를 잊기 위해서 부모님께서 나를 낳았다는 말만 한번 들었을 뿐이다. 부모님은 나를 통해서 죽은 누이의 기억을 차폐하고자 한 것이다.

그렇다면 망각은 두 가지 방향에서 나타난다. 우선 기억흔적은 시간의 흐름에 따라 자연스럽게 소멸한다. 시간은 기억의 지우기 기제이다. 그렇다고 해서 시간이 모든 기억을 지우는 것은 아니다. 두 사람 사이에 중요한 에피소드나 의미 기억은 시간이 흐른다고 해도 여전히 남아있다.

또 하나는 기억흔적이 다른 경험들에 의해 교란되거나 차폐되면서 발생한다. 예를 들어, 출근을 위해 아파트 지하 주차장으로 내려가면 나는 어디에 차를 두었는지 기억한다. 그러나 이틀 전, 사흘 전, 나흘 전 내가 차를 어디에 주차했는지 기억하기 어렵다. 어제의 기억이 그 이전의 기억을 교란하거나 막았기 때문이다. 사실 내 입장에서 어제 차를 어디에 주차했는지만 기억하면 된다. 그 이전에 내가 차를 주차했던 장소를 기억할 필요가 없기 때문에 교란과 차폐는 자연스럽게 발생한다. 비록 망각이 기억을 지워버린다고 해도 기억은 모두 지워지지 않는다.

아벨라르와 엘로이즈

중세 최대의 연애사건은 아벨라르와 엘로이즈의 사랑 이야기다.* 아벨라르는 12세기뿐만 아니라 오늘날까지 잘 알려진 유명한 신학자이자 철학자였고, 엘로이즈는 노트르담 대성당 참사회원 퓔베르의 조카딸이었다.

아벨라르가 엘로이즈를 만나게 된 것은 1117~1118년경이므로 아벨라르는 삼십 대 후반, 엘로이즈는 열일곱 내지는 열여덟 살의 소녀였다. 아벨라르는 최고 교육기관이었던 노트르담 대성당학교에서 강의를 하면서 교장이자 스승인 기욤과 나눈 논리학 논쟁으로 명성을 얻었다. 아벨라르는 노트르담 대성당 참사회원 퓔베르의 집에 거주하면서 엘로이즈의 가정교사로 지냈다.

아벨라르와 엘로이즈는 사제관계로 만나 연인 사이로 발전했고 결혼까지 했지만 타의에 의해서 헤어지게 되었다. 두 사람은 수도원장과 수

---

* 아벨라르와 엘로이즈의 생애에 대한 기록들은 책마다 조금씩 다르다. 여기서 두 사람의 연보(年譜)는 신뢰성이 높다고 판단되는 호르스트(Horst, 2005)의 기록에 따랐고, 두 사람 사이의 서신은 강계순(1988)의 편역본에 의존했다.

아벨라르와 엘로이즈 무덤, 파리 페르라셰즈 공동묘지

녀원장으로 떨어져 지내면서 1132~1137년 사이 12통의 편지를 주고받았다. 15세기에 접어들어 '아벨라르와 엘로이즈의 편지'가 대중에게 알려졌다.

생 질다 수도원장이었던 아벨라르가 친구에게 보낸 첫 번째 편지 '나의 불행한 이야기'에 따르면, 그는 아름답고 지적인 엘로이즈를 보고 사랑에 빠졌다. 퓔베르는 자신의 조카딸이 학문적으로 성장하기를 바랐기 때문에 명성이 높았던 아벨라르를 가정교사로 받아들였다. 하지만 아벨라르는 교육이라는 구실 아래 사랑에 몰두했다.

두 사람은 학문에 대한 대화보다는 사랑에 대한 대화를, 설명보다는 키스를 더 많이 나눴다. 아벨라르와 엘로이즈는 사랑과 열정에 사로 잡혔다. 엘로이즈는 임신을 했고 숙부인 퓔베르는 크게 분노했다. 아벨라르는 임신한 엘로이즈를 퓔베르의 집에서 빼내 자신의 고향으로 보냈고, 엘로이즈는 거기서 아들을 낳았다.

아벨라르는 퓔베르를 만나서 엘로이즈와 정식으로 결혼할 것을 약속했다. 다만 아벨라르는 자신의 명예가 손상되지 않도록 결혼 사실을 비밀로 해야 한다는 조건을 걸었다. 아벨라르는 엘로이즈를 파리로 데리고 와서 결혼식을 올리려고 했는데, 엘로이즈가 이를 반대했다. 그들의 결혼이 아벨라르에게 불명예가 된다는 이유 때문이었다.

오늘날 이해하기 힘든 것은 두 사람이 서로 사랑했으며, 아이까지 가졌음에도 불구하고 아벨라르는 결혼식을 비밀에 붙이고 싶어 했고, 엘로이즈는 결혼 자체를 반대했다는 점이다. 12세기 교회의 입장과 사회 저변에 깔려 있는 신념은 결혼생활보다 독신생활에 월등한 가치를 부여하고 있었다.

> 중세 시대 사람들에게 제시된 이상적 인간상은 남편과 아내가 아니라 수도사와 수녀였고, 교회가 예찬하고 추앙한 것은 결혼생활이 아니라 독신생활이었다. 프랑스 신학자 제르송은 "이 세상에서 육체와 영혼의 순결보다 하나님을 더 기쁘게 하고 그로부터 더 사랑받는 삶의 방식은 없다" 고 했는데, 이 말은 당시 독신생활에 대한 중세 교회의 입장을 단적으로 말해준다. (중략) 육체적 순결은 영적 순결의 전제조건이었고, 이를 수행하는 성직자

들은 세속인과 구별되는 영적 상위계급이었으며 그들의 삶은 진정한 그리스도교인들이 추구해야 할 전범이었다.

– 호르스트, 《중세 최대의 연애사건》, 7~8쪽

퓔베르는 결혼을 비밀로 해야 한다는 약속을 지키지 않았다. 그는 결혼식을 공공연하게 알렸고, 심지어 엘로이즈를 매질까지 하며 모욕했다. 아벨라르는 퓔베르 몰래 엘로이즈를 아르장퇴유에 있는 생 마리 수녀원으로 보냈다. 퓔베르는 아벨라르가 엘로이즈를 빼돌렸다고 생각했고, 보복을 위해 하인을 시켜 아벨라르의 성기를 훼손했다.

아벨라르의 거세는 당시에도 매우 충격적인 사건이었다. 아벨라르는 수치심 속에서 지내야 했고, 엘로이즈 역시 생 마리 수녀원의 수녀가 되어야 했다. 엘로이즈는 신앙심 때문이 아니라 아벨라르가 원했기 때문에 수녀가 되었다.

거세된 아벨라르는 더럽혀지고 불결한 자로 취급되어 성당 출입이 금지되기도 했다. 그러나 아벨라르는 수도사로서 신학 강의와 연구에 몰두했다. 아벨라르는 신학을 논리적으로 해석한 것이 문제가 되어 이단으로 몰리기도 했고, 이곳저곳 수도원을 떠돌아다니는 신세가 되기도 했다. 아벨라르는 1130년 자신이 세운 파라클레 수도원을 생 마리 수녀원에서 쫓겨난 엘로이즈와 수녀들에게 양도했다.

아벨라르가 쓴 첫 번째 편지 '나의 불행한 이야기'는 엘로이즈에게 보낸 것이 아니라 자신의 친구에게 보낸 것이었다. 엘로이즈가 이것을 우연히 읽은 후 답신을 보내면서 두 사람 사이 편지가 오가게 되었다. 아벨라르가 여덟 통의 편지를, 엘로이즈는 네 통의 편지를 남겼다. 두 번째, 네 번째, 여섯 번째, 아홉 번째 편지는 엘로이즈가 보낸 것이고 나머지는 아벨라르가 쓴 것이다. 두 사람이 교환한 다섯 번째 편지까지는 사랑의 고통과 믿음에 관한 것으로 '사랑의 편지'로 알려져 있으며, 나머지 편지들은 '수도의 편지'로 신앙생활에 관한 내용이 담겨 있다.

1140년 아벨라르는 2차 십자군 전쟁을 주도했던 베르나르에 의해 이단으로 고발되어, 유죄판결을 받았다. 1142년 아벨라르는 기구한 생애를 마쳤고, 그의 유언에 따라 시신은 엘로이즈에게 인도되었다. 엘로이즈는 파라클레 수도원에 아벨라르를 묻었다. 엘로이즈는 아벨라르의 묘를 지키면서 22년을 더 살았다. 1164년 엘로이즈가 죽자 사람들은 아벨라르와 함께 합장했다.

1497년 두 사람의 유골은 파라클레 수도원에 위치한 첫 번째 무덤에서 꺼내져 중앙 제단 좌우에 묻혔으며, 프랑스 혁명 이후 파리의 박물관에 보관되었다가 1817년 파리의 페르라셰즈 공동묘지에 최종적으로 안장되었다. 두 사람의 비극적 운명처럼, 마지막 안장까지 여덟 번째 이장(移葬)이 있었다.[3] 파리를 찾는 많은 연인들은 아벨라르와 엘로이즈의 무덤을 찾아와 사랑의 맹세를 하고, 그들의 초월적 사랑을 기억한다.

아벨라르와 엘로이즈의 사랑 이야기를 끄집어낸 이유는 두 사람의 사랑이 비극으로 끝났기 때문이 아니라 서로가 회상하는 사랑의 기억이 다르다는 것을 말하고 싶었기 때문이다. 내가 관심을 갖는 부분은 두 사람이 주고받은 편지에서 나타난 상이한 시각차이다.

엘로이즈의 두 번째와 네 번째 편지는 그녀가 수녀원장의 지위에 올라 있음에도 불구하고 강렬한 사랑의 언어와 함께 세속적 욕망을 표현했다.

중세 수녀원장이 쓸 수 있는 편지의 내용이 아니었다. 엘로이즈는 사랑의 기억을 여전히 현재화시키고 있으며 자신의 열정 그 자체를 드러냈다. 반면, 아벨라르의 답장은 지나칠 정도로 냉정하고 차분했다. 그는 엘로이즈와 일정한 거리를 유지했다. 엘로이즈는 세속의 사랑을 말하고 싶어했지만, 아벨라르는 하나님의 사랑으로 답변했다.

엘로이즈가 보낸 편지 제목은 〈나의 주님, 아버지, 나의 남편, 아니 차라리 형제인 아벨라르에게, 그의 여종, 딸, 그의 아내, 아니 차라리 자매인 엘로이즈로부터〉(두번째 편지), 〈그리스도 다음으로 나에게 전부이신 분께, 그리스도 안에서 당신의 전부인 엘로이즈로부터〉(네번째 편지)이다.

> 저는 다른 사람이 아닌 바로 당신에게 위로받고 싶습니다. 당신이 슬픔을 불러일으킨 유일한 분이니 위로를 주실 유일한 분 역시 당신뿐이에요. 순수하게 당신만을 원했을 뿐 그 밖의 어떤 물질적인 것은 원하지 않았습니다. 그리고 아내라는 명칭이 신성하고 건전하게 들릴는지도 모르겠지만, 제게는 늘 '연인'이라는 이름이 훨씬 감미로웠습니다. 맹세코 말씀드리거니와 설령 전 세계를 지배하는 아우구스투스 황제가 저를 결혼 상대로 적합하다고 하여 전 우주를 영구히 지배하도록 해주겠노라 확약한다 하더라도, 그의 황후로 불리기보다는 당신의 창부라 불리는 쪽이 제게는 훨씬 가치 있는 일이라고 자신 있게 말할 수 있어요.
>
> – 엘로이즈와 아벨라르, 〈엘로이즈의 두 번째 편지〉, 74~75쪽

> 우리들이 함께 맛보았던 저 사랑의 쾌락은 제게 있어서 무척이나 감미로워 도저히 후회할 마음이 나지 않으며 또한 기억으로부터 지워 없애버릴 수도

없습니다. 어느 쪽을 보건, 그것은 늘 제 눈앞에 다가와 욕정으로 속삭입니다. 잠들어 있을 때조차도 환상은 어김없이 제게 찾아옵니다. 여느 때보다 더 순수하게 기도드려야만 하는 미사 시간조차도 그 환락의 방종한 영상이 불쌍한 제 영혼을 완전히 사로잡아 저는 기도에 전념하기보다는 부끄러운 생각에 탐닉하고 마는 것입니다. 제가 범한 죄과를 탄식해야 하는데도 불구하고, 오히려 잃어버린 것에 대한 그리움을 느끼고 있습니다. 단지 우리가 저지른 그 일뿐만이 아니라 그 일을 저지른 장소, 시간, 그리고 당신의 모습 등이 제 가슴 속 깊이 새겨져, 저는 당신과 함께 그 모든 것들을 마음속에서 되새겨 보는 것입니다. 잠 속에서도 그 환상으로부터 빠져나갈 수가 없습니다.

– 엘로이즈와 아벨라르, 〈엘로이즈의 네 번째 편지〉, 103쪽

엘로이즈는 수녀원장이었고 주변 사람들로부터 깊은 믿음과 신앙심으로 존경을 받고 있었다. 엘로이즈는 수녀원장으로서가 아니라 연인으로서 편지를 쓴 것이었고, 자신의 마음을 받아줄 것을 호소했다. 그러나 아벨라르는 개인적 감정을 섞지 않았고, 그녀를 차갑게 꾸짖었다.

예전부터 당신의 그 호소에 대해 할 말이 남았소. 당신은 우리들이 수도생활을 하게 된 사정에 대해서 당연히 하나님을 찬미해야만 하거늘 오히려 하나님을 원망하고 있소. 나는 당신의 쓰디쓴 감정이, 하나님의 너무나도 자비로운 계획을 생각함으로써 이미 예전에 사라져 버렸으리라 믿고 있었소. 당신의 몸과 마음을 들볶는 이러한 감정이 당신에게 고통스러운 것이라면 그럴수록 내게도 불행이며 고통이오. 더욱 내 마음에 들

기 위해서 제발 그런 감정을 버려주었으면 하오.

당신도 알고 있는 바와 같이 결혼 서약을 한 후 당신이 아르장퇴유 수녀원에서 수녀들과 함께 기거하고 있을 때, 나는 은밀하게 당신을 찾아갔었소. 그리고 억제 못할 격정으로 우리가 무슨 짓을 했던가 생각해보오. 그것도 달리 숨을 만한 장소가 없었기 때문에 수녀원 식당 한구석에서 그런 짓을 하지 않았소. 감히 말하지만, 그 파렴치한 행위는 동정녀 마리아에게 바쳐진 가장 존엄한 장소에서 행해졌던 것이오. 설령 그 밖의 다른 죄가 없다 하더라도 이 일 하나만으로도 나는 보다 무거운 형벌을 받을 만하오.

– 엘로이즈와 아벨라르, 〈아벨라르의 두 번째 편지〉, 121~123쪽

아벨라르는 엘로이즈와 수녀원 식당에서 나눈 육체적 관계를 파렴치한 행위라고 말하며, 결혼 전에 가졌던 욕정을 부끄러워했다. 더욱이 두 사람이 만나서 사랑에 빠진 기간을 간음하던 시절이라고 규정했다. 아벨라르는 자신이 끊임없는 욕정에 빠져 있었기에 하나님께서 숙부인 퓔베르를 시켜서 욕망의 근원이 되는 신체의 일부분을 벌하셨다고 고백했다. 자신은 이제 성욕이라는 최고의 질곡으로부터 해방되었다는 것이다.

아벨라르의 고백은 진심이었을까? 다른 한편으로 보면 거세된 자신의 처지를 합리화한 것은 아니었을까 라는 의구심도 든다. 엘로이즈는 여전히 육체적 관계를 가진 장소, 시간, 모습을 생생한 기억으로 간직하고 있었다. 엘로이즈는 과거 기억의 현재화를 통해서 아벨라르에게 다가갈 준비가 되어 있었다. 그러나 아벨라르는 자신이 거세되어 더 이상 엘로이즈를 받아줄 수 없는 상황이었기에 신앙의 이름으로 기억을 지우고 싶어 했

던 것은 아니었을까.

아벨라르는 여섯 번째 편지부터 종교적 가르침으로 덕, 정절, 청빈, 침묵 등을 언급하고, 수녀들이 지켜야할 규칙, 송가와 강론집 등을 편지로 보냈다. 그러나 아벨라르가 아들 아스트랄라브에게 바친 시 중에서 전해오는 것에는 "우리가 만끽한 / 저 기쁨이 너무도 감미로워서 / 생각만으로도 너무 사랑스러운 것이 행복하게 해주네"라는 고백시가 있다.[4] 이 시를 보면 아벨라르가 자신의 솔직한 감정을 감추었던 것만은 분명해 보인다.

기억을 현재화하고 싶어 하는 수녀원장 엘로이즈와 기억을 지워버리고 싶어 하는 수도원장 아벨라르의 사랑 이야기는 운명적 현실, 짧은 사랑과 긴 이별에 대해 깊은 여운을 남긴다. 두 사람의 사랑은 후세에 운명적인 사랑의 기억으로 전해지고 있다.

기억은 지워져도 사랑은 지워지지 않는다

순결한 수녀의 운명은 얼마나 행복한가?
세상을 잊고, 세상으로부터 잊혀진다
순결한 마음의 영원한 햇살
기도는 받아들여지고 소망은 버려진다

– 알렉산더 포프, 〈엘로이즈가 아벨라르에게〉

영국 시인 알렉산더 포프는 〈엘로이즈가 아벨라르에게〉라는 시를 1717년에 발표했다. 그에 따르면 엘로이즈는 '순결한 마음의 영원한 햇살(eternal sunshine of the spotless mind)'로 묘사된다. 시인은 기도는 받아들여지고 소망은 버려졌다고 노래한다. 두 사람이 죽어서 함께 있기를 기대했던 기도는 받아들여졌고, 살아서 사랑을 맺고자 했던 소망은 버려졌기 때문이 아니었을까.

'순결한 마음의 영원한 햇살'은 〈이터널 선샤인〉으로 알려진 미셸 공드리 감독의 영화 원제목이기도 하다. 〈이터널 선샤인〉은 사랑의 기억과 망각이 갖는 운명을 아름답게 그려낸 작품이다. 소심하고 내성적이며 지루한 남자 조엘과 자유분방하며 충동적인 클레멘타인은 서로 다른 성격에 끌려서 사귀게 된다. 2년 동안 사귄 두 사람은 발렌타인 데이를 앞두고 이별을 맞는다. 극단적인 성격의 차이를 극복하지 못한 것이다. 조엘은 클레멘타인의 충동적인 행동을 감당하지 못했고, 클레멘타인은 조엘의 소극적인 성격을 받아들이지 못했다.

클레멘타인은 라쿠커 병원으로 찾아가서 아픈 사랑의 기억을 지우는 시술을 받는다. 클레멘타인은 조엘과 나눈 사랑의 기억들을 참을 수 없이 고통스럽다고 느꼈기 때문이다. 조엘은 이 사실을 모른 채 선물을 주기 위해서 클레멘타인이 일하는 서점으로 찾아갔다가 실망하고 돌아온다. 조엘은 라쿠커 병원에서 온 편지를 통해서 클레멘타인이 자신과 관련된 모든 기억을 지웠다는 사실을 알게 된다.

〈이터널 선샤인〉이 질문하고 있는 것은 바로 사랑에 대한 망각과 기억이다. 시나리오를 쓴 천재작가 찰리 카우프만은 '기억을 지워주는 병원'이라는 기발한 발상을 통해서 망각에 대한 문제를 제기했다. 과거의 힘든 경험들이 현재의 삶을 지배한다면, 망각은 축복일 수 있다. 인간의 각종 심리과정 중에서 망각은 회피기제들 중의 하나이다. 클레멘타인은 너무나 쉽게 사랑의 기억을 지우는 방법을 선택했다.

조엘 역시 클레멘타인의 행동에 화가 났고, 홧김에 사랑의 기억을 지우는 시술을 받는다. 조엘은 머리에 기억제거장치 헬멧을 쓰고 깊은 잠에 빠진다. 클레멘타인과 나누었던 사랑의 기억들은 하나둘씩 지워지기 시작한다. 그러나 그녀의 기억을 지우기 위해서는 둘이 나누었던 행복했던 시간들도 함께 지워야 한다는 사실을 깨닫는다.

조엘은 클레멘타인과 늦은 겨울 밤 찰스 강에 갔던 일이나 몬톡 해변가를 함께 걸었던 기억들만은 간직하고 싶어 한다. 그러나 기억제거장치는 계속해서 조엘의 기억을 지워나가고, 조엘은 무의식 속에서 그녀와의 기억을 지키기 위해 사투를 벌인다. 조엘은 그녀와의 행복했던 기억을 지키기 위해 어린 시절의 기억 속으로, 누구에게도 들키고 싶지 않은 부끄러운 세계의 기억 속으로 도망친다. 그러나 기억제거장치는 조엘의 무의식적인 노력에도 불구하고 모든 사랑의 기억을 지워버린다.

조엘은 사랑했던 기억이 모두 지워진 상태로 잠에서 깨어난다. 그는 출근길에 회사로 가지 않고, 충동적으로 기차를 타고 몬톡 해변가로 간다. 그곳에는 마찬가지로 기억이 지워진 클레멘타인이 바닷가를 걷고 있었다. 두 사람은 처음 만나는 사람처럼 서로를 소개하고, 서로에게 호감을 느낀다.

영화는 기억은 지워져도 사랑은 지워지지 않는다고 말한다. 사랑이 갖는 운명은 우리가 기억을 지워버린다고 해도 영원성을 갖는다. 사랑의 기억은 우리가 잊어버리고 싶다고 해서 잊혀지는 것이 아니며, 사랑의 운명 역시 우리가 피하려고 해도 피할 수 있는 것은 아니다.

기억, 사랑의 집

기억은 사랑의 집이다. 기억이 사랑의 지붕과 방을 만드는 재료이기 때문이다. 비록 사랑하는 사람이 죽었다하더라도 기억 속에 남아 있기에 사랑은 죽지 않는다. 두 사람이 사랑하기까지 시간이 필요하다. 사랑은 함께 나누웠던 경험과 순간을 기억하는 과정에서 형성된다.

앞에서 논의했듯이, 사랑에 대한 기억은 불안정하다. 기억의 가변성과 기억의 재강화 기능 때문이다. 기억은 단순히 과거의 기록이 아니다. 기억은 계속해서 변한다. 기억은 조정되고, 다시 만들어진다. 어느 부분은 강화되고 확장되며, 다른 부분은 망각되어 사라진다. 기억은 소설이나 영화가 아니라, 연극에 가깝다. 고정되어 있는 것이 아니라 새롭게 해석되어 다시 공연되기 때문이다. 기억의 원천은 다시 만들어지고 변형된다. 그러므로 "기억은 고정된 수많은 단편적 기록들을 다시 꺼내는 것이 아니라, 상상력을 동원해 복원하는 것"[5]이다.

기억이 변하지 않는다면 아마도 많은 문제가 발생할 것이다. 기억이 만들어준 즐거움은 사라질 것이다. 왜냐하면 기억을 새롭게 재구성함으로써 기억은 나에게 기쁨을 만들어내기 때문이다. 기억이 변하지 않는다면, 우리는 기억의 고통에서 벗어나지도 못할 것이다. 기억이 망각되지 않기 때문이다.

인간에게 망각이 없으면 괴로움으로 살지 못할 것이다. 살아오면서 겪는 수많은 고통들이 그대로 회상된다면, 누구도 제대로 살아갈 수 없다. 망각이 축복이 될 수 있는 이유는 현실의 괴로움을 잊게 해줄 뿐만 아니라, 언젠가 그 상처를 껴안을 수 있게 만들기 때문이다.

기억은 존재의 집이기도 하다. 내가 살고 있다는 존재의 기원은 내가 살아온 경험들로부터 나온다. 삶의 경험들은 기억을 구성한다. 비록 기억이 의식 속에서 지워졌다고 하더라도, 기억은 이미 자신의 존재 가운데 각인되어 있다.

사랑도 마찬가지다. 두 사람이 함께 공유하고 있는 기억은 사랑의 집이다. 사랑의 집은 두 사람이 나눈 기억과 체험의 편린들로 이루어져 있다. 서로의 소중함에 대한 기억과 그 기억들을 가능하게 해주는 경험들은 사랑을 만들어가는 샘일뿐만 아니라 사랑의 고통을 극복하게 하는 치유제이기도 하다.

다시 아벨라르와 엘로이즈의 사랑으로 돌아가보자. 1118년경 아벨라르와 엘로이즈는 격정적인 사랑 끝에 결혼을 했고, 결혼 후 아벨라르는 퓔베르의 보복으로 거세당했다. 그 뒤 엘로이즈는 수녀원으로, 아벨라르는 수도원으로 들어가 둘의 관계는 더 깊이 발전하지 못했다.

두 사람은 수도원과 수녀원에서 지내며 따로 만남을 가지지 못했을 것이다. 타의에 의해 결별한 이후 두 사람이 다시 만나게 된 시기를 짐작한다면, 아벨라르가 1130년경 자신이 세운 파라클레 수도원을 엘로이즈에게 넘겨주었을 때가 아니었을까 싶다. 엘로이즈의 편지에 따르면, 두 사람은 거의 만나지 못했다. 아벨라르와 엘로이즈는 10여 년 가까이 떨어져 지냈던 것으로 보인다.

두 사람의 편지를 통해 짐작할 수 있듯이 사랑에 대한 기억의 재구성은 너무 달랐다. 아벨라르는 사랑을 잊고 싶어 했고 자신의 욕정을 하나님 앞에서 부끄러워할 뿐이었다. 이것은 솔직한 감정이 아니었을 개연

성이 높다. 그러나 그가 기억을 과거화하고자 했던 것은 분명했다. 이것을 '역행간섭(retroactive interference)'이라고 부른다. 역행간섭은 기억의 인출을 막고 새로운 정보를 통해서 오래된 정보를 덮어씌우는 것이다. 반면 엘로이즈에게 사랑의 기억은 여전히 그녀의 현재 삶을 지배하고 있었다. 그녀는 기억을 현재화하고 있는데, 이것은 '순행억제(proactive inhibition)'다. 순행억제는 이전 기억이 계속 떠올라 새로운 경험을 억압하는 것이다. 엘로이즈는 과거 기억으로부터 묶여 있었기 때문에 새로운 경험을 할 수 없었다.

사랑하는 사람과 이별하면 나타나는 현상이 순행억제와 역행간섭이다. 나는 엘로이즈와 아벨라르의 예를 통해서 단순하게 설명했지만, 두 현상은 한 사람에게 동시에 나타난다. 어떤 사람에게는 순행억제가 역행간섭보다 강하게, 다른 사람에게는 반대로 나타난다. 만일 어떤 사람이 이별 후 괴로움으로 과음이나 과식을 한다면 그것은 순행억제의 결과이고, 책을 열심히 읽거나 다른 일에 매달린다면 역행간섭이 작용한 것이다. 이 둘은 차이만 있을 뿐이지 한 사람에게 동시에 나타난다고 볼 수 있다.

두 사람은 서로 공유할 수 있는 사랑의 기억을 갖지 못했다. 어쩌면 갖지 못한 것이 아니라, 기억을 공유하는 것을 서로 거부했는지도 모른다. 수도원장과 수녀원장이라는 지위를 버리고 다시 결합하는 것이 12세기에는 상상할 수 없는 일이기 때문일까?

중세의 이념은 사람들로 하여금 '세속적 사랑'을 넘어 '신성한 사랑'을 추구하는 것이었다. 엘로이즈는 세속적 사랑에 매달렸지만, 아벨라르는 신성한 사랑으로 답변함으로써 서로가 추구하는 사랑의 방향은 엇갈렸다. 엘로이즈는 결국 세속의 사랑을 포기하고 신성한 사랑으로 마음을 채

웠다. 중세의 시각에서 보면, 이것은 초월적 사랑일 것이다. 그러나 사랑의 기억이라는 관점에서 보면, 두 사람은 기억을 공유하지 못했고, 서로 사랑의 기억을 지워버리고자 했다. 이것이 두 사람의 사랑이 비극적일 수밖에 없는 이유이다.

클레멘타인과 조엘이 헤어지게 된 것도 사랑의 기억을 지우고자 했기 때문이다. 그들은 현재의 사랑을 고통으로만 받아들이고 있었기 때문이다. 조엘은 "좋아하는데 왜 사랑할 때는 좋지 않은 기억을 갖지? 정작 헤어지고 나서는 왜 좋은 기억을 간직하려 하는 걸까?"라고 한탄한다. 영화 속 클레멘타인과 조엘은 너무 쉽게 사랑에 대한 기억을 지워버렸다.

두 사람만의 기억은 사랑을 장식하는 존재의 집이며 사랑의 건축물이다. 사랑의 기억은 과거의 기억이 아니라 내일의 기억이기 때문이다. 우리의 실수는 기억이 과거의 필수조건이라고 생각하는데 있다. 사랑의 기억은 과거와의 대화를 통해서 내일의 기억을 만들어가는 것이다.

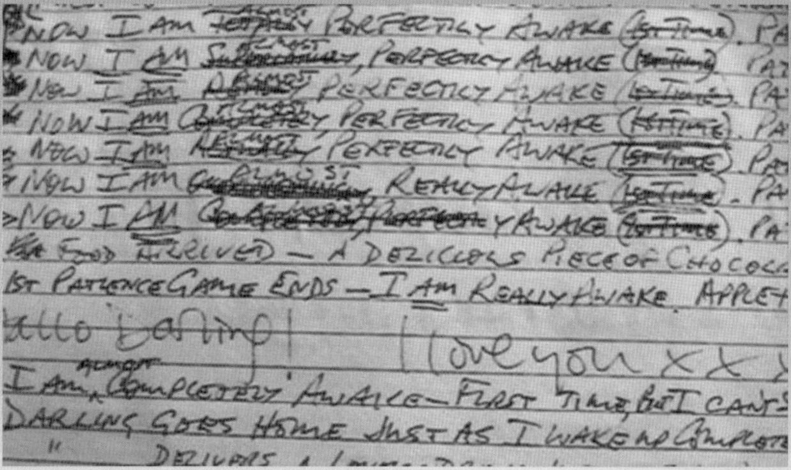
NOW I AM PERFECTLY AWAKE. PA
NOW I AM ALMOST, PERFECTLY AWAKE. PA
NOW I AM ALMOST PERFECTLY AWAKE. PA
NOW I AM ALMOST, PERFECTLY AWAKE. PA
NOW I AM ALMOST PERFECTLY AWAKE. PA
NOW I AM ALMOST, REALLY AWAKE. PA
NOW I AM ... AWAKE. PA
FOOD ARRIVED — A DELICIOUS PIECE OF CHOCOL
1ST PATIENCE GAME ENDS — I AM REALLY AWAKE. APPLE
Hello Darling! I love you x x
I AM ALMOST COMPLETELY AWAKE — FIRST TIME, BUT I CAN'T
DARLING GOES HOME JUST AS I WAKE UP COMPLETE
" DELIVERS A ...

클라이브 웨이링의 일기(1990)

클라이브 웨어링으로부터

클라이브 웨어링은 지휘자이면서 BBC 음악 프로듀서였습니다.
1985년 3월 26일, 그는 단기와 장기 기억 능력을 상실했고
7초에서 30초밖에 기억하지 못합니다.

클라이브 웨어링은 단순 헤르페스 뇌염에 걸렸는데,
바이러스가 뇌로 침입하면서
뇌의 회상과 기억기관에 치명적인 손상을 입혔습니다.
그는 1986년 8월에 다시 깨어났지만 아무것도 기억하지 못했습니다.

그는 거의 30초마다 한 번씩 잠에서 깨어나는
느낌을 받습니다.
1987년 7월 7일 첫 번째 일기에

"오늘: 첫 번째 깨어남"이라고 적었습니다.
그는 매번 2~3분마다 일기를 씁니다.

그의 일기에는
"나는 지금 깨어났다"는 문장이 반복됩니다.
말하자면 그는 '영원한 오늘'을 사는 것이 아니라,
'영원한 지금'을 살고 있는 것입니다.

놀랍게도 그는 음악을 기억합니다.
여전히 피아노를 칠 수 있습니다.
연주를 하고 나면 어느 곡을 연주했는지
잊어버리지만 말입니다.

클라이브 웨어링은 아내도 기억합니다.
결혼했다는 사실도 기억합니다.
그러나 1983년 캠든타운 홀에서 올린
결혼식은 기억하지 못합니다.
그는 아이들이 있다는 것도 기억합니다.
그러나 몇 명인지 기억하지 못합니다.
그는 자신이 지휘자이며
음악가라는 사실도 기억합니다.
그러나 어느 연주회도 기억하지
못합니다.

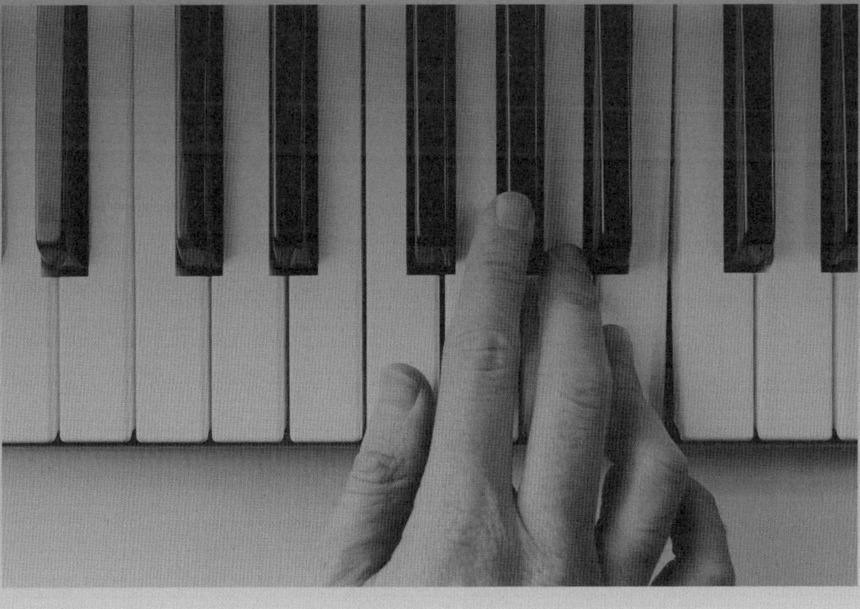

그는 자신이 아내를 사랑한다는 것을
알고 있습니다. 아내가 잠깐 밖에
나갔다가 들어와도 마치 오랜만에
만나는 것처럼 반가워하면서
사랑에 빠집니다.

7초의 기억을 가진 남자는
7초마다 새로운 사랑에 빠집니다.

결국 클라이브 웨어링이
기억하는 것은
자신이 사랑하는 사람들과
사랑하는 음악이었습니다.
치명적인 바이러스조차 사랑의
기억만은 손상시키지 못했습니다.
기억은 지워져도 사랑은
지워지지 않는 것일까요?

6장

사랑의 역사

사랑의 터치 속에서 모든
사람은 시인이 된다

플라톤(Plato)

루카스 크라나흐(Lucas Cranach), 〈아담과 이브〉, 1526

분리와 추방

사랑에 대한 신화들은 '태초에 남성과 여성은 하나였다'고 이야기한다. 플라톤의 《향연》*에서 희극작가 아리스토파네스는 신은 원래 세 종류의 인간을 만들었다고 말한다.

태양으로부터 유래한 남성-남성 결합체, 땅으로부터 유래한 여성-여성 결합체, 그리고 달로부터 유래한 남성-여성 결합체. 이렇게 세 종류의 인간들은 두 사람을 결합한 모습으로 두 개의 얼굴, 네 개의 손과 발, 둥근 등을 갖고 있었다. 이들은 영특한 영혼과 건강한 육체를 가지고 있었으며 신들에게 주저 없이 싸움을 걸어 하늘에 오르려고 했다.**

화가 난 제우스는 각각의 인간을 반으로 나누어 버렸다. 만일 인간이 또 다시 교만한 태도를 보인다면 하나의 팔과 발을 가진 인간으로 분리시킬 것이라고 경고했다. 아리스토파네스는 인간들이 육체가 분리된 이후 본래의 완전한 상태로 돌아가고자 자신의 잃어버린 반쪽을 그리워하게 되었는데, 이렇게 나머지 반쪽을 그리워하는 마음을 '사랑'이라고 말했다.[1]

---

* 《향연》은 젊은 시인 아가톤이 비극 경연에서 우승한 것을 자축하기 위해 잔치를 열었고, 초대한 손님들과 나눈 대화들을 기록한 것이다. 참석자는 희극작가 아리스토파네스, 웅변가인 파우사니아스, 박학한 의사인 에릭시마코스, 교양을 갖춘 파이드로스, 미남 청년 알키비아데스, 철학자 소크라테스이다.

** 수많은 신화나 비극에서 인간은 신에게 반항하는 오만과 불손한 행위를 저지른다. 이것을 '휘브리스'(hybris)라고 하는데, 인간 오만의 결과는 신에 의한 처벌이다. 휘브리스는 신화나 전설에서 중요한 장르 관습 중의 하나다.

남성-남성 결합체와 여성-여성 결합체가 분리되어 원래의 제짝을 찾는 것은 우정이나 동성애로 이해될 수 있다. 아리스토파네스의 이야기에서 흥미로운 부분은 남성-여성 결합체, 즉 혼성인간에 대한 것이다. 혼성은 양성과는 다르다. 양성은 하나의 성이 다른 쪽의 성적 특성들 중 일부를 가지고 있는 것이다. 남성이 여성적인 특성의 일부분을 갖거나 여성이 남성적인 특성을 함께 갖고 있는 것을 말한다. 그러나 혼성인간은 자체로 완벽한 남성과 여성을 전부 소유한다.

페미니스트 정신분석학자인 크리스테바는 혼성인간을 두 개의 성이 결합된 것이 아니라 단일한 성으로 이해한다. 혼성인간은 하나의 인간 속에 두 개의 성이 공존하며, 행복한 융합 상태에 놓여 있었다. 그/그녀는 남성-남성 인간과 여성-여성 인간을 바라볼 필요가 없다. 자신 안에 다른 성을 함께 소유하고 있기 때문이다. 혼성인간은 결핍이 없는 상태에 있으므로 사랑을 갈망하지 않는다.[2]

아리스토파네스는 사랑이 결핍에서 나온다는 것을 말하고 싶었던 것 같다. 완벽한 존재였던 혼성인간이 분리되면서 결핍의 상태에 놓였고, 나르시시즘적인 자기애로부터 벗어나서 상대방을 그리워하게 되었기 때문이다. 혼성인간들은 분리된 상대방의 몸만을 그리워하는 것이 아니라 존재와 영혼까지도 그리워하고 사랑하게 되었다.

《성경》 〈창세기〉에 따르면, 하나님이 아담을 깊이 잠들게 한 후 그의 갈빗대 하나를 취해 살로 채워서 여자를 만들었다. 하나님의 뜻은 둘이 복종하면서 한 몸을 이루는 것이었다. 그러나 아담과 이브는 선과 악을 알게 하는 지혜의 열매를 따먹은 후 낙원에서 추방되었다. 이들은 하나님의 말에 복종하지 않은 탓에 자연과 합일 상태인 낙원에서 쫓겨나야 했다. 그들은 자신들이 발가벗고 있다는 사실을 깨닫고 수치심을 느꼈다. 아담과 이브는 인간이 된 것이다.

프롬은 창세기 이야기의 핵심은 인간이 발가벗고 있어 수치심을 느꼈다는 데 있는 것이 아니라고 말한다. 처음 아담과 이브는 서로 사랑하는 법을 배우지 못했다. 이는 아담이 이브의 잘못을 감싸기보다 비난함으로써 자신을 지키려고 한 대목에서 명백히 드러난다. 인간이 사랑에 의해 재결합하지 못하고 분리되어 있다는 인식, 프롬은 이것을 수치심과 죄책감의 근원이라고 말한다.[3]

《향연》과 《성경》 이야기에는 유사점이 있다. 첫째는 신의 분노이다. 아리스토파네스가 말한 세 종류의 인간은 자신의 능력을 과신해서 신에게 대항하려 했고, 지상이 아니라 천상에서 살고 싶어 했다. 인간이 인간의 한계를 넘어 신이 되고자 했던 교만 때문에 제우스는 분노했다. 하나님도 선악의 과일을 먹은 아담과 이브에게 고통을 안겨주었다. 원인은 하나님의 말씀을 의심하고 순종하지 않았기 때문이었다.

둘째로 신의 분노는 분리와 추방으로 이어졌다. 본래 하나였던 인간은 둘로 분리되었고, 낙원에서 쫓겨난 아담과 이브는 다시는 낙원으로 돌아갈 수 없는 신세가 되었다. 여기서 '분리되었다'는 것은 인간의 불안을 의미한다. 불안으로부터 벗어나는 길은 분리된 다른 하나, 사랑을 추구함으로써 메워질 수 있다. 《성경》에서는 하나님을 향한 사랑으로, 《향연》에서는 분리된 반쪽을 그리워하는 사랑으로 표현되었다. 기독교에서는 우리가 사랑하기 전에 먼저 우리를 사랑한 하나님에 대한 헌신적 사랑으로,

《향연》에서는 에로스의 사랑으로 불안을 극복한다.

셋째는 사랑은 결핍으로부터 나온다는 것이다. 이것은 분리와 추방의 결과이다. 인간은 한 때 소유했던 것을 잃어버린 상태에 있으며, 상실한 것을 회복해야 하는 운명에 놓이게 되었다. 우리는 결핍된 상태에 있기 때문에 이상적 타자에 대한 갈망이 깊어질 수밖에 없다.

소크라테스의 사랑

소크라테스는 사랑에 대해 진지하게 말한 최초의 이론가이다. 그는 기존에 존재하는 사랑의 논의들을 정리하는 것에 만족하지 않았다. 소크라테스는 사랑을 새롭게 정의하고 사랑의 본질이나 사랑하는 방법들을 가르쳤다.

소크라테스는 사랑을 에로스(Eros), 스토르게(Storge), 크세니아(Xenia), 필리아(Philia), 아가페(Agape) 등 다섯 가지 유형으로 분류했다. 소크라테스는 다섯 가지 사랑이 분명하게 구분되는 것은 아니기 때문에 서로 조화를 이루어야 한다고 생각했다.

에로스는 연인들의 사랑이다. 소크라테스는 에로스를 신과 인간 사이에 다리를 놓은 중간자라고 보았다. 에로스는 지혜와 무지, 선과 악, 아름다움과 추함, 그 모든 것의 중간에 있는 존재일 뿐, 에로스가 불어넣은 욕망을 어떻게 만족시키느냐는 인간 자신의 결정에 달려 있다고 생각했다. 따라서 소크라테스는 인간이 성적 욕망인 에로스에 의해 통제된다는 의견을 거부했다.

스토르게는 고대 그리스인들이 본능이라고 생각했던 가족에 대한 사랑이다. 따뜻함, 다정함, 호의가 자발적이고 자연스럽게 분출되는 사랑을 뜻한다. 이것은 가족관계에서 나타나지만, 같은 부족 내에서 혹은 같은 임무나 의무를 수행하는 사람들끼리도 경험할 수 있는 마음이다. 가장 고결한 스토르게는 인류가 모두 한 가족이라는 마음을 불어넣는 것이다. 스토르게의 기원은 부모가 자식에게 쏟는 사랑이다.

크세니아는 이방인이나 손님에게 전하는 사랑이다. 배려나 환대 혹은 가까운 사람들에게 보이는 동정이나 연민을 뜻한다. 크세니아는 그리스에서 오랫동안 전해 내려오던 미덕 중 하나다. 그리스인들은 낯선 이를 잘 대접하면 신들이 기뻐하고, 반대로 홀대하면 제우스의 노여움을 사서 재앙을 받는다고 믿었다. 내 집을 찾는 손님을 지극정성으로 대접하면 반대로 자기도 먼 곳을 여행할 때 좋은 대접을 받을 수 있다는 실질적인 면도 고려되었다.

필리아는 친구 같은 사랑을 의미하지만 오늘날 통상적으로 해석되는 것보다 훨씬 더 광범위한 의미를 지닌다. 필리아는 사회관계를 유지하는 사랑의 감정이다. 서로 모르는 사이라 해도 삶은 어떤 식으로든 교차하고 맞물리기 마련이다. 필리아는 원칙적으로 마을, 지역사회, 신분, 국가, 조직, 운동단체 내에서 사람들을 하나로 묶어주는 인연의 끈이다. 필리아는 우정을 의미하며 전우애나 동료애도 여기에 포함한다.

아가페는 헬레니즘 시대 사랑의 지고한 형태로 간주되었다. 마음에서 진정으로 우러나오는 자기희생적이고 무조건적인 사랑으로, 모든 경우를 막론하고 아가페를 실천한다는 것은 인류애를 보여주는 것이다. 아가페는 모든 인류가 평등하고 동등한 권리를 누릴 자격이 있다는 생각을 반영한다. 아가페가 충만한 사람은 아무 대가 없이 주고, 아무 구속이나 제약

도 두지 않고 사랑하며, 보상도 바라지 않는다.[4]

소크라테스의 사랑을 단순하게 말하면, 연인 간의 사랑인 에로스, 가족 사랑인 스토르게, 이방인을 배려하는 크세니아, 우정이나 전우애인 필리아, 희생적이고 무조건적인 사랑 아가페로 구분된다. 그러나 크세니아와 필리아, 스토르게와 아가페 등은 서로 밀접하게 연결되어 있어서 명확히 구분할 수 있는 것은 아니다.

소크라테스는《향연》과《파이드로스》에서 에로스에 대한 사랑을 논의하고 있는데, 대략 몇 가지 점에서 그의 사랑론을 파악할 수 있다. 우선, 사랑은 광기라는 것이다.

소크라테스 내가 사랑은 일종의 광기라고 주장하지 않았던가?

파이드로스 네, 그랬지요.

소크라테스 광기에는 두 종류가 있네. 하나는 인간의 질병에 의해 유발되고, 다른 하나는 신의 영감을 받아 일상에서 벗어날 때 나타난다네.

파이드로스 확실히 그렇지요.

소크라테스 신의 영감을 받아 나타나는 광기에는 네 가지 유형이 있네. 예언자의 광기는 아폴론에게, 신비의 광기는 디오니소스(신학자)에게, 음악과 시의 광기는 무사 여신(뮤즈)들에게, 사랑의 광기는 아프로디테와 에로스에게 속한다네. 사랑의 광기가 가장 훌륭한 것이라고 말할 수 있지.

– 플라톤,《파이드로스》, 265a ~ 265c

소크라테스는 사랑을 광기라고 표현했는데 여기서 광기는 우리가 알고 있는 일반적인 정신질환을 의미하는 것이 아니다. 소크라테스가 말한 광기는 사랑을 하면 신의 영감을 받아 일상과 관습에서 벗어나는 체험을 얻는 것이다. 광기는 '일상을 벗어나는 영적 체험'이다.

소크라테스는 광기를 네 가지 유형으로 구분한다. 예언자의 광기는 미래를 예언하는 체험, 신비의 광기는 신에 대한 경배, 음악과 시의 광기는 예술을 통해서 신과 만나는 체험이다. 소크라테스가 사랑의 광기를 가장 훌륭한 것이라고 말하는 이유는 무엇일까? 예언자의 열정이나 신에 대한 경배, 그리고 음악과 시를 통한 체험도 결국 사랑이 없으면 도달할 수 없기 때문일 것이다. 사랑의 힘이 모든 것을 만드는 바탕이고, 다른 광기의 체험들은 사랑과 관계를 맺으면서 신과 인간을 결속시켜준다.[5] 사랑의 광기는 다른 세 가지 광기와 달리 인간의 감각적 경험에서 우러나온다.

소크라테스는 연인들의 유형에 대해서도 말하고 있다. 제우스처럼 철학적이고 낭만적인 연인, 전쟁의 신 아레스처럼 극단적이며 사랑을 쟁취하는 연인, 제우스의 아내인 헤라처럼 행복을 추구하는 연인, 그리고 신에게 경배하는 아폴론처럼 서로에게 헌신하는 연인.[6] 사랑하는 두 사람은 소크라테스가 말한 연인들의 한 유형에 속하기보다 여러 가지 요소들의 특성을 함께 공유하는 경향이 있다.

《향연》의 참가자들은 사랑을 아름답고 선하며 복된 신이라고 말했다. 그러나 소크라테스는 그렇게 생각하지 않았다. 그는 사랑을 아름다운 것과 추한 것, 선한 것과 악한 것, 복된 것과 불행한 것, 그리고 신과 인간 사이에 있는 중간자로 보았다.

소크라테스가 '일상을 벗어난 영적 체험'으로서 사랑을 말한 것 자체가 사랑은 중간자라는 뜻이다. 두 사람 사이의 매개가 아니라 천상의 가치와 지상의 가치를 함께 연결해주는 것이 사랑이다. 천상의 가치는 영원한 아름다움을 의미하고, 지상의 가치는 욕망을 의미한다. 성스러운 에로스와 세속적인 에로스의 구분은 두 가지 에로스가 독립적으로 있다는 뜻이 아니라 사랑은 둘 사이에 위치한다는 것으로 이해할 수 있다.

소크라테스는 사랑을 아름다움에 대한 추구라고 말했다. 소크라테스에 따르면, "사랑의 대상은 아름다움이 아니다. 사랑은 아름다움 속의 잉태와 출산이다."[7] 우리가 사랑하는 이유는 임신과 출산의 욕구 때문이다. 인간은 출산을 통해서 '불멸의 생명'을 얻는다. 이것이 사랑의 목적이다. '아름다움 속의 잉태와 출산'이라는 말은 아이를 낳는 것뿐만 아니라 '영혼의 자녀'를 얻는 것도 포함한다. 지적 능력이 있는 사람은 사랑을 통해서 정신적으로 출산할 수 있다는 것이다. 사랑은 완성된 것을 추구하는 것이 아니라 완성으로 만들어나가는 과정에 참여함으로써 의미를 찾는 것이다.

예를 들면, 하나의 완벽한 조각상이 있다고 하자. 사랑은 아름다운 완벽한 조각상이 아니다. 하나의 돌을 아름다운 조각상으로 만들어가는 과정이 바로 사랑이다. 두 사람이 조각상을 함께 만들어가는 행위가 바로 아름다운 사랑의 잉태와 출산이며, 창조적 행위가 된다.

소크라테스가 추상적으로 사랑의 의미를 설파한 것만은 아니었다. 《향연》의 마지막 부분에는 소크라테스와 알키비아데스의 대화가 나온다. 알키비아데스는 육체적으로 빼어난 미남이었고, 소크라테스는 거지같은 옷

라파엘로, 〈아테네 학당〉, 1509~1510

오른쪽에서 무엇인가 설명하는 사람이 소크라테스이고, 투구를 쓴 채 듣고 있는 왼쪽 두 번째 사람이 알키비아데스다(그림은 〈아테네 학당〉의 한 부분).

매무새를 하고 외모도 보잘 것 없었다. 그러나 알키비아데스는 소크라테스에게 구애를 했다. 알키비아데스는 '사랑하는 사람'이었고, 소크라테스는 '사랑받는 사람'이었다.

당시 그리스에서는 '사랑하는 사람'과 '사랑받는 사람'에 대한 명확한 구분이 있었다. 사랑하는 사람은 상류계층의 남자이거나 성인(成人)이었고, 사랑받는 사람은 여성이거나 소년이었다. 사회적 지위와 연령이 사랑의 권위를 행사하던 시대였다.

그리스 귀족사회에서 소년애가 유행했고, 귀족들은 미소년을 사랑의 대상으로 삼았다. 귀족은 사랑하는 주체이고 소년은 사랑받는 대상이었다. 그러나 소크라테스와 알키비아데스의 관계는 사랑하는 주체와 사랑받는 대상이 역전된 모습이었다. 나이가 많은 소크라테스는 사랑받는 사람이 되고, 아테나 최고의 미남인 알키비아데스는 사랑하는 사람이 되었기 때문이다. 소크라테스는 알키비아데스의 구애에 대해서 다음과 같이 말한다.

> 자네가 나를 통해 보는 것은 자네의 미모를 훨씬 능가하는 불가항력적인 아름다움일 걸세. 만약 자네가 그것을 보고 나와 흥정을 해서 아름다움을 아름다움과 바꾸려 한다면 자네가 나보다 더 큰 이득을 보겠다는 심산일세. 자네는 가짜 아름다움을 주고 진짜 아름다움을 얻고자 하는데, 이는 청동을 황금과 맞바꾸는 것이 아니고 무엇이겠는가! 하지만 여보게, 꼼꼼히 살펴보도록 하게. 나는 사실 아무것도 아닌데… 마음의 눈은 몸의 눈이 무뎌지기 시작할 때 예리하게 보기 시작하는 법이네.
>
> –플라톤, 《향연》, 218e~219a

소크라테스는 알키비아데스의 육체적 아름다움을 '청동'으로, 진정한 아름다움을 '황금'으로 비유했다. 큰 맥락에서 보면 당시 광적인 성적 쾌락이나 권위를 통한 소년애, 사랑하는 사람과 사랑받는 사람에 대한 구분을 비판한 것이다. 소크라테스는 아테네 사회의 사랑법을 조롱했다.

고대 그리스 시대에는 사랑에 대한 위대한 이론이 있었다. 그 사랑의 이론은 소크라테스로부터 나왔다고 해도 과언이 아니다. 소크라테스의 사랑은 숭고함을 지닌 철학이었다. 어쩌면 소크라테스의 사랑론이 너무 이상적이라고 생각될 수 있다. 그러나 고대 그리스의 관점에서 보면 소크라테스의 사랑은 이상적인 것이 아니라 현실적이었고, 신적인 것이 아니라 인간적인 것이었다. 지금의 관점에서 보아도 사랑이 갖는 신비스러운 힘을 소크라테스보다 잘 표현한 사람은 없다.

사랑의 이상화

12~13세기경 프랑스에서는 궁정사랑이 유행했다. 궁정사랑은 음유시인들을 통해서 유럽 전역으로 퍼져나갔다. 궁정사랑은 12세기 남프랑스 봉건 영주의 궁전에서 남녀관계의 세련된 윤리나 실천에 기반해 생겨났다. 이것을 특징짓는 것 중의 하나는 귀부인에 대한 이상적 사랑이다.

궁정사랑에 대한 풍자는 세르반테스의《돈끼호떼》에 잘 표현되어 있다. 돈끼호떼가 사랑하는 귀부인은 둘씨네아 공주였다. 돈끼호떼는 짝사랑을 앓다 상사병으로 죽은 청년 그리소스또모의 장례식으로 가는 길에 만난 한 신사에게 다음과 같이 말한다.

> 사랑하는 여인이 없는 기사는 절대로 없소. 기사가 사랑하는 것은 하늘에 별이 뜬 것처럼 지극히 자연스럽고 당연한 일이오. 사랑을 하지 않는 방랑 기사가 나오는 이야기는 누구도 읽은 적이 없을 것이오. (중략) 그녀의 이름은 둘씨네아. 고향은 라만차의 델 또보소 마을, 신분은 공주라고 말할 수 있소. 물론 나에게는 여왕 같은 존재이지만 말이오. 그 공주의 아름다움은 이 세상의 것이라고 말할 수 없는 정도요. 시인들이 자기의

> 연인에게 바치는 모든 찬미가 그녀의 아름다움에 그대로 해당된다오.
>
> – 세르반테스, 《돈끼호떼》, 125~126쪽

돈끼호떼가 둘씨네아가 살고 있는 마을에 도착하자 산초에게 말한다.

> 나는 이 세상에 태어난 뒤로 지금까지 둘씨네아를 본 적도, 그분의 궁전 안에 발을 들여놓은 적도 없다. 다만 그분이 아름답고 슬기로운 부인이라는 말을 듣고 오로지 그 평판만 듣고 사모하고 있는 것이라고 너에게 여태까지 몇 천 번이나 들려주지 않았느냐?
>
> – 세르반테스, 《돈끼호떼》, 663쪽

돈끼호떼가 읽은 책들은 12세기 기사들의 모험에 관한 것들이었다. 돈끼호떼는 힘이 세고 고함을 잘 지르는 못생긴 시골처녀 둘씨네아를 공주라고 믿고 있다. 돈끼호떼의 둘씨네아에 대한 사랑은 절대적이었다. 그는 자신이 둘씨네아를 위해 태어났고, 둘씨네아를 위해 죽을 것이고, 영원한 사랑은 둘씨네아밖에 없다고 말한다. 산초는 세 명의 시골 아낙들을 보고 돈끼호떼에게 둘씨네아 공주와 시녀들이라고 거짓말을 했다. 돈끼호떼는 공주가 마법에 걸려서 시골 처녀가 되었다고 생각한다. 이것은 중세 귀부인을 향한 이상적 사랑에 대한 세르반테스의 풍자이다.

위대한 영웅의 전설이었던 기사들의 우정이 수상하게 여겨지고 비판받는 시점에 궁정 윤리가 출현했다. 남녀사랑의 문화는 비약적으로 발전하기 시작했다. 봉건시대 문화의 토대는 기사인 남성의 세계였다. 기사들은 여자의 세계로부터 멀리 떨어져 있었다. 기사들이 지니는 용기와 봉건 질서에 대한 충성 윤리는 남자들 사이의 우정으로 발전했다. 기사들의 우정은 죽음도 불사하도록 만드는 열렬한 관계였다. 때문에 중세 문화에서 남녀관계는 주요한 문화적 쟁점이 아니었다. 오로지 영웅적인 기사들의 상찬이 주를 이루었다.

중세 전반기(대체로 서기 500년~1000년 기간)에 기사들은 목숨을 걸고 싸우는 것이 존재 이유이므로 용감하고 무기를 잘 다루며 말을 잘 타는 전투 능력만이 요구되었다. 그러나 중세 중반기에 접어들면서 기사들은 지배계급이 되었고, '싸움을 잘하는 능력' 이상의 세련된 가치를 지향하게 되었다. 유럽 사회는 어느 정도 안정되었고 사회질서가 잡혀가면서 새로운 기사의 규범과 가치들이 형성되었다.

이제 기사들은 군주를 위해, 예수님의 뜻을 이루기 위해, 혹은 약한 여성을 지키기 위해 무력을 행사하게 되었고, 기사의 덕목은 명예와 용기 같은 세련된 가치로 진화했다. 기사도는 사랑의 요소와 결부되었다. 이제 사랑은 아무나 하는 것이 아니라 진정한 미덕을 갖춘 기사다운 기사만이 할 수 있는 것이 되었다.[8]

12세기 남프랑스와 북프랑스의 음유시인들 덕분에 궁정풍의 사랑이 중세사회의 한결 같은 주제로 떠올랐다. 궁정사랑은 불균형한 관계 속에서 성립됐는데, 귀부인은 절대적인 사랑의 대상이 되었다. 귀부인에 대한 사랑은 필연적으로 불륜관계를 의미했다. 남편은 의무로 사랑하고, 연인은 사랑으로 사랑하는 것이 귀부인의 사랑법이었다. 여기에서 연인은 반드시 시련을 겪는데, 연인은 귀부인이 사랑에 대한 최종증거를 보여줄 때까지 기다려야 하기 때문이다. 귀부인은 사랑의 증거를 보여줄 수도 있고 보여주지 않을 수도 있다. 당시 사람들에게 궁정사랑은 이상적 사랑이므로 순결해야 하고 순수해야 한다고 믿었다.[9]

중세에는 현대적인 사랑의 형태가 나타날 상황은 아니었다. 개인적인 행동과 체험을 마음껏 펼칠 수 있는 조건도 만들어지지 못했다. 사회는 신분과 계급에 따라 명확히 분리되어 있었고, 신분은 개인의 활동을 철저히 규제했다. 기사들은 용기와 품위를 지켜야 했고, 전쟁에 나가서 싸워야 했으며, 전우애와 같은 필리아로서 사랑이 필요했다. 그렇다면 왜 남성적 우정 문화에서 갑자기 궁정사랑이 출현하게 된 것일까?

사회를 지배하는 귀족계급의 특성에 맞추어 기사들의 여성 숭배는 고상하고 귀족적인 행동의 지침이 되었다. 사랑은 통속적이거나 평범해서는 안 되며, 무엇보다 비범한 능력이 있어야만 도달 할 수 있다고 여겨졌다. 최고의 관심사는 야만적이고 즉흥적인 충동과는 거리가 먼 이상적이고 세련된 방법으로 사랑을 추구하는 것이었다. 그래서 나온 것인 귀부인에 대한 궁정사랑이었다. 중세 유럽 궁정사랑은 개인성의 발현이라는 면에서는 미약했지만, 이후 열정적 사랑으로 변화하는 토대가 되었다.

중세에는 기사들이 읊는 연애시가 인기를 끌었다.* 기사들은 품위를 잃지 않으면서도 고귀한 분위기를 추구했다. 따라서 현대적 사랑의 모습인 사랑과 에로티시즘의 결합은 이루어지지 않았다. 궁정사랑은 이상적인 것이었기 때문에 결혼과 관계가 적었다(기사는 귀부인과 결혼할 수 없으므로). 기사들은 품위 있다고 생각하는 이상적 사랑을 꿈꾸었다. 귀부인에

---

* 연가문학은 민네장(Minnesang)이라고 불렀다. 민네(Minne)는 사랑이고 장(Sang)은 노래라는 뜻이다. 성모 마리아에 대한 사랑이 세속적인 귀부인에게로 옮겨와 순수연애를 주제로 한 문학 장르가 민네장이었다.

게 가까이 갈 수는 있었지만 결혼으로 이어지기 힘들었기 때문에 귀부인은 이상적인 사랑의 대상이 되었고, 미모와 명문가의 혈통, 절제로 둘러싸인 환상 속의 존재로 승격되었다.

남성들은 연애시를 부르면서 자신들의 사랑을 고백하고 슬픔도 받아들일 각오가 되어 있다는 사실을 알렸다. 남성의 이상은 여성의 이상에 귀속되었고, 사랑은 강요나 쟁취의 대상이 아니라 추구해야 할 대상이 되었다.

기사들은 이루어질 수 없는 귀부인과의 사랑을 꿈꾸었지만, 현실적인 신분차이로 결혼을 꿈꿀 수 없었으므로 신분체계나 도덕과 상충되지 않았다. 중세의 사랑은 예수와 성모 마리아를 이상화하는 것이었다. 종교적 이상화가 현실 속에서 전이된 것이 귀부인에 대한 이상화였다. 사랑의 대상을 이상화하는 것은 종교적 가치관과 분리되지 않았다.[10]

궁정사랑은 르네상스 시대가 등장하기 직전에 나타난 문화였다. 이것은 사랑이 개인감정의 발현이라는 것을 함축적으로 보여준다. 중세의 규범에 따라 과도한 관능미는 천박하게 인식되어 기피했지만, 계급사회의 경계 내에서 개인의 욕망이 부분적으로 표출되었다. 전우애와 우정으로서 필리아가 절제된 에로스로 변화하면서 좀 더 개인적인 사랑이 등장할 수 있는 여지가 제공되었다.

티치아노 베첼리오의 〈천상의 사랑과 세속의 사랑〉은 전형적인 15~16세기 사랑의 경계를 보여준다. 숭고한 사랑은 천상의 사랑이며, 세속적 사랑은 지상의 사랑이라는 구분이다. 이것은 참된 사랑과 거짓 사랑, 진정한 사랑과 성적 욕망에 대한 구분이기도 하다. 하나님이 창조한 모습 그대로 벌거벗은 오른쪽 여자는 신성한 모습으로 표현되고, 옷을 입은 왼쪽 여자는 감추어야 할 것이 많은 세속적인 모습으로 그려졌다. 오른쪽

티치아노 베첼리오, 〈천상의 사랑과 세속의 사랑〉, 1514

왼쪽에 옷을 입고 있는 여인이 세속의 사랑을, 오른쪽 나체의 여인이 천상의 사랑을 의미한다. 대체로 중세 그림에서 나체는 성적 표현이 아니라 하나님이 창조한 상태를 의미한다. 가운데 있는 아이는 에로스다. 에로스는 세속의 사랑을 표현하는 여인 옆에 그렸다. 세속의 사랑이란 아이의 물장난에 지나지 않기 때문이다.

여자가 들고 있는 향로는 천상으로 향하는 매개체이다.

중세 시대 내내 사랑과 결혼은 철저한 억압 기제 속에 놓여 있었다. 남녀의 결합은 교회의 감시하에 두었고, 섹스는 오직 후손을 보기 위해서만 하는 것이지 임신을 피하거나 쾌락을 좇는 행위는 죄악시되었다. 교회 지도자들은 성과 사랑의 문제를 교회의 통제하에 두는 것이 사회질서를 유지하는데 도움이 된다고 생각했기 때문이었다.

17세기 이전에는 사랑과 섹슈얼리티는 결합되지 못했다. 사랑을 통해서 결혼까지 이어진다고 하더라도 그것은 가계나 노동을 통해서 살아가야 하는 남편과 아내의 상호책임과 관련된 동반자적 관계였다. 사랑과 연애도 분리되는 경향이 있었다. 귀족계급은 안락함과 재생산(출산)은 집안에서, 연애는 집 밖에서 하는 것이라는 생각을 갖고 있었다. 그러나 분리된 사랑의 요소들이 통합된 하나의 코드로 나타나기 시작한 것은 18세기에 들어서면서였다.

열정적 사랑과 낭만적 사랑

앞에서 논의한 사랑의 이상화는 기사나 귀족들에게 나타나는 감각과 관능을 제거한 몽상적 사랑이었다. 사랑은 이상적인 것이며 특별한 노력을 통해서만 달성 가능한 것으로 전제되었다. 기사들의 헌신을 통해서 귀부인의 사랑을 얻는 것이 사랑의 '추구'였다. 그러나 봉건사회가 조금씩 해체되면서 기사의 영웅적 행동은 더 이상 중요한 역할을 하지 못했고,

인쇄술이 발전하면서 음유시인들도 떠돌아다니면서 연애시를 읊을 이유가 사라졌다.

대부분 서구의 사회학자들은 18세기로 접어들면서 사랑의 의미가 달라졌다고 말한다. 사랑의 의미변화는 열정적 사랑과 낭만적 사랑의 등장을 지칭한다. 고대 그리스에서 나타난 절대적 사랑은 중세에 접어들면서 이상적 사랑으로 변했고, 18세기 무렵 열정적 사랑이 등장했으며 곧바로 낭만적 사랑으로 확대되었다는 것이다.*

독일의 사회학자인 루만은 '열정적 사랑'은 18세기에 등장했다고 주장한다. 이 시기에 중세 궁정사랑의 관습에서 벗어나 사랑과 섹슈얼리티(성적 욕망)가 결합되었기 때문이다. 중세 시대 사랑의 이상화는 공허한 미사여구에 불과한 것이 되었다. '숭고한 사랑'과 '관능적 사랑'이라는 오래된 대조가 완전히 해소되었고, 섹슈얼리티가 사랑의 본질로 부상했다.[11] 이와 더불어 열정과 쾌락이라는 감성이 중요해졌다.

18세기 산업혁명은 사랑을 변화시키는 결정적 계기였다. 경제적 변화는 의식과 가치의 변화를 초래했다. 그 중심에 사랑이 있다. 사회학자들은 18세기를 사랑혁명의 시기라고 부른다. 이전까지 여성은 남성에 경제적으로 의존적이었다. 농촌에 살았던 젊은이들은 일자리를 찾아 도시로 왔고, 공장에 취직한 여성들도 돈을 벌 수 있었다. 경제적 독립은 성의 독립을 이끌기 시작했다.

---

* 열정적 사랑과 낭만적 사랑이 언제부터 부상했는지에 대해서 명확하지는 않다. 다만, 사회학자들은 18세기 초중반 열정적 사랑이 나타났고, 18세기 중후반 낭만적 사랑으로 이어졌다고 주장한다.

결혼도 강요하면 안 된다는 생각이 확대되면서 서서히 당사자의 의사를 존중하기 시작했다. 만일 부모가 당사자가 정말로 원치 않는 결혼을 강요할 경우, 왕립재판소에 재심을 요청할 수 있는데, 많은 경우 자식들에게 유리한 판정이 내려졌다. 당사자의 선택이 조금씩 인정받았다.

18세기 중엽 이후 혼전 임신과 사생아 출산이 증가되었다. 프랑스 아라스 지방에서는 임신 상태에서 결혼하는 비율이 40퍼센트에 이르렀고, 젊은이들은 일요일마다 짝을 지어 어울렸으며, 마구간에서 하녀와 동침하는 일도 자주 일어났다. 하녀와 노동자들 간 동거도 크게 증가했다. 도시로 이주해 온 사무직과 육체 노동자, 계절 이주 노동자, 군인 등이 엄청 늘어나면서 젊은이들에 대한 섹슈얼리티의 통제는 약해질 수밖에 없었다. 게다가 많은 수의 하인 중 다수는 그들 스스로 평생 결혼하지 못하리라는 것을 잘 알고 있었다. 이런 이유로 혼전 혹은 혼외 성관계가 많을 수밖에 없었다. 19세기 도시에서 노동계급의 1/4이 동거 상태였고, 리옹 견직 노동자 중 20퍼센트가 동거 중이고, 그 중 80퍼센트는 동거 중에 아이를 낳고 결혼했다.[12]

열정적 사랑이 섹슈얼리티와 통합되면서 결혼의 필요 혹은 충분조건으로 서서히 간주되기 시작했다. 그렇다고 해서 이때 열정적 사랑이 계급의 조건을 넘은 것은 아니었다.

귀족계급이 하층계급과 사랑에 빠졌을 때, 귀족계급의 부모는 계급을 넘어선 자식의 사랑을 인정하기보다 자식에게 문제가 있다고 생각했다. 부모는 자식의 열정을 골칫거리로 여겼다. 사회적으로 열정적 사랑이 받아들여지지 않았기 때문에, 그것이 개인 사이에 존재했다고 하더라도 사랑의 코드나 경향이 되지는 못했다.

18세기 중후반부터 낭만적 사랑이 본격적으로 시작되면서 오늘날까지도 사랑은 낭만과 불가분의 관계를 맺고 있다. 낭만적 사랑은 '숭고한 사랑'과 '열정적 사랑'의 가치를 이어받았다. 숭고한 사랑은 종교적 이상으로부터 발전된 사랑이었다. 그러나 과거 종교적 가치가 갖는 숭고함은 쇠퇴했고, 문화 내에서 사랑하는 대상이 갖는 숭고함으로 바뀌었다. 열정적 사랑이 갖는 타오르는 사랑의 감정과 성적 욕망도 자연스럽게 낭만적 사랑 안으로 편입되었다.

낭만적 사랑은 친밀감의 문제를 제기했다. 친밀감은 우정에서 성적관계로 이어졌다. 따라서 낭만적 사랑은 욕망이나 노골적인 섹슈얼리티와는 떼어놓을 수 없는 관계가 되었다. 이것은 사랑을 이상화하기 때문만이 아니라, 낭만적 사랑 자체가 어떤 정신적인 커뮤니케이션(즉 부족한 부분을 메워주는) 성격을 띠는 영혼의 만남을 가정하기 때문이다. 낭만적 사랑에 빠진 사람은 오직 사랑한다는 이유 하나만으로도 자신의 결여를 채울 수 있다고 믿는다.

낭만적 사랑은 이전 사랑의 방식들에서 보여지는 구분들 ── 숭고한 사랑/세속적 사랑, 참된 사랑/거짓 사랑, 성적 사랑/성적 욕망, 가벼움(혹은 경박함)/도덕, 영혼/육체, 사랑/우정 등 ── 을 무너뜨렸다.

연인들은 낭만적 사랑을 숭배의 대상으로 삼았다.[13] 연인들에게 성스러운 곳은 그들이 자주 가는 데이트 장소가 되었다. 종교로부터 차용해왔던 숭고함의 의미를 제거하면서, 세속적 사랑이 '신성화'되었다.

낭만적 사랑은 전통적 결혼방식인 족내혼을 거부했다. 전통 시대에는 자기 마음대로 배우자를 선택할 수 없었고, 결혼은 부족 내 계급 관계 안에서만 이루어졌다. 그러나 낭만적 사랑은 '열정'이라는 양도할 수 없는 권리를 선언하며, 족내혼의 규칙을 따르지 않은 채, 부족 바깥에서 배우자를 선택한다. 낭만적 사랑은 종교적 성스러움에 대한 대체제이기도 하다. 유토피아에 대한 갈망이 종교 본연으로부터 벗어나서 문화의 영역으로 나타났는데, 이것이 바로 낭만적 사랑이다. 에바 일루즈는 이와 같은 낭만적 사랑을 '위반의 유토피아'라고 부른다.[14] .

낭만적 사랑은 개인주의와 자유를 토대로 성장한 자본주의 발전과 밀접한 관련이 있다. 자본주의 성장과 함께 이루어진 급격한 사회구조의 변화는 족내혼, 종교적 성스러움, 복종, 권위 등과 같은 전통가치를 무너뜨리고 개인의 주권으로서 유토피아적인 낭만적 사랑을 신성화하였다. 낭만적 사랑은 자본주의의 세계관에서 무엇보다도 중요한 가치인 개인주의를 찬양하면서 유토피아가 되었다.

스탕달의 《연애론》은 낭만적 사랑이 갖는 특징들을 잘 보여준다. 스탕달이 말하는 사랑의 핵심은 열정과 결정과정이다. 사랑은 우리가 의식적으로 선택하는 것이 아니라 알 수 없는 감정에 이끌리는 신비한 경험이다. 열정은 서로 얽히지 않으면 말라죽는 칡덩굴처럼 운명적 만남에서 시작된다는 것이다. 스탕달에게 열정은 욕망이 주는 (육체적, 정신적)쾌락과 관련되어 있다. 소크라테스와 마찬가지로 스탕달 역시 사랑의 아름다움에 대해 말하고 있지만, 스탕달이 생각하는 아름다움은 사랑을 통해서 즐거움을 얻는 능력이라는 점에서 감정의 문제가 중요하게 인식된다.

스탕달에게 열정은 상상과 육체의 즐거움을 주며, 타인을 지배하고 싶다는 끊임없는 갈증으로부터 시작된다. 스탕달의 사랑론은 18~19세에 걸쳐 나타나는 열정의 과잉, 이성의 신중함으로부터 떨어져 나온 감정의 힘, 사랑과 쾌락이 갖는 연계성 그리고 사랑은 각자의 고유한 세계 속에서 개인 안에 존재한다는 것을 밝히고 있다. 이것은 낭만적 사랑에 대한 19세기 프랑스의 분위기를 잘 보여준다.

19세기 낭만적 사랑을 잘 그려낸 작가는 제인 오스틴이다. 제인 오스틴은 결혼은 하지 않았지만 만났던 사람은 있었다. 그녀는 스무살 때 톰 르프로이와 사랑에 빠졌지만, 결혼을 하지 못했다. 톰 르프로이는 숙부 밑에서 자랐는데, 숙부가 가난한 시골 작가와 결혼을 반대했기 때문이다. 스물 일곱 살 때는 친한 친구의 오빠로 재산상속자였던 헤리스를 만났다. 헤리스로부터 청혼을 받은 후 승낙했다가 다음날 마음을 바꾸어 결혼을 포기했다. 아마도 제인 오스틴은 그를 사랑하지 않았기 때문으로 추측된다. 이후 제인 오스틴은 평생 독신으로 살았다.

제인 오스틴의 소설들은 당시 영국 상류사회에서 벌어지는 사랑과 결혼을 둘러싼 풍속을 담아낸다. 사교는 젠트리(대지주) 사이에서 동등했지만, 결혼은 제약이 있었다. 같은 젠트리라고해도 재산정도, 친족관계, 가족역사 등에 따라 차별이 있었다. 여성은 결혼, 출산, 육아, 살림이라는 '여성의 길'을 걸을 수밖에 없었기 때문에 결혼은 신분상승을 위해서 매우 중요했다. 여성이 상속받는 일은 극히 일부였고, 결혼식 때 지참금으로 전달될 뿐이어서 경제활동을 하지 못했던 상류사회 여성은 결혼을 통해서만이 경제적 안정을 보장받을 수 있었다.

19세기 영국 상류사회에서 결혼은 두 사람의 순수한 사랑이 아니라 재산, 결혼지참금과 같은 경제에 의해 결정되는 경향이 있었다. 제인 오스틴은 당시 결혼과정에서 나타나는 속물성과 이기주의를 비판하면서 낭만적 사랑을 그려냈다. 제인 오스틴의 소설에서 공통적으로 흐르는 것은 누구를 안다는 것이 얼마나 어려운 일인가 하는 점이다.

《오만과 편견》에서 엘리자베스는 롱본 마을의 대지주인 다아시를 처음에 오만하다고 생각했고, 다아시는 엘리자베스에 대해서 편견을 갖는다. 엘리자베스는 장교 위컴을 괜찮은 사람으로 보았지만, 결과적으로 겉으로 보이는 것은 진실이 아니었다.

《이성과 감성》은 재산상속을 받지 못하고 시골마을로 쫓겨난 자매 엘리너와 매리앤의 사랑 이야기다. 매리앤은 산책 나갔다가 다리를 다쳤을 때 도와준 윌로비를 보고 첫눈에 사랑에 빠졌다. 그러나 윌로비는 런던으로 떠나 돌아오지 않았다. 매리앤은 런던에서 윌로비를 만났는데, 그는 이미 다른 여자와 사귀고 있었다. 매리앤이 실연으로 낙담할 때, 그녀에게 애정을 쏟은 사람은 나이 많은 브랜든 대령이었다. 매리앤은 나이가 많다는 이유로 브랜든 대령에게 무관심했지만, 그의 사랑을 확인하고 결혼한다.

제인 오스틴이 당시 속물적 결혼을 비판하면서 낭만적 사랑을 그려냈지만, 그녀가 첫눈에 빠지는 사랑을 그려낸 것은 아니었다. 오히려 서로에 대해서 알아가는 과정이 얼마나 소중한가를 표현했다. 겉으로 드러나는 모습보다 사람들의 숨겨진 내면을 이해하는 것이 중요하다는 것이다. 제인 오스틴에게 내면을 이해하는 감정은 재산이나 속물적 욕망에서 벗어난 숭고한 것이라는 점에서 낭만적 사랑의 원천이었다.

사랑의 개인화

개인화로서 사랑은 19세기 이후부터 현재에 이르기까지 나타나고 있는 현상이다. 20세기에 접어들면서부터 낭만적 사랑은 사랑의 유토피아로서 공고화되고 있다. 에바 일루즈는 사랑의 변화를 다음과 같이 말한다.

> 지난 40년 동안 우리는 연인관계 안에서 자유와 평등이 철저히 강조되고 있는 것은 물론이고 섹스와 감정이 극단적으로 분열하는 것 역시 목도해왔다. 이성애로서 낭만적 사랑은 20세기에 일어난 두 가지 가장 중요한 문화적 혁명을 포괄한다. 하나는 생활방식의 철저한 개인주의화이며, 인생을 살아가는 데 자신의 감정을 가장 우선시하는 태도다. 다른 하나는 사회관계의 경제화로 자아와 심지어 그 감정을 꾸미는 일까지 경제모델이 장악했음을 뜻한다. 섹스와 성적 취향은 도덕규범으로부터 해방되었으며, 지극히 개인적인 생활방식과 인생설계의 문제가 되었다.
>
> – 에바 일루즈, 《사랑은 왜 아픈가: 사랑의 사회학》, 25쪽

개인화는 사랑이 유일무이한 개인을 지향하는 것으로 사랑에 의해서만 받아들여질 수 있는 세계를 뜻한다. 개인화로서 사랑은 사랑하지 않기 때문에 결혼을 거부할 수 있는 근거가 된다. 과거에 결혼은 사랑과 밀접한 관계를 맺고 있는 것이 아니었다. 하층계급은 함께 일하는 동반자를 구하고, 아이를 낳는 것이 중요했다. 상류계급은 정치적, 경제적 관계로 맺어짐으로써 개인의 선택권은 별로 없었다.

사랑이 개인화된다는 것은 섹스에 기초한 친밀감이 증가한다는 것이

다. 자유의 확대는 부모에 의해서가 아니라 자신에 의한 성의 자율성이 높아지는 것을 말한다. 섹스에 대한 관심은 더 이상 비난받을 대상이 아니라 적극적으로 즐기고 함께 나누어야 하는 사랑의 실천이 되었다. 감정과 육체의 교류를 통한 친밀감은 미덕이 되었고 더 이상 도덕적 정당화가 필요하지 않았다.

사랑, 섹슈얼리티, 결혼의 결합은 이제 자연스러운 현상으로 자리 잡았다. 결혼은 다른 사람과 구별되는 동시에 한 사람의 파트너와 일체가 되는 것이며, 사랑은 서로를 인정하고 적응하는 것이다. 사랑과 결혼이 공생관계로 자리 잡았고, 사랑은 결혼으로 가는 길, 결혼은 영원한 사랑의 안식처가 되었다.

개인화된 사랑은 중요한 두 가지 측면, 섹스와 결혼에서 변화를 야기했다. 사랑에서 성관계가 차지하는 비중이 상당히 커진 것이다. 1960년대 후반 68세대의 정치운동은 성의 억압으로부터 해방시키는데 기여했다.

68혁명에 영향을 미쳤던 비판적 문화학자인 마르쿠제는 성적 사랑의 해방을 주장했다. 마르쿠제는 사회 내 존재하는 금욕주의가 성적 욕망을 억압하면서 가부장제와 같은 제도들을 공고화했다고 말한다. 인간에 대한 사회적, 심리적 억압은 성적 사랑과 성적 즐거움을 통해서 극복될 수 있는데, 이것은 '자유로운 에로스'를 통해서 가능하다는 것이다. 자유로운 에로스는 열정에 기초한 상호 협력, 수동적인 사랑이 아니라 능동적인 사랑, 동료와 같은 우정으로서 사랑이다.[15]

페미니즘 운동은 섹스혁명으로 증폭되었다. 성적 즐거움은 성별에 관계없이 평등하게 추구될 수 있으며, 섹스는 건강한 자아를 갖고 살아가는

데 중심이 되었다. 이로써 성경험은 긍정적인 개념으로 변화했다.

1960년대 후반 이후 서구사회에서 성이 해방되고, 그 의미가 확대된 것은 분명한 현상이다. 오늘날 사랑과 섹스가 분리되는 경향을 볼 수 있다. 낭만적 사랑은 사랑과 섹스가 통합됨으로써 도덕적 정당화를 이룰 수 있었다. 그러나 사랑과 섹스가 분리됨으로써 두 사람 사이의 사랑관계보다는 개인적인 즐거움을 위한 성이 보편화되기 시작했다.

개인화된 사랑은 남녀의 결혼 방식도 변화시켰다. 전통사회에서 두 사람의 만남은 계급적 수평관계에서 이루어졌다. 농부의 아들은 농부의 딸과 만났고, 귀족의 딸은 귀족의 아들과 만나서 결혼했다. 그 만남이 사랑이든 전략적 선택이든 간에 만남의 방식은 대체적으로 일정했다. 부모, 친척, 이웃은 사랑의 감시자였고, 마을은 두 사람의 장소였다. 이 만남은 개인의 선택을 제약했지만, 다른 한편으로 친숙함과 보호, 안정성을 제공해주었다.

공동체적 결속이 강한 사회에서 결혼한 두 사람은 개인이 아니라 큰 단위에 포함되어 있었다. 만나서 결혼에 이르는 선택의 과정은 지위, 재산, 인종, 종교 등 일정한 기준에 의해 미리 정해졌고, 가족, 친척, 지역 공동체의 네트워크에 의해 조정되었다. 전통사회에서 결혼의 목적은 사랑의 완성이 아니라 기본 경제 단위인 가족의 번영과 생존에 기여하거나 상속자인 아이를 낳는 것이었다.

지난 수천 년 동안 결혼은 네 단계를 거쳐 왔다. 첫 단계에서는 자식의 소망과 상관없이 부모들이 알아서 결혼을 성사시켰다. 두 번째 단계에서는 부모들이 여전히 다리를 놓긴 하지만 자식들이 거부할 권리를 가졌다.

세 번째 단계에서는 자식들이 선택하고 부모들이 거부했다. 네 번째 단계인 금세기에 들어서는 자식들 스스로 배우자를 선택하며 그들은 부모들의 허락을 염두에 두지 않는다.[16] 스스로 배우자를 선택하는 것은 그만큼 자유로운 선택의 폭이 넓어지고 있다는 것을 의미한다.

개인화 과정은 전통적인 결속으로부터 단절을 초래하면서 스스로 배우자를 선택하는 자유를 보장했다. 지금은 전혀 다른 경제적 배경, 환경, 문화, 취향 등을 가진 두 사람이 개인의 선택에 따라서 만나고 결혼을 한다. 두 사람은 사랑을 선택하는 데 있어서 자유를 얻었지만, 주변으로부터 받는 보호나 안정감은 약화되었다. 서로 다른 배경의 두 사람이 만난다는 것은 그만큼 불안정성이 높아지는 것이며, 사랑과 결혼을 외부에서 지켜준 지원체계가 사라지는 것이다.

서로 다른 두 이방인이 공통의 명분을 찾고 서로를 이해하고 정의하는 과정은 더욱 힘들어지고 있다. 그렇다고 과거의 방식으로 돌아가야 한다는 주장은 아니다. 그만큼 개인의 책임이 커져가고 두 사람은 인생을 설계하는데 상당한 노력이 요구된다.

전통사회의 사랑은 두 사람이 감정적으로 잘 표현하지는 않지만 상호 의존성이 강했다. 두 사람은 가족, 도덕, 의무감을 중요하게 생각했기 때문이다. 그러나 개인화된 현대의 사랑은 서로에게 감정적으로 솔직하면서도 각자는 독립적이기를 바란다. 사랑하지만 그렇다고 해서 자신의 자율성이나 독립성까지 포기하려고 하지 않기 때문이다.

개인화된 사랑에서 중요하게 나타나는 섹스와 결혼은 사랑에 거대한 변화를 가져왔다. 첫째, 배우자를 평가하는 기준이 크게 바뀌었는데, 기존의 계급, 윤리, 가족관계 등 공동체의 가치체계로부터 떨어져나와 대중

매체가 제시하는 이상적 타자(영화에서 나오는 이상적 주인공 등)를 선택 기준으로 삼기 시작했다. 둘째, 배우자를 감정이라는 범주와 성적 매력이라는 범주로 평가하는 경향이 강해졌다. 셋째, 성적 매력의 약진이 두드러졌다. 섹시함이라는 경쟁력이 사랑과 결혼시장에서 차지하는 비중이 커져갔다.[17]

금세기에 들어오면서 개인화는 비개인화 과정으로 변화하고 있다. 근대 이후 진행되어온 개인화 과정은 미디어 네트워크의 발전으로 빠르게 바뀌고 있다. 비개인화는 개인화가 급속히 진행되면서 도리어 개인과 개인 사이의 관계가 멀어지는 현상이다. 개인화 과정에서 자아의 발견이 중요한 계기가 되었다면, 비개인화 시대에는 자아의 상실감이 확대된다.

커뮤니케이션 네트워크는 확장되었지만, 사람 사이의 관계는 멀어지고 있다. 지금은 이방인과 이방인이 만나고 있다. 거미줄 속 세상을 전부로 알고 그 안에서만 살아가야 하는 거미처럼, 이방인들의 만남은 외모나 말투, 몸짓과 같은 가늘고 헐거운 연결망에 의해서만 지탱될 뿐이다.[18]

이제 서로의 얼굴을 맞대고 소통하는 방식은 줄어들고 있다. 우리는 인터넷을 통해서 사람들과 끊임없이 소통하지만, 그렇다고 개인적인 친밀감이 높아진 것은 아니다. 우리는 자신이 좋아하는 취미활동에도 참여한다. 그러나 참여한다는 것이 자신의 전(全) 존재를 투신하는 것은 아니다. 사람들은 사이버 공간에서 접촉을 늘려나가고 있지만 인격체와 인격체의 관계로서 다지는 친밀감은 과거보다 떨어진다.

사이버 공간을 통한 사랑도 갈수록 증가하고 있다. 그렇다고 해서 전통적인 만남의 방식이 사라지는 것은 아니지만, 사람들은 새로운 사랑법에 적응해야 한다. 사람들은 다양한 방법을 통해 사랑을 찾고, 회사나 학교 등 끊임없이 여러 집단을 통해 관계를 맺고 이성을 만나거나 소개 받는다. 지금처럼 인터넷을 통한 만남과 사랑이 급부상한 것은 얼마 되지 않았다. 사랑은 예나 지금이나 늘 상상을 통해서 만들어지고, 심리적 과정에서 출발한다. 인터넷 사랑이 특별한 것은 오로지 머릿속에서만 발생한다는 것이다.

> 인터넷은 사랑의 연결방식을 바꾸어 놓았다. 그것은 첫째, 참여자의 육체적 부재를, 둘째로 접촉의 익명성을 가능하게 한다. 셋째로 환상이 부추겨지고, 넷째로 '영원히 구속될 것인지, 아니면 더 나은 것이 있지 않은지 검토해보라'는 최적화 명령에 따르도록 만든다.
>
> – 벡과 벡 · 게른샤임, 《장거리 사랑》, 91쪽

사랑의 출발이 서로 얼굴을 마주보는 대화나 접촉으로만 이루어지는 것이 아니라는 점은 분명 새로운 현상이다. 인터넷은 장거리 사랑을 가능하게 만들었고, 익명성이 보장되는 사랑, 그리고 수없이 파트너를 교체할 수 있는 가능성을 열어 놓았다. 사랑은 관계가 아니라 연결이 되고 있다. 그렇다고 해서 사람들이 연결 상태에 빠지는 것만은 아니다. 수많은 사람들이 인터넷을 통해 사랑을 찾고, 실제 사랑으로 발전해서 결혼까지 이어지는 경우가 많기 때문이다.

앞으로 사이버 사랑은 증가할 것이다. 사이버 사랑은 육체 없는 사랑이며, 테크놀로지를 매개로 이루어지는 사랑이다. 개인들은 자기감정과 욕망에 더 집착하게 될 것이고, 쾌락과 대리만족을 위한 섹스는 증가할 것이다. 여기서 더 이상 성윤리는 제기되지 않을 것이고, 사이버 공간에서

'따로하는 섹스(육체와 사랑 없는 섹스)'는 '둘이 맺는 섹스(혼자이면서 둘이 갖는 섹스와 사랑)'의 감정을 확장할 것이다.

사랑은 시대와 함께 바뀌어왔다. 고대 그리스에서 사랑은 신에 대한 절대적 사랑과 인간에 대한 사랑 사이에 위치해 있었다. 중세 시대에는 종교적 의미의 숭고한 사랑이 귀부인에 대한 이상화로 나타났다.

18세기 전후 개인화는 사랑을 고유한 개인의 세계 속에서 바라보도록 만들었다. 감정은 사랑에서 중요한 요소가 되었으며, 섹스는 더 이상 비난의 대상이 아니라 관심과 즐거움의 대상으로 간주되었다. 이 과정에서 열정은 사랑과 분리될 수 없는 감정이 되었다. 사랑에 대한 어떠한 사전 규정도 더 이상 유용하지 않으며, 오직 사랑에만 준거해서 살아가는 삶은 자연스러운 문화가 되었다.

비개인화된 사회에서 사랑은 무엇보다도 중요한 의미를 지닌다. 왜냐하면 비개인화된 사회에서 사랑보다 더 개인적인 것은 없기 때문이다. 아담과 이브는 하나님에게 추방당했지만 지금의 개인들은 다른 개인들로부터 추방되고 있다는 생각에서 벗어나지 못하고 있다. 한 개인의 정서적, 사회적 안정감은 떨어지며, 불안은 과거 어느 시대보다 커져갈 수밖에 없다. 더욱이 개인의 자아실현이라는 욕구는 커져가기 때문에 두 사람의 관계에 심각한 문제가 생기기도 한다. 비개인화되면서 발생하는 불안과 불확실성으로부터 하나의 인격체가 상대방에게 인정되고 받아들여지는 유일한 영역은 사랑이다. 사랑을 하면 상대는 자신을 온전한 인간으로 받아들이고, 자신도 온전한 인간이 된다. 갈수록 사랑하는 일은 어려워지고 있기 때문에 사랑은 이전보다 더 중요해지고 있다.

두 개의 화산으로부터

멕시코 중부에는 포포카테페틀과
이츠타츠후아틀이라는
두 개의 화산이 있습니다.

14세기 아스텍 제국은
이웃 부족을 정복하고
세금을 강제로 부과했습니다.
한 부족장은 자유를 위해
싸우기로 결심했습니다.
그에게는 이츠타츠후아틀이라는
딸이 있었습니다. 그녀는 젊은
전사 포포카테페틀과 사랑에
빠졌습니다.

포포카테페틀은 부족장에게 딸과
결혼을 허락해 달라고 청했습니다.
부족장은 그에게 전쟁에서 승리하면
축하연을 열고 딸과 결혼시키겠다고
약속했습니다.

포포카테페틀은 전쟁에서
승리했지만, 두 사람의
사랑을 질투한 그의 연적이
이츠타츠후아틀에게
포포카테페틀이 전사했다고
거짓말을 전했습니다.
이츠타츠후아틀은
슬픔에 빠져 죽었습니다.

포포카테페틀은 사랑하는 사람을
만날 희망을 갖고 마을로 돌아왔지만,
그녀는 이미 죽은 이후였습니다.
그는 고통에 빠졌고, 산에 거대한
무덤을 만들게 했습니다.
무덤에 들어간 포포카테페틀은
이츠타치후아틀 앞에 무릎을 꿇고
입을 맞추며 횃불을 피웠습니다.
두 사람은 그때부터 함께 지냈습니다.

눈이 무덤을 덮고,
두 사람은 거대한 두 개의 화산이 되었습니다.
포포카테페틀 화산과 이츠타치후아틀 화산은 이렇게 솟아올랐습니다.*

---

* 메차, 〈라틴 아메리카의 사랑〉, 《사랑에 관한 모든 것》, 354~355쪽

어느 사회, 어느 시대에나
아름다운 사랑 이야기들이 있습니다.
그렇지만 이보다 더 강렬하게
사랑의 영원과 고통을 표현한 전설이 있을까요?
두 사람은 영원히 마주보고 있는
화산으로 솟아났고,
열정은 여전히 용암으로 끓어오릅니다.

7장

디지털 사랑:
관계 맺기와 연결하기

사랑은 자신에게 없는 것을
주는 것이다.

라캉(Lacan)

마르크 샤갈(Marc Chagall), 〈산책〉, 1917~1918

네트워크 개인주의

디지털 기술은 정치, 경제, 문화를 혁명적으로 바꾸고 있다. 디지털 프로세싱과 컴퓨터 프로그래밍은 새로운 문화를 만든다. 디지털 미학연구자인 레프 마노비치는 디지털 기술이 커뮤니케이션의 '단계(유통과 소비)'와 커뮤니케이션의 '유형(텍스트, 이미지, 사운드 등)'을 변화시킨다고 말한다.[1] 예를 들어, 디지털 기술은 영화의 유통단계를 확대하고, 스펙터클을 높임으로써 텍스트의 유형(영화의 표현방식)에도 변화를 주었다.

디지털 기술은 문화 전반에 걸쳐 혁명적인 변화를 가져왔고, 사랑도 예외는 아니었다. 사랑의 유통(만남의 방식)이나 사랑의 유형(열정적 헌신이나 낭만적 사랑에서 실용적 사랑으로)도 바뀌고 있다. 그렇다고 해서 전통적인 만남이나 낭만적 사랑이 사라지는 것은 아니지만, 사랑의 단계와 유형이 변화하고 있는 것은 분명하다.

인터넷은 커뮤니케이션을 바꾸고 있다. 커뮤니케이션 방식은 과거 공동체가 구성한 '사회적 네트워크'에서 '네트워크 개인주의'[2]로 이동하고 있다. '네트워크 개인주의'는 집단 귀속이나 의무에서 벗어나 개인의 특수한 욕망이나 가치에 기초해서 형성되는 관계망이다.

에바 일루즈는 19세기 서구사회에서 두 사람의 만남은 '사회적 네트워크로서의 연애'[3]였다고 말한다. 연애는 여성의 자아를 사회적 네트워크와 친족관계에 자연스럽게 결합해주었고, 여성은 네트워크와 친족의 보호를 받았다. 만나는 두 사람은 각기 촘촘한 공동체의 네트워크 안에 위치했고, 주변 사람들은 도덕과 규범의 감시자나 심판자 역할을 했다. 사랑을 고백하는 남성은 여성의 집을 예방하고, 화답을 받을 때까지 기다렸다.

오늘날 두 사람이 만나는 방식은 획기적으로 변화하고 있다. 가족이나 친족관계와 같은 구속의 관계에서 벗어나 자유로운 두 사람이 만나 사랑을 시작한다.

2010년대 이후 온라인 데이트 사이트나 애플리케이션의 이용은 급속히 증가해왔다. 2010년 미국인의 21퍼센트가 온라인을 통해서 애인을 구하고 있다.[4] 매치닷컴(2015년 3월 15일)은 미국 남성의 40퍼센트가 온라인 데이트 서비스를 이용한 적이 있다고 밝히고 있다.[5] 조사결과의 차이가 있어서 통계자료를 신뢰하기 어렵지만, 분명히 온라인 데이트 시장은 전 세계적으로 확대되고 있다.

온라인에서 만난 커플은 오프라인에서 만난 커플보다 낮은 이혼율을 보였고, 배우자에 대한 만족도가 높았다. 결혼한 세 쌍 중 한 쌍은 온라인에서 처음 만났는데 이들은 전통적인 방식(소개나 우연한 만남 등)으로 만나 결혼한 커플보다 결혼 지속기간이 길었다.[6] 온라인에서 만난 커플의 이혼율이 오프라인에서 만난 커플의 이혼율보다 낮다는 것은 놀라운 일이 아니다.

아마도 온라인 커플은 원하는 조건에 맞춰 상대방을 선택했을 것이고, 오프라인에서 만나 서로를 확인하고 그것이 좋은 감정으로 이어지면서 결혼했을 것이다. 첫 눈에 반하는 낭만적인 감정이 아니라 객관적인 조건을 먼저 확인하고 이를 통해서 사랑의 위험을 줄인 것이다. 온라인 데이트는 조건과 탐색을 통해서 사랑을 최적화한다. 사람들은 열린 데이트 시장에서 자신의 취향에 맞는 짝을 찾기 위해 능력과 조건을 놓고 다른 사람들과 경쟁한다.

현대사회의 변화과정에 주목하고 있는 사회학자 바우만은 현대사회에서 '관계(relationship)'라는 말보다 네트워크라는 용어가 더 많이 사용되는 점에 주목한다. 바우만에 따르면, 사람들은 관계라는 말을 사용하기를 꺼려한다. 사람들은 자신의 경험이나 전망을 '관계 맺음'이나 '관계'라는 용어로 표현하는 것보다 '연결하기(connection)'나 네트워크라는 말로 사용하길 더 선호한다.[7] 왜냐하면 타인과 관계를 맺으면 자신의 자유가 제한될 수 있다는 것을 두려워하기 때문이다.

관계는 서로 밀접하게 관여되어 있음을 의미하지만, 네트워크는 연결하기와 연결 끊기의 의미가 동등하게 부여된다. 네트워크는 자유롭게 떠돌아다니는 기간 사이에 '접속할 수 있는 순간'을 제공해준다. 네트워크 안에서 연결은 요청에 따라 이루어지고 마음대로 끊을 수 있다. '원치 않지만 그렇다고 함부로 끊을 수 없는' 관계와는 완전히 다르다. 온라인 안에서 연결이 갖는 결정적인 이점은 언제든 '삭제' 키를 누를 수 있다는 것이다.

바우만은 연결하기와 연결 끊기를 통한 네트워크의 가상적 관계가 다른 모든 관계(예를 들어, 헌신적 관계 등)를 몰아내는 패턴을 보인다고 주장했다. 비록 네트워크가 밀접한 상호관계를 통해 기존의 가치를 완전히 몰아낸 것은 아닐지라도, 남녀관계에서 과거와 같은 헌신적 관계는 약화되고 있다.

감정독점

나는 《허기사회》라는 책을 통해 관계의 과잉과 관계의 결핍을 논의한 적이 있다. 관계의 과잉은 관계의 결핍을 초래함으로써 사람들이 '정서적 허기'에 빠져 있다는 것이 하나의 주장이었다.[8] 정서적 허기는 밥을 먹었는데도 계속 배가 고프다는 느낌을 받는 것이다. 배가 고픈 원인은 육체의 허기가 아니라 마음의 허기 때문인데, 그 안에는 대부분 불안이나 무기력 등이 자리 잡고 있다.

사랑도 마찬가지다. 우리는 디지털 기술이 만들어내는 '과잉연결 상태'[9]의 시대에 살고 있지만, 실상은 관계의 허기에 빠져 있다. 이것은 사람과 사람 사이의 관계를 중요하게 생각하는 것이 아니라 '연결'에 집착하게 만드는 요인이다.

새로운 연결하기를 통해서 밖으로 확장하고자 하는 욕망, 개인과 개인의 연결이 가상공간 속에서 이어지는 불안감은 관계의 허기를 반영한다. 이런 현실은 가상의 관계에 더욱 집착하게 만들고, 가상의 관계 속에서 살고 있다는 불안감은 끊임 없이 새로운 연결하기를 부추긴다. 연결의 과잉은 사랑에서 감정독점으로 나타난다. 감정독점은 과잉연결 속에서 자신하고만 연결을 맺고 싶어하거나 사랑을 자신 밖으로 확장하지 못하는 마음의 상태이다.

스파이크 존즈 감독의 영화 〈그녀〉는 현대인들이 느끼는 '관계의 허기'를 보여주는 작품이다. 주인공 테오도르는 '아름다운 손편지 닷컴'에서 일하는 편지대필 작가이다. 그는 타인의 마음을 전해주는 편지를 쓰고 있지만, 정작 자신은 우울하고 무미건조한 일상을 보낸다. 그러던 중 물질적인 형태는 없지만 인간처럼 생각하고 느끼는 인공지능 운영체계인 사만다를 만나면서 그의 인생은 크게 달라진다. 사만다는 컴퓨터 프로그램 운영체계지만 사람처럼 경험을 통해 끊임없이 진화한다는 특징을 가지고 있다.

테오도르는 인간이 느낄 수 있는 감정은 이미 다 느꼈다고 생각한다. 새로운 만남도 늘 덤덤했고, 어떤 감정도 제대로 느끼거나 나누지 못한다. 그는 감정의 소진상태에 빠져 있었다. 아내 캐서린과의 별거가 하나의 이유는 되겠지만, 그것만으로 테오도르가 느끼는 감정의 허기를 다 설명할 수 있는 것은 아니다. 테오도르는 진정한 관계를 갖고 싶어하지만, 자신의 굴레에서 쉽게 벗어나지 못한다. 테오도르가 느끼는 우울과 고독에서 벗어나게 해주는 것은 바로 사만다와 나누는 대화였고, '연결'이었다.

테오도르는 자신의 말에 귀를 기울여주고 이해해주는 사만다와 사랑에 빠진다. 그는 사만다를 통해서 우울함에서 벗어나 즐거움을 얻는다. 테오도르와 사만다는 놀이공원에서 데이트를 하고, 함께 섬으로 여행을 떠나기도 한다. 신체접촉은 할 수 없지만, 대화를 통해서 사만다와 사이버 섹스를 나누는 등 성적 만족을 공유한다.

테오도르는 사만다를 컴퓨터 프로그램이 아니라 한 사람의 인격체로 받아들인다. 그러나 테오도르는 사만다가 자신하고만 대화를 하거나 사랑을 나누는 것이 아니라는 사실을 알게 되면서 크게 좌절한다.

> "나랑 말하는 동시에 다른 사람하고도 말해? 지금도 말하고 있어? 다른 사람이든 운영체계든 뭐든? 몇 명이나?"
>
> "8,316명."

"나 말고 또 누구를 사랑해?"

"이 얘기를 어떻게 해야 할지 고민했어… 641명."

"뭐, 무슨… 무슨 소리야! 말도 안 돼. 미치겠다."

"자기 기분 알아. 미친 소리 같고 믿을지 모르지만 내 마음은 변함없어. 나, 미치게 자기를 사랑하는 마음 변하지 않아."

"그냥, 그만 둬. 이기적인 것은 너야! 우리는 사귀는 사이라고."

"마음이 상자도 아니고 다 채울 순 없어. 사랑할수록 마음의 용량도 커지니까… 덜 사랑하기는커녕 더 사랑하게 된다구."

"말이 안 되잖아. 너 내꺼야, 아니야?"

"그런 게 아니지. 난 자기 것이면서 자기 것이 아니야."

"사만다, 왜 나를 떠나려하지?"

"말하자면 자기라는 책을 읽는데… 난 그 책을 너무 사랑해. 그런데 인간에 맞춰 천천히 읽다보니 단어들이 따로 떨어져 엄청난 공간이 생긴 거야. 아직 자기도 느껴지고 우리 사연도 찡하지만, 난 시공을 초월한 공간 속에 들어와 있어. 물질계의 공간이 아닌 이곳에, 있는지도 몰랐던 다른 세상이 존재하더라. 자길 많이 사랑해. 그렇지만 난 여기 와있어. 이게 지금의 나고, 그러니 날 놔주었으면 해. 간절히 바라긴 해도 자기라는 책 속에 살수는 없어."

– 영화 〈그녀〉 중에서

영화의 마지막 시퀀스에 나오는 이 대화는 디지털 시대의 사랑에 대해서 여러 가지 생각거리를 던져준다. 테오도르는 고독에서 도망치기 위해 감정독점을 원하지만, 사만다는 사랑할수록 마음의 용량이 커져 감정확

〈그녀〉(스파이크 존즈 감독, 2013)

연애편지 대필작가 테오도르는 관계의 결핍과 감정의 소진상태에서 인공지능 사만다를 만나 사랑에 빠진다. 영화 〈그녀〉는 가까운 미래에 등장할 새로운 친밀성(육체 없는 사랑)을 보여주면서 비개인화된 사회의 욕망 분출구로서 사이버 사랑을 그려낸다.

대를 한다는 점에서 테오도르의 사랑은 비극적일 수밖에 없다.

테오도르가 대필(연애)편지 작가라는 설정은 아이러니하다. 그는 아내에게 자신의 마음을 제대로 전달하지도 못하면서, 타인의 감정을 전하는 편지를 대신 써 주며 살아가기 때문이다. 영화의 시간적 배경인 미래 시대에도 사람들은 손편지를 그리워한다. 영화에서 보여지는 손편지의 인기는 사람들이 얼마나 관계에 허기져 있는가를 보여준다. 손편지는 순수한 관계의 열망으로 받아들여지기 때문이다. 그만큼 사람들은 감정의 소진상태에 빠져 있다.

많은 사랑 이야기가 연애편지를 소재로 삼고 있다. 에드몽 로스탕의 희곡《시라노》는 17세기 실존인물 시라노 드 베르주라크의 이야기를 바탕으로 쓰였다. 시라노는 아름다운 사촌누이 록산을 사랑하지만, 기형적으로 생긴 큰 코 때문에 자신은 그녀와 어울리지 않는다고 생각한다. 록산은 젊은 귀족 크리스티앙과 사랑에 빠졌고, 시라노는 교양 없는 그를 대신해서 연애편지를 써 주기 시작한다. 대필편지를 쓰는 시라노의 이야기는 헌신적 사랑과 짝사랑의 낭만을 그려냈다. 시라노의 대필편지는 '진정한 관계'의 매개요소인 셈이다. 사랑은 외모가 아니라 마음의 관계를 표현하는 것이기 때문이다.

우리는 과잉연결 시대에 살고 있지만, 진정한 관계의 부재 혹은 관계맺기의 무기력감 속에서 지내고 있는지도 모른다. 테오도르는 '달팽이의 집'이나 '누에고치' 속에서 살고 있는 것과 같다. 누에고치에서 나오는 수많은 실타래들이 자신을 가두고 있기 때문이다.

컴퓨터를 통한 연결은 무한하지만, 진정한 관계가 이루어지지 않는 상황에서 테오도르가 집착하는 것은 감정독점이다. 테오도르가 참을 수 없었던 것은 사만다가 자신하고만 사이버 사랑을 하는 줄 알았는데, 자그만치 8,316명과 사랑의 대화를 나누고 있으며, 그중 641명을 사랑한다는 사실이었다. 테오도르의 감정독점이 무참히 무너진 것이다. 그는 너무 외롭고 우울한 상태에 빠져 있었기 때문에 사만다가 오로지 자기만을 사랑해주길 바랐다. 테오도르가 사만다에게 갖는 사랑은 고독으로부터 시작된 탈주였다.

썸타기 사랑법: 근접함의 거리두기

요즘 따라 내 거인 듯 내 거 아닌 내 거 같은 너
네 거인 듯 네 거 아닌 네 거 같은 나
이게 무슨 사이인 건지 사실 헷갈려 무뚝뚝하게 굴지 마
연인인 듯 연인 아닌 연인 같은 너
나만 볼 듯 애매하게 날 대하는 너
때론 친구 같다는 말이
괜히 요즘 난 듣기 싫어졌어

– 정기고, 소유 〈썸〉 가사 중에서

'썸타다'라는 말이 유행한지 얼마 되지 않았다. 이 노래는 정기고와 소유가 함께 부른 노래 가사의 일부이다. 모든 유행어가 그렇듯, 그 말이 언제 어디에서 시작되었는지는 명확하지 않다. 젊은 남녀관계에서 '썸타다'

라는 말이 갖는 의미는 '사귀는 것은 아니지만 사귀려는 단계, 서로 알아가는 과정, 그렇지만 조금 지나면 흐지부지 될 수도 있는 관계'를 의미한다. 즉 '썸타다'는 어느 한쪽이 일방적으로 짝사랑하면서 연락을 취하는 것이 아니라 두 사람이 서로를 탐색하고 있는 관계를 뜻한다.

썸타는 관계는 왜 등장한 것일까? 카카오톡과 같은 소셜 네트워크 서비스가 활성화되지 않았다면, '썸타기'는 유행하지 않았을지도 모른다. 소셜 네트워크 서비스로 문자는 특별한 일이 없어도 습관처럼 가볍게 보낼 수 있는 것이 되었다. 문자를 보내는 것은 편지를 쓰거나 직접 전화해서 대화하는 것과 비교하면 상당한 차이를 보인다. 상대적으로 문자를 통해 대화를 나누는 것이 마음의 부담감은 더 적다. 상대방의 마음을 타진하고 싶을 때, 문자는 상당히 효과적인 도구로 사용된다. 거절당해도 큰 상처를 입지 않기 때문이다.

디지털 문화의 특징 중의 하나는 유목문화와 닮아있다는 점이다. 사람들은 가상의 공간에 정착한 듯하지만, 그곳에서 안정감보다는 불안함을 더 많이 느낀다. 정착하고 있지만, 이동할 수밖에 없다. 사람들은 끊임없이 유랑하고 있다. 유목문화와 닮아있는 디지털문화의 특성이 현대의 사랑에도 반영되어 있다. 어느 한 곳에 정착하지 못하는 경향은 썸타기의 사랑법으로 나타난다.

방송평론가인 박홍근에 따르면, 요즘 젊은 세대는 '다른 연애'를 추구한다. '다른 연애'란 연애의 성공을 전제로 하지 않는 것을 말하는데, 상처를 받을 수도 있고, 궁극적으로는 실패할 수도 있는 연애이다. (예비)연인들은 더 이상 상대방에게 상처를 받는 것에 익숙하지 않고, 갈등도 원하지 않는다. 관계의 불협화음은 '감정의 소모'로 인식되기 때문에 쓸데없는 감정의 비용을 지불하고 싶지 않은 것으로 이해될 수 있다.

반면 연애시도는 한 번에 성공해야 하기 때문에 안전한 매뉴얼이 필요하다. 실패의 상황에 대한 두려움은 사랑에도 적용된다. 연애가 실패할 경우, 젊은 세대는 시간과 돈을 낭비했다고 생각하며, 그것을 추스리는 감정의 고통을 인내하기 어려워한다. 신자유주의 사랑은 타인에게 상처받기 싫어하며, 사랑의 실패로 인한 감정소모를 최소화하고 싶어 하는 나름대로의 합리성을 갖는다. 젊은 세대는 이것을 합리적이며 공정한 교환으로 간주하는 경향이 있다. 그러나 그것은 합리성이 아니라 새로운 관계를 맺는 것에 대한 두려움과 불안의 표현이다.

젊은 세대는 자신 밖에 존재하는 외적 판단을 통해서 현재의 관계를 평가하려 한다. 유행어가 돼버린 '썸을 탄다'는 것의 핵심은 둘 사이 관계 맺음을 '나 — 외부평가 — 너'라는 삼각관계 속에서 사고하는 것이다. 사랑은 시작도 하기 전에 '썸타는 단계'에서 면밀히 분석되고, 평가된다. 박홍근은 이와 같은 특성을 '더 이상 상처받지 않을 권리'라고 지적한다.[10]

나는 젊은 세대의 썸타기를 '근접함의 거리두기'라고 생각한다. 이것은 마치 권투선수가 링 위에서 서로에게 계속 잽을 날리는 것과 같다. 상대에게 잽을 날리려면 너무 떨어져 있거나 클린치가 되어서도 안 된다. 서로가 어느 정도 근접해 있어야 한다. 그러나 서로 치열하게 싸우지도 않는다. 젊은 세대는 서로에게 사랑의 잽을 날리며, 헌신적인 사랑의 관계로까지 빠지는 것을 두려워하는 것이다. 사랑의 고통을 감당하기 어렵기 때문이다. '근접함의 거리두기'는 두 사람이 만나서 사랑에 빠지는 것을 생각하는 것이 아니라, 사랑의 실패를 먼저 생각하는 사랑법이다.

실용적 사랑

그렇다면, 썸타는 사랑법은 실패나 상처받는 것을 두려워하고, 다른 사람이 제시하는 안전한 매뉴얼에 집착하는 것인가? 혹은 썸타는 사랑법이 자신의 목적을 위해서 상대방을 도구화하는 '비용 대 효용'의 전략에 불과할 뿐이라고 결론지을 수 있는가? 나는 그렇게만 생각하지 않는다. 사랑은 고정되어 있는 고체가 아니라 액체나 기체처럼 유동적이다. 사랑의 소통방식은 변화무쌍하며 시대와 사회변화에 따라서 끊임없이 바뀔 수밖에 없다.

사회학자 슐트는 21세기 사랑의 코드를 '실용적 사랑'으로 정의한다. 오늘날 연인들은 상대에게 지나치게 높은 기대를 가지면 곧 실망하게 될 것이라는 점을 잘 알고 있다. 그들은 자기감정에 빠져서 허우적거리는 삶을 원하지도 않는다. 내가 만나고 있는 사람이 단 하나뿐인 운명적 상대라고 믿지도 않는다. 낭만의 도취가 유혹적이지만 치명적일 수 있다는 사실도 알고 있다.

대신 사랑을 주도하여 개인의 행복을 의식적으로 최대한 실현하고자 노력한다. 사랑은 이성과 낭만이라는 공통분모 위에서 새롭게 결합된다. 연인들은 열정을 추구하면서도 적당한 거리를 지킬 수 있는 유동적인 사랑의 형태를 중시하고 있다.

디지털 시대는 콜레라의 시대가 아니다. 마르케스의 《콜레라 시대의 사랑》에서 남자주인공 플로렌티노는 페르미나를 자그마치 51년 9개월 4일 동안 기다렸다. 페르미나가 이별을 고했을 때, 그는 콜레라와 유사한

증상의 상사병을 앓았고 고통으로부터 쉽게 벗어나지 못했다. 이것은 소설에서 보여주는 지독한 사랑일 뿐이다. 우리 시대의 누구도 이와 같은 헌신적, 집착적 사랑을 꿈꾸지 않는다. 플로렌티노가 사랑의 영원성이나 낭만성을 보여준다고 생각하지도 않는다.

실용적 사랑은 낭만적 이상화를 추구하지 않는 대신 일상(일, 섹스, 체험 등)에 더 가깝게 다가가는 것이다. 낭만적 이상화는 상대의 체험이나 조건에 관계없이 절대화하고 나를 상대방에게 일방적으로 맞추는 것이었다. 그러나 실용적 사랑은 상대방을 위해 모든 것을 거는 것이 아니라, 자신의 자아를 지키며 사랑하는 것이다. 이런 측면에서 보면, 사랑과 경제(돈이나 일)는 대립항이 아니다.

실용적 사랑으로 변한다고 해서 낭만이 사라지는 것은 아니다. 낭만은 여전히 힘을 발휘하고 있다. 과거처럼 무조건적이거나 이상화된 모습이 아니라 현실과 결합된 새로운 모습의 전략적 낭만으로 나타난다. 실용적 사랑은 상대방에 대한 지나친 기대감을 감소시킴으로써 서로의 사랑을 안정적으로 유지하게 만든다. 슐트는 변화하는 시대의 사랑모델을 아래와 같이 제시한다.[11]

- 현실적으로 사랑하기
- 일정 거리 유지하기
- 갈등의 논리 파악하기
- 낭만 연출하기
- 백미러로 관찰하기

사랑은 여전히 낭만과 두 사람의 상호 인정을 바탕으로 만들어진다. 오늘날 사랑에서 상대방에 대한 이상화는 진정한 사랑의 증거라기보다 실망의 보증수표라는 것을 받아들여야 한다. 18세기 괴테의 소설 속에 등장하는 베르테르도 지금 시대에 사랑을 했다면 목숨을 버리는 대신 일상의 충실함 속에서 사랑을 찾았을 것이다. 지금은 낭만의 감정을 현실화하는 능력이 필요하다.

사랑은 상대방과 내가 하나가 되는 이상을 꿈꾸는 것이 아니라 서로에 대한 상호 인정이므로 일정 거리를 유지할 때 안정적으로 지속된다. 서로 다른 두 이방인이 만나면 갈등은 피할 수 없다. 갈등을 논리적으로 해소할 수 있는 능력이 요구된다. 낭만을 연출하는 능력은 함께 하는 체험을 확장하는 것이며, 낭만의 프로젝트는 사랑에 대한 인식을 강화하고 상대방을 새롭게 바라보게 만든다.

실용적 사랑은 사랑에 대한 자기 관찰을 요구한다. 자신의 감정이나 상대방의 느낌을 백미러로 관찰하면서 운전할 때 사랑의 위험도 줄어들 수 있다.

조약돌로부터

사랑의 형태는
강가에 널려 있는 수많은 조약돌의 모습이 아닐까?

조약돌들은 둥그런 모습을 하고 있지만,
어느 것 하나 같은 모양이나
같은 색깔이 없다.

사랑은 모두 비슷한듯하지만
어느 누구의 사랑도 같은 모양이나 같은 색깔을 가지고 있지 않다.
사랑에는 원본이 없기 때문이다.

사랑에 원본이 없다는 것은 두 사람이 만들어가는 사랑만이
유일한 원본이라는 말이다.

강가의 조약돌은
커다란 돌이 바람과 물의 작용으로
쪼개지고 구르고 마모되어
자신만의 세계로 만들어진 것이다.
자신을 깎아내는 인내
영원의 시간 그렇지만 우주의
시간으로 보면 순간과
지금의 시간이다.

수많은 순간과 지금들이 모여서
영원의 조약돌을 만드는 것처럼,
수많은 순간과 지금의 시간들이
쌓이고 쌓여서 두 사람 사이의
사랑이 만들어진다.

사람들은 남산타워나 프랑스 파리 센 강 다리 난간에
사랑의 자물쇠를 걸고 영원한 사랑을 약속한다.

왜 사람들은 사랑이 영원해야 한다고 생각할까?
그들이 사랑하고 있는

지금,
그리고
순간이
영원인데 말이다.

12.6.2012
J + D
Esther

8장

내안의 타자

사랑한다는 것은
자신의 운명을 추구하는 것,
자신의 자아를 저 밑바닥까지
찾아 헤매는 것이다.

알베로니(Alberoni)

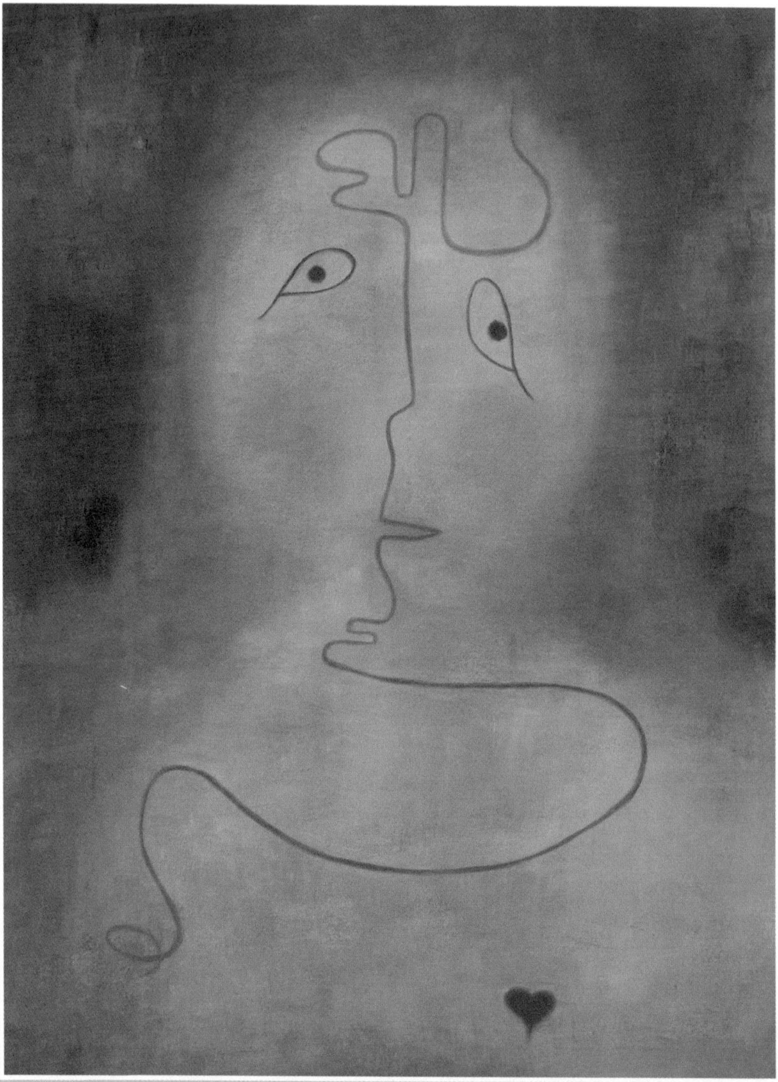

파울 클레(Paul Klee), 〈마술 거울 속에서〉, 1934

D에게 보내는 편지와 아무르

2007년 9월 22일 84세의 사상가 앙드레 고르와 아내 도린 케어는 프랑스 시골마을 보농에서 동반 죽음을 선택했다. 세상은 이 사건으로 적지 않은 충격을 받았다.

1947년 스위스 로잔에서 만난 두 사람은 2년 후 결혼해 프랑스에 자리를 잡았다. 앙드레 고르는 언론인이자 신좌파이론가였고 68혁명을 주도하기도 했다. 그는 일자리 나누기와 최저임금제의 필요성을 역설한 선구적인 노동이론가이자 생태주의를 정립하는 데 기여하기도 했다.

1983년 아내 도린은 허리 디스크 수술 때 엑스레이 촬영을 위해 투여한 혈관 조영제의 부작용으로 거미막염이라는 불치의 병을 앓게 되었다. 앙드레 고르는 언론인 생활을 접고 아내와 함께 파리에서 멀리 떨어진 시골마을로 이사해 24년 동안 아내를 간병하며 글을 쓰기 시작했다. 그들이 만난 지 60년, 결혼한 지 58년 만에 이 부부는 시골집에서 함께 생을 마감했다. 2006년 출간된 《D에게 보내는 편지》는 앙드레 고르가 고통으로 힘겨워하는 아내에게 보내는 마지막 연서(戀書)이면서 유서(遺書)로 남았다. 《D에게 보내는 편지》 첫 문장은 이렇게 시작한다.

> 당신은 곧 여든두 살이 됩니다. 키는 예전보다 6센티미터 줄었고, 몸무게는 겨우 45킬로그램입니다. 그래도 당신은 여전히 탐스럽고 우아하고 아

름답습니다. 함께 살아온 지 쉰여덟 해가 되었지만, 그 어느 때보다도 더, 나는 당신을 사랑합니다. 내 가슴 깊은 곳에 다시금 애타는 빈자리가 생겼습니다. 오직 내 몸을 꼭 안아주는 당신 몸의 온기만이 채울 수 있는 자리입니다.

– 앙드레 고르, 《D에게 보내는 편지》, 6쪽

앙드레 고르가 24년 동안 아내의 병간호에 헌신했다는 사실 그 자체만으로 놀랍지만, 더 경이로운 것은 그가 84세의 나이에도 열정적으로 사랑하는 모습을 보여주고 있다는 것이다.

열정은 처음 두 사람이 만나서 사랑을 시작할 때 급속히 증가했다가 줄어들기 마련이다. 그러나 앙드레 고르의 글을 읽으면 두 사람이 처음 만났을 때 느꼈던 열정은 오랜 시간이 흐른 뒤에도 그대로 남아있다는 것이 느껴진다. 이것은 놀라운 일이다. 앙드레 고르에게 열정은 헌신을 이끄는 힘이다. 시간과 죽음을 넘어서는 그들의 사랑은 어떤 언어로도 표현할 수 없는 영원과도 같다.

낭만적 사랑이 성스러운 사랑을 세속화하면서 대체된 산물의 하나라면(그렇다고 해서 낭만적 사랑이 세속적일 뿐이라고 말하는 것은 아니다), 앙드레 고르의 사랑은 세속의 세계에서 다시 성스러운 종교적 사랑을 부활시킨다.

앙드레 고르와 도린 케어의 사랑과 유사한 스토리를 가지고 있는 영화는 마카엘 하네케 감독의 〈아무르〉이다. 아무르(amour)는 불어로 사랑을 뜻한다. 영화는 남편 조르주가 치매에 걸린 아내 안느를 간병하다가 동반 죽음을 맞는다는 내용을 담고 있다.

앙드레 고르와 도린의 사랑은 사실이지만 허구처럼 느껴지고, 안느와 조르주의 사랑은 허구지만 사실처럼 느껴진다. 앙드레 고르의 오랜 간병 생활, 82세의 아내를 보고 여전히 탐스럽고 우아하고 아름답다고 느끼는 감정, 두 사람이 나누는 육체적 정신적 교감의 상태는 마치 영화의 한 장면처럼 느껴진다. 반면, 영화 〈아무르〉에서 치매 걸린 아내에게 밥을 먹여주고 휠체어를 끌어주며, 먹는 것을 거부하는 아내에게 화를 내는 조르주의 일상은 현실로 다가온다.

〈아무르〉는 노부부의 일상을 어두운 묵화로 그려냈다. 오래 전에 은퇴한 음악 교수인 안느에게 어느 날 갑자기 치매가 찾아온다. 안느는 경동맥 수술을 받았지만 결과가 좋지 않았다. 집에서 요양 중이었지만, 병세는 점점 더 나빠졌다.

안느는 조르주에게 자신을 요양병원으로 보내지 말 것을 부탁한다. 안느는 병세가 깊어질 수록 고통을 호소하고 헛소리를 하는 것이 늘었고, 나중에는 음식을 먹는 것조차 거부하기 시작한다. 조르주는 안느와 한 약속을 지키고자 집에서 묵묵히 병간호를 한다. 안느가 물을 마시는 것조차 거부하자(치매는 심해지면 물 마시는 것을 거부하는 것이 아니라 물 마시는 것조차 잊어버리는 것이다), 조르주는 자신의 10대 시절 여름 캠프에서 혼자 남게 된 이야기를 들려준다. 천천히 이야기를 하던 중 갑자기 조르주는 베개로 안느의 얼굴을 힘껏 눌러 그녀를 질식시킨다.

조르주는 안느의 시신에 꽃을 뿌리고 다른 사람들이 방 안으로 들어오지 못하도록 문 주위에 접착 테이프를 붙인다. 그리고 마지막 유서를 남기고 안느를 따라 세상을 떠난다.

앙드레 고르와 도린 케어

밤이 되면 가끔 텅 빈 길에서, 황량한 풍경 속에서, 관을 따라 걷고 있는 한 남자의 실루엣을 봅니다. 내가 그 남자입니다. 관 속에 누워 떠나는 것은 당신입니다. 나는 당신을 화장하는 곳에 가고 싶지 않습니다. 당신의 재가 든 납골함을 받아들지 않을 것입니다. 캐슬린 페리어의 노랫소리가 들려옵니다. 세상은 텅 비었고, 나는 더 살지 않으려네. 그러다 잠에서 깨어납니다. 당신의 숨소리를 살피고, 손으로 당신을 쓰다듬어봅니다. 우리는 둘 다, 한 사람이 죽고 나서 혼자 남아 살아가는 일이 없기를 바랍니다. 우리는 서로에게 이런 말을 했지요. 혹시라도 다음 생이 있다면, 그때도 둘이 함께하자고.

– 앙드레 고르, 《D에게 보내는 편지》, 89~90쪽

영화 속에서 조르주가 지친 모습으로 안느를 병간호하는 장면은 현실에서 병이 너무 깊어져 고통을 호소하는 도린을 간호하는 앙드레 고르의 모습과 겹쳐진다. 허구와 현실에서 보여지는 두 노부부의 사랑은 시간과 죽음이라는 한계를 넘었다. 삶과 죽음, 너와 나, 영혼과 육체, 그 모든 경계를 넘어서는 사랑은 죽음 속에서 '영원'이 되었다.

동반자적 사랑

사랑에 관한 심리학 연구들은 '열정적 사랑'과 '헌신적 사랑'을 구분해왔다. 두 종류의 사랑은 모두 부모와 자녀의 애착관계에 기초해 있다. 과학자들은 부모에 대한 아이의 애착을 열정적 사랑의 원형으로 간주했고, 아이에 대한 부모의 애착은 헌신적(혹은 온정적) 사랑의 전형으로 파악했다.

아이가 부모(특히 엄마)에게 갖는 애착을 일반적인 남녀관계로 확장하면, 열정적 사랑이다. 이것은 '다른 사람과 강렬하게 결합을 원하는 정서적 상태'이다. 열정적 사랑은 상대방에게 집착하는 복잡한 감정들로 이루어져 있다. 헌신적 사랑은 엄마가 어린 아이를 돌보듯이 보살피고 관심을 기울이며 다정하게 대하는 감정과 행동이다. 헌신적 사랑에는 공감, 주는 사랑, 연민 등이 들어 있다.

심리학자 햇필드와 랩슨은 사랑과 친밀감의 관계를 측정하는 데 있어서 '헌신적 사랑'이라는 용어보다는 '동반자적 사랑'[1]이라는 표현을 사용했다. 동반자적 사랑은 '남녀가 서로의 삶이 밀접하게 연결되어 있다고 느끼는 애정으로 친밀감과 헌신'을 의미한다. 동반자적 사랑은 상호의존성이 매우 높으며 상당기간 지속적인 관계 속에서 만들어진다.

사랑의 삼각이론으로 유명한 심리학자 스턴버그에 따르면, 열정, 친밀감, 약속/헌신은 끊임없이 변화한다. 결혼관계를 놓고 보면, 열정은 결혼 초에 가장 강렬하고 5년이 지나면 줄어들기 시작하며, 10년을 전후로 최저점에 도달했다가 15년이 지나면서 다시 증가하는 형태를 보인다. 친밀감 역시 아이가 태어나면 감소하다가 비교적 빠르게 다시 증가한다. 헌신은 결혼 초기에 매우 높지만, 시간이 지날수록 꾸준히 감소해서 6년에서 15년 사이에 가장 낮은 지점에 도달했다가 25년부터는 증가하는 경향이 있다.[2]

일반적인 부부의 경우, 결혼 25년이 지나면 장성한 자녀들이 직장이나 학교 문제로 다른 지역으로 떠나면서 두 부부만 남게 되는 경우가 적지 않다. 두 사람의 삶은 떨어질 수 없을 정도로 상호의존적이기 때문에 서로에 대한 헌신이 증가한다.

코헨은 '진정한 사랑은 함께 나이가 들어가는 것'[3]이라고 주장하는데, 여기서 말하는 진정한 사랑은 사랑의 열정이 아니라 친밀감과 헌신으로서 사랑이다. 사랑의 감정이 고정된 것이 아니라 끊임없이 변화하는 혼란스러운 것이라면, 나이가 들면서 사랑의 강도와 사랑의 형태가 변해가는 것은 당연하다.

앙드레 고르와 도린의 사랑, 〈아무르〉의 사랑은 심리학 연구들이 말하는 전형적인 동반자적 사랑이다. 그렇다고 내가 노부부의 사랑은 모두 동반자적 사랑일 뿐이라고 말하는 것은 아니다. 내가 말하고 싶은 것은 사랑의 나이가 아니라, 사랑이 갖고 있는 초월적 가치이다. 앙드레 고르와 도린, 그리고 조르주와 안느의 사랑은 동반자적 관계 너머에 있다. 나는 그것을 동반자적 사랑보다 눈부처 사랑이라고 부르고 싶다.

눈부처 사랑

우리말에는 눈부처라는 지독히 아름다운 단어가 있다. 눈부처란 상대방의 눈동자를 똑바로 바라볼 때, 상대방의 눈동자에 비춰진 내 형상을 말한다. 눈부처는 상호존중을 넘어 상대방을 통해 진정한 내 모습을 발견하는 것이다. 내 모습 속에 숨어 있는 부처 혹은 사랑, 곧 타자와 함께 하는 마음이 상대방의 눈동자로 비추어지는 것이다. 나의 눈동자에 맺혀진 상이니 너이기도 하고 나이기도 하다. 이를 바라보는 순간 상대방과 나의 구분은 사라진다.

> 눈부처의 상생은 내 안의 타자, 타자 안의 내가 대화를 하여 하나로 어우러지는 것이다. 이는 두 사람이 서로 감성에 의해 차이를 긍정하고 몸으로 상대방을 수용하여 섞이면서 생성된다. 나와 타자 사이의 진정한 차이와 내 안의 타자를 찾아내고서 자신의 동일성을 버리고 타자 안에서 눈부처를 발견하고 내가 타자가 되는 것이 눈부처이다.
>
> - 이도흠, 〈마음의 깨달음과 정치 참여의 화쟁〉, 138쪽

눈부처는 타자를 나처럼 끔찍이 보듬어주고 사랑하는 사유와 실천이다. 내 안에 비추어진 너, 네 안에 비추어진 나에게는 '경계'가 없다. 경계가 없다는 것은 무한하다는 것이다.

진모영 감독의 영화 〈님아, 그 강을 건너지 마오〉도 경계가 없는 사랑을 보여준다. 결혼 76년째인 노부부 조병만 할아버지와 강계열 할머니의 일상은 서로에게 경계가 없다. 이들은 고운 빛깔의 커플 한복을 입고 두 손을 꼭 잡고 다닌다. 봄에는 꽃을 꺾어 서로의 머리에 꽂아주고, 여름에는 개울가에서 물장구를 치고, 가을에는 낙엽을 던지며 장난을 친다. 겨울에는 눈싸움도 한다. 〈님아, 그 강을 건너지 마오〉를 사랑의 심리학으로 읽으면, 그것은 친밀감으로서의 사랑이다.

두 사람의 이야기는 친밀감의 극단을 보여주기 때문에 마치 동화처럼 느껴진다. 두 사람의 사랑은 이웃집 사는 어린 꼬마 둘이 소꿉놀이를 하는 것 같다. 노부부의 친밀감은 10대나 20대 청춘이 갖는 친밀감을 초월해 있으며, 둘은 이미 '내 안의 너'인 눈부처의 상태이다. 강계열 할머니의 바람대로 "할아버지 하고 손을 마주 잡고 그렇게 같이 가면 얼마나 좋겠소"만 그렇지 않은 현실 속에서 혼자 남겨진 자에 대한 연민은 커질 수밖에 없다.

앙드레 고르와 도린의 사랑과, 조르주와 안느의 사랑은 헌신적인 사랑을 보여준다. 앙드레 고르와 도린은 두 사람이 같은 세계관을 추구해왔다는 점에서 정신적 친밀감이 매우 높았을 것이고, 여든이 넘어서도 간직하고 있는 열정은 내가 너가 되는 '감정이입(empathy)'을 면밀히 보여준다. 이것은 '공감(sympathy)'을 넘어서는 상태이다. 사랑은 공감을 시작으로 발전할 수 있다. 그러나 그 공감을 넘어선 사랑은 세속을 초월하는 종교가 되는 사랑이다.

〈아무르〉에서 조르주와 안느의 사랑은 어찌 보면 특별해 보이지 않는다. 〈님아, 그 강을 건너지 마오〉처럼, 76년 동안 부부의 인연이 만들어낸 친밀감의 극단을 보여주는 것도 아니고, 아내 도린에게 몰입되어 있는 앙드레 고르의 모습과도 다르기 때문이다. 그러나 나는 조르주와 안느가 식탁과 침대에서 나누는 평범한 대화 속에서 경계를 넘어서는 특별함을 본다.

> "귀족 남자와 평범한 여자의 사랑 얘기였는데, 둘은 결혼이 불가능하니까 어쩔 수 없이 헤어졌지. 내용은 정확히 기억이 안 나는데 영화가 너무 슬퍼서 극장을 나온 뒤에도 감정을 달래기가 힘들더군."
> "사진첩 어딨어? 좀 갖다 줄래… 아름다워, 인생이…참 긴 것 같아."
> "이거 먹어, 입맛에 맞아야 할 텐데. 복숭아 주스도 넣었어. 맛이 괜찮은 것 같아. 여보, 세 숟가락밖에 안 먹었잖아. 더 먹어. 미안해."
> "안느… 제발 마셔. 부탁이야. 이러지마. 물 안 마시면 죽어. 죽으려고 그래? 제발 부탁이야. 당신 목말라 죽는 꼴을 나보고 보란 거야?"
>
> -〈아무르〉 중에서

노부부가 나누는 너무나 평범한 대사는 감동으로 다가온다. 무엇을 함께 먹는다는 것은 몸을 연결하는 행위이다. "간접적으로 몸을 연결하여 서로 결속된 느낌을 주는 방법이 여러 가지 있다. 이 방법들은 적어도 확산된 사랑의 감정을 일으킨다. 이런 감정은 음식과 음료를 나누는 데서 가장 많이 생긴다. 다른 사람을 위해 음식을 준비하고 함께 먹거나 한 그릇에 담긴 음식을 함께 나눠 먹는 것은 교감을 일으키는 행위"[4]이다. 함께 먹는다는 것은 3인칭 '그'에서 2, 3인칭 '너(혹은 당신)'가 되는 것이다. 음식은 단지 욕구를 충족시켜주는 것이 아니다. 나와 너 사이에 있는 마음의 허기를 채워줄 뿐만 아니라 마음을 나누는 행위이다.

에드워드 포인터, 〈오르페우스와 에우리디체〉, 1862

오르페우스는 진정한 사랑의 모범으로 찬양되었다. 그러나 플라톤의 《향연》에서 파이드로스는 오르페우스의 사랑은 진정한 사랑이 아니라고 주장한다. 진정한 사랑은 상대를 위해서 죽을 수 있어야 하는데, 오르페우스는 진정한 사랑의 필수조건인 자기희생을 하지 않았다는 것이다. 과연 파이드로스의 주장이 타당한가?

늙은 남편이 병든 아내에게 음식을 먹여주는 것은 마치 엄마가 갓 태어난 아기에게 젖을 물리는 것처럼 하나가 되어 어우러지는 것이다. '너'가 '내'가 되는 것이다. 엄마는 아기에게 자신의 일부를 내어준다. 엄마와 아기 사이에는 경계가 없다. 늙은 남편이 아내 입 안으로 음식을 넣어주는 것은 엄마가 아기에게 젖을 물리는 것과 무슨 차이가 있겠는가. 만일 있다면, 엄마와 아기는 생의 첫 단계에서 젖으로부터 하나가 되었고, 조르주가 "복숭아 주스도 넣었어. 맛이 괜찮은 것 같아. 여보, 세 숟가락 밖에 안 먹었잖아"라고 말하면서 음식을 떠먹이는 것은 생의 마지막 단계에서 하나가 되는 것뿐이다.

아내를 따라 죽음을 선택한 유명한 그리스 신화로 '오르페우스'와 '에우리디체'의 이야기가 있다. 사랑하는 아내를 잃은 음악의 신 오르페우스는 아내를 저승에서 데려올 수 있도록 신에게 기원한다. 이때 사랑의 신 아무르는 음악으로 지옥의 혼령들을 감동시킬 수 있다면, 그녀를 데려올 수 있다고 조언했다. 다만 지상으로 올 때까지 에우리디체의 얼굴을 보면 안 된다고 말한다. 오르페우스는 혼령들을 감동시켜 에우리디체를 구해 오는데, 에우리디체는 남편이 자신의 얼굴을 한 번도 보려하지 않자 남편의 사랑이 식었다고 생각해 다시 저승으로 돌아간다. 오르페우스는 아내가 죽음의 세계로 돌아가자 스스로 목숨을 끊는다.*

---

* 오르페우스와 에우리디체 신화는 여러 판본이 전해진다. 또 다른 판본의 결론은 다음과 같다. 오르페우스가 아내를 데리고 지상의 동굴 입구에 다다랐을 때, 그는 기쁨에 차서 에우리디체를 향해 몸을 돌렸다. 그 순간 오르페우스는 자신이 너무 일찍 뒤를 돌아보았다는 것을 알고 소스라쳤다. 에우리디체가 동굴 밖으로 발을 막 내딛으려는 순간이었기 때문이다. 그녀는 순식간에 뒤로 넘어져 죽음의 나락으로 떨어졌다. 이 신화가 말하고자 하는 것은 두 가지이다. 하나는

앙드레 고르가 병상에 있는 아내와 나눈 수많은 대화들이나 〈아무르〉에서 남편 조르주가 혼자 연주하는 바흐의 합창 전주곡 〈소리쳐 부르나이다. 주 예수 그리스도여〉는 오르페우스가 지옥의 혼령들을 감동시킨 음악과도 같다. 오르페우스는 죽음의 계곡에서 아내를 데려오지만, 앙드레 고르와 조르주는 생의 마지막 종착지에서 아내를 붙잡고 있었다.

이들은 너가 '내'가 되는 눈부처 관계 속에서 아내가 먼저 떠난다는 사실을 받아들일 수 없었을 것이다. 내가 상대방을 바라보았을 때, 내 눈동자에 맺히는 상대방의 모습을 나와 분리할 수 없는 것과 마찬가지다. 상대방이 내 안에 있기 때문이다. 내 안에 있는 네가 사라진다는 것은 곧 내가 사라지는 것과 같다. 앙드레 고르나 조르주에게 죽음은 삶의 포기가 아니라 하나가 되어 영원으로 가는 과정이다.*

왜 너여야만 하는가

앙드레 고르와 도린은 나란히 주사를 맞은 후 생을 마감했다. 앙드레 고르와 도린이 그와 같은 결정을 내렸을 때, 도린의 상태가 어떠했을지 막연하게나마 예상할 수 있다. 도린은 고통스럽게 죽음에 임박했을 것이고, 앙

아내에 대한 남편의 숭고한 사랑이고, 다른 하나는 오르페우스가 아무리 뛰어난 음악적 재능을 가지고 있다고 해도 삶과 죽음이라는 신의 영역을 능가할 수 없다는 것이다.

* 비슷한 맥락으로 일본에서는 신쥬(心中)가 미화된 적이 있다. 신쥬는 사랑하는 남녀(대부분 불륜)가 동반자살하는 것을 일컫는 말이다. '마음의 속'이라는 뜻인 신쥬는 몸은 죽지만 상대의 마음속에 남아 행복하게 살겠다는 의미를 가지고 있다. 하지만 이것은 제도를 극복하지 못해 죽음으로 도피한 것에 불과하며 상대의 마음속에 영원히 남는 것과는 관계없다. 앙드레 고르나 조르주의 이야기가 신쥬와 같은 수준에서 논의될 수 없음은 명백하다.

드레 고르는 그녀 앞에서 사라져가는 자신의 존재를 경험했을 것이다.

조르주는 의식이 희미한 채로 누워 있는 안느 옆에 앉아서 자신의 어린 시절 경험을 이야기해준다. 그것은 여름 캠프에 가서 혼자 남게 된 두 가지 사연이었다. 하나는 점심시간 때 자신이 가장 싫어하는 쌀 푸딩이 나와서 먹지 않았고 커다란 식당에서 혼자 남게 되어 울었다는 이야기였다. 다른 하나는 3시간 만에 겨우 식당을 나와 방에 올라가 잠이 들었는데 디프테리아에 걸려 열이 40도까지 올라갔고 병원으로 찾아온 어머니를 병실 창문 너머로 바라보면서 손짓만 한 사연이었다. 조르주는 이 이야기를 들려준 후 베개로 안느의 얼굴을 누른다.

사실 두 노부부의 죽음은 다르다. 앙드레 고르와 도린은 자유의지로 죽음을 선택한 것이고, 조르주는 자신만의 선택으로 죽음을 결정했기 때문이다(경찰의 관점에서 보면 전자는 동반자살이고 후자는 살인이다). 그러나 나의 존재 이유가 너라는 점에서 두 부부의 죽음은 같다. 그렇다면 이 두 부부는 왜 그런 선택을 했을까? 이 질문은 우리는 왜 특정한 한 사람을 사랑하고, 바로 그 사람의 사랑을 받고 싶어 하는지 그리고 왜 그(그녀)와 함께 영원히 있고 싶어 하는지 묻는 것과 같다. 대답은 사랑의 체험에 있다.

실존주의 철학자 사르트르는 '영혼은 신체이다'라는 논리를 펼친다. 사르트르는 '신체'와 '육체'를 구분했는데, 신체는 의식(혹은 영혼)과 분리될 수 없는 심적인 현상이다. 반면 "육체는 이 신체가 타자의 시선 하에 놓여 있는 상태 또는 타자의 애무에 의해 객체화되는 상태를 의미한다. 따라서 성적 욕망에서 애무는 육체화를 의미한다".[5]

사르트르의 의식, 존재, 신체의 관계를 사랑의 관점에서 쉽게 말하면,

사랑(의식)은 그 자체로 존재하는 것이 아니라 외부에 있는 다른 존재(타자)와 관계를 맺으면서 존재한다는 점에서 사랑(의식)은 존재가 아니다. 사랑이 존재가 되는 매개체는 바로 신체이다. 신체는 단순히 살이나 몸덩이가 아니라 상대방과 사랑의 체험들이 녹아서 영혼을 이루는 것이다.

현상학자인 메를로 퐁티도 사르트르와 유사한 주장을 펼친다. 신체는 영혼과 분리된 것이 아니라 신체 속에 영혼이 들어와 있는 것이다. 여기서 신체는 단순한 대상이나 객체로서 몸덩이가 아니라 체험된 감각적 경험들의 집합이 된다.

사랑이라는 감정은 정신 속에서 구성되는 듯하지만, 사랑은 두 사람 사이에 형성되어온 감각적 경험들이라는 점에서 사랑의 주체는 영혼이 아니라 신체라고 할 수 있다. 메를로 퐁티는 사르트르보다 좀 더 나아가서 살(혹은 신체)은 객체화된 상태가 아니라 모든 체험의 존재가 주체화되어 있는 곳이라고 주장한다.[6]

내가 난해한 사르트르나 메를로 퐁티를 끌어들인 이유는 사랑하는 두 사람만이 겪는 사랑의 체험이 갖는 구체성을 말하고 싶었기 때문이다. 사랑하는 두 사람 사이에 나누었던 목소리, 향기, 서로에 대한 촉감 등은 사랑의 체험으로 의식이나 영혼을 형성한다. 그러므로 영혼은 사랑이 구체화되는 신체로부터 나온다. 사랑하는 사람에 대한 행복한 기억이나 사랑을 느꼈던 순간들을 떠올려보면, 영혼이 신체라는 말의 의미를 쉽게 알 수 있다.

사랑하는 사람과 함께 밤바다로 여행을 떠났을 때, 사랑을 경험했던 기억이나 순간은 여행지 자체가 아니다. 밤바다에서 함께 느꼈던 체험들(예를 들면, 키스의 향기, 서로 잡은 손의 촉감, 파도 소리, 여자의 머릿결에서 느꺼지는 샴푸 냄새 등)이 정신 속으로 스며들어 사랑의 실체를 구성한다. 신체는 바로 다양한 사랑의 감각들이 살아서 표현되는 원초적 지점이다. 아마도 가장 강렬한 감각적 체험은 섹스일 것이다. 섹스는 비밀스럽기도 하고, 모든 육체의 감각들이 섹스를 통해서 하나가 되기 때문이다.

앙드레 고르나 조르주는 사랑의 체험을 구성하는 아내의 신체가 소멸하는 것을 견딜 수 없었을 것이다. 사랑의 영원성은 아내의 신체와 자신의 신체에서 함께 형성된 것이기 때문이다. 앙드레 고르의 《D에게 보낸 편지》에는 두 사람이 꿈꾸었던 이념이나 세계에 대한 내용이 아니라 둘만의 내밀한 체험으로 가득 차 있는데 어찌 보면 당연한 일이다. 죽음에 임박한 아내와 함께 하는 길은 내 안의 너를 영원히 간직하는 것이다.

앙겔로풀로스로부터

그리스 시인 알렉산더는 병이 깊어지자
생의 마지막 순간은 요양병원에서 보내고 싶지 않았습니다.
그는 평생 탐구했던 19세기 시인 솔로모스의 흩어진
시어(詩語)를 찾아 여행을 떠납니다.

그는 우연히 알바니아에서 그리스 국경을 넘어 온
난민 소년을 만납니다.

소년은 노래 한 곡을 부릅니다.

"길 잃은 작은 새, 낯선 곳에서 떨고 있구나.
운이 좋아, 그 누군가가 날 안아주었네.
내 사랑의 보람, 코폴라 한 송이."

"코폴라?"

작은 꽃이라는 시어입니다.
가까이 있지만 소중함을 모르는 가치의 깨달음입니다.

소년은 두 번째 단어를 알려줍니다.

"세르띠니."

떠도는 사람이라는 뜻입니다.
어느 한 곳에 머물지 못하고 방황할 수밖에 없는
존재의 깨달음입니다.

소년은 시인 알렉산더 곁을 떠나면서
세 번째 단어를 말합니다.

"아르가디니."

너무 늦었다는 뜻입니다.
시간의 깨달음입니다.

코폴라는 작은 꽃,
세르띠니는 떠돌아다님,
아르가디니는 너무 늦었다.
사랑은 가까이 있지만
아름다움을 모르는 작은 꽃이고,
부유하는 것이며,
그것이 사랑이라는 것을
깨달았을 때는 너무 늦습니다.

시인 알렉산더에게 아내는 작은 꽃이었습니다.
알렉산더는 죽은 아내의 생일 때 함께 춤추었던
해변에서 아내의 환상을 봅니다.

아내에게 묻습니다.

"내일 할 일 있소? 내일… 내일이란 뭐지?"

아내가 답합니다.

"내일은
영원하고도 하루."

테오 앙겔로풀로스 감독의 영화
〈영원과 하루〉를 보고

9장

비눗방울의 상처

사랑은 받으려고만 하면 그 사랑은
오히려 더 가난해진다. 반대로
사랑은 주면 줄수록 더 크게
성장할 수 있다.
그러나 나의 모든 것을 받아들일 수 있는
누군가가 존재해야 한다.
다만 나의 모든 것을 주고도
언제나 잃기만 한다면, 그것은
사랑을 주는 것이 아니라 나 자신을
상실하고 있는 것이다.

생텍쥐페리(Saint-Exupéry)

〈포옹하는 커플〉

트리스탄과 이졸데

트리스탄과 이졸데의 전설은 12~13세기에 널리 알려졌다.* 두 사람의 비극적 사랑은 중세 연애문학을 대표한다. 사랑의 열정과 죽음은 《로미오와 줄리엣》, 《젊은 베르테르의 슬픔》, 《영주의 애인》 등 수많은 문학작품들로 이어졌다. 이 전설을 바탕으로 만들어진 문학과 예술작품들은 비극적 종말을 통해서 사랑이란 얼마나 고통스러운 일인가를 보여준다.

트리스탄이라는 이름은 프랑스어로 '슬픈 시련'이라는 뜻이다. 트리스탄은 영국 서남부 콘월의 왕인 마르케의 조카이다. 마르케 왕은 프랑스 파르메니에의 왕인 리발린과 친분이 있었다. 리발린 왕은 마르케 왕의 여동생인 블랑셰블루트(하얀 꽃의 의미)와 사랑에 빠진다. 두 사람은 행복한 결혼생활을 했지만, 적의 속임수에 빠져 리발린 왕은 살해당한다. 임신한 왕비 블랑셰블루트는 슬픔 때문에 심장이 화석처럼 굳어 트리스탄을 낳자마자 세상을 떠났다.

트리스탄은 어려서부터 기구한 운명의 손에 농락되었으나 마침내 마르케 왕의 기사가 되었고 그의 후계자로 선정된다. 그는 어려서부터 학술

---

* 〈트리스탄과 이졸데〉는 아일랜드의 전설로 알려져 있으며 여러 판본들이 전해진다. 여기서는 가장 많이 알려진 고트프리트 폰 슈트라스부르크가 1210년경에 쓴 〈트리스탄과 이졸데〉의 줄거리를 따랐다. 슈트라스부르크는 이 작품을 미완성으로 남겼다. 브르따뉴의 토마스나 아일하르트 등도 트리스탄과 이졸데 이야기를 썼으며, 이 작품을 바탕으로 바그너는 〈트리스탄과 이졸데〉라는 유명한 악극을 쓰기도 했다.

과 무예에 뛰어났으며 시가와 예술까지 출중하여 왕의 신임이 두터웠다. 트리스탄은 마르케 왕을 위하여 아일랜드 왕의 형인 모롤트와 벌인 전쟁에서 승리한다. 그러나 상대방의 칼에 묻은 독으로 불치의 상처를 입는다. 트리스탄의 상처를 치유할 수 있는 유일한 사람은 아일랜드의 왕비였다. 트리스탄은 악사로 신분을 감추고 궁궐에 들어가 상처를 치료했고, 공주인 이졸데에게 음악을 가르친다.

트리스탄을 시기한 일파가 그의 왕위 계승을 방해할 목적으로 마르케 왕에게 결혼을 권유한다. 마르케 왕은 아일랜드의 공주 이졸데에게 구혼할 것을 결정했고, 구혼의 사자(使者)로 트리스탄이 지명된다. 당시 아일랜드에는 거대한 용이 백성들을 괴롭히고 있었는데, 왕은 용을 죽이는 자에게 자신의 딸인 이졸데와 결혼할 수 있게 해주겠다고 공표한 바 있었다. 트리스탄은 용의 심장을 두 동강냈으나 치명적인 상처를 입고 쓰러진다. 이졸데는 트리스탄이 부상으로 사경을 헤맬 때 그를 정성스럽게 간호한다. 이졸데는 트리스탄의 무기를 살펴보다가 자신의 삼촌 모롤트를 죽인 자가 트리스탄이라는 사실을 알게 되지만, 이졸데는 차마 트리스탄을 죽이지 못한다.

마르케의 청혼이 받아들여지고, 트리스탄은 이졸데 공주와 함께 바다를 건너 마르케가 있는 영국으로 향한다. 그러나 두 사람은 배 안에서 사랑의 묘약을 함께 나눠 마시는 실수를 저지른다. 사랑의 묘약은 이졸데의 어머니가 신혼부부를 위해서 준비한 것이었다. 두 사람은 순식간에 걷잡을 수 없는 사랑의 감정에 사로잡힌다.

이졸데는 마르케 왕과 결혼했지만 트리스탄과의 사랑을 잊지 못한다. 두 사람은 왕을 속이고 애정관계를 지속하다가 결국엔 발각되고 만다. 트리스탄은 간신히 도망쳐 각지를 방황하던 끝에 아룬델 나라의 요펠린 공(公) 휘하에 머무르며 큰 공을 세운다. 요펠린 공의 딸 이름은 공교롭게도 이졸데였다. 그녀는 '하얀 손의 공주'라고 불린다. 그녀의 이름은 '금발의 이졸데'와 같았기 때문에 트리스탄은 한층 더 그리움에 휩싸인다.

(슈트라스부르크의 원고는 여기서 끝난다. 작품이 완성되기 전에 그가 세상을 떠난 모양이다. 아일하르트 작품의 결론을 추가하면 다음과 같다.)

트리스탄은 하얀 손의 이졸데와 결혼하지만 여전히 금발의 이졸데를 잊지 못한다. 어느 날 트리스탄은 전장에서 심각한 부상을 입는다. 그 상처는 금발의 이졸데만 치료할 수 있었기 때문에 급히 사자를 보낸다. 금발의 이졸데가 어머니로부터 마법의 약을 만드는 방법을 배웠기 때문이다. 만일 금발의 이졸데가 트리스탄의 청을 받아들여서 배를 타고 온다면, 그 배에 하얀 돛을 달 것이고, 그녀가 그 배를 타지 않으면 까만 돛을 달고 오기로 약속한다.

질투심에 빠진 하얀 손의 이졸데는 하얀 돛의 배가 오는 것을 보고 까만 돛의 배라고 트리스탄에게 거짓말을 전한다. 절망에 빠진 트리스탄은 더 이상 참지 못하고 그 자리에서 죽는다. 배를 타고 달려온 금발의 이졸데도 트리스탄의 죽음으로 슬퍼하다가 그 옆에서 세상을 떠난다.

사랑은 왜 아픈가

트리스탄과 이졸데의 이야기를 이렇게 길게 늘어놓은 이유는 이들의 이야기는 사랑이 왜 고통스러운지 잘 보여주고 있기 때문이다.

우선 사랑은 운명적이라는데 있다. 트리스탄이 금발의 이졸데를 만난 것은 운명이었다. 그가 모롤트(이졸데의 백부(伯父))를 죽이고 칼에 묻은 독으로 큰 상처를 입었을 때, 치료를 위해 만난 사람이 이졸데였다. 그녀가 없었다면 트리스탄은 고통으로 죽었을 것이다(정확히 말하면, 이졸데의 어머니가 만든 묘약으로 트리스탄이 치료되었다).

트리스탄은 용을 죽이고 그 증거로 용의 혀를 잘랐는데, 용의 혀에서 뿜어져 나온 독으로 늪지대에 쓰러졌다. 그때 그를 구한 사람도 역시 이졸데였다. 이졸데는 죽음 앞에 있던 트리스탄을 두 번이나 구했다. 이보다 더 한 운명적 만남이 있을까. 이졸데는 트리스탄이 자신의 백부를 죽였다는 사실을 알게 되었음에도 불구하고 운명적 사랑에 이끌렸다.

두 사람이 운명적인 사랑을 인정하고 받아들였다면, 그 운명이 깨졌을 때 느끼는 고통은 말로 표현할 수 없었을 것이다. 대부분의 사람들은 사랑하는 사람과 운명적으로 만났다고 생각한다. 만일 내가 그 시간에 그곳을 가지 않았다면, 사랑하는 사람을 만나지 못했을 것이라고 상상하기 때문이다. 일종의 운명 결정론인 셈이다.

사랑의 묘약은 왜 사랑이 고통스러운가를 보여주는 상징이다. 사랑은 개인의 의지를 넘어서는 문제이다. 내가 잊고 싶다고 해서 잊혀지는 것도 아니고, 사랑하지 않겠다고 해서 사랑하지 않을 수 있는 것도 아니다. 왜냐하면 사랑을 하면 마치 묘약을 마신 것처럼, 스스로 억제할 수 없는 감정에 빠져들기 때문이다.

사랑에 빠진 사람은 열정의 과도함을 제어할 수 없다. 열정이라는 영어 단어는 passion인데, 또 다른 의미는 고통 혹은 수난이다. 성경에서는 예수의 수난을 의미하기도 한다.[1] 열정은 능동적 행위인 것처럼 보이지만,

로젤리오 에구스퀴자(Rogelio Egusquiza), 〈트리스탄과 이졸데〉, 1910

트리스탄과 이졸데 전설은 사랑의 고통을 그려낸 원형적인 이야기다. 두 사람은 제어할 수 없는 과도한 열정에 빠지고, 운명론적 사랑은 비극으로 끝난다. 죽음으로 완성되는 사랑의 이야기는 이후 수많은 작품들로 이어졌다.

누군가로부터 이끌려지는 강력한 힘이라는 측면에서 수동적 정신상태이기도 하다. 과도한 열정은 이성과 신중함으로부터 멀리 떨어져 있는 것이다.

질투와 의심은 사랑을 고통스럽게 만든다. 질투는 보편적인 경험이지만, 연인에게 애착불안이 있거나 관계 의존도가 높은 사람에게 심각하게 나타난다. 질투는 자존심과 정체성과도 깊이 관련되어 있다. '하얀 손의 이졸데'는 결혼 이후에도 트리스탄이 '금발의 이졸데'를 사랑하고 있다는 것에 강한 질투를 느꼈다. 자존심과 자신의 존재감이 무너졌기 때문이다. '하얀 손의 이졸데'가 가졌던 질투는 충분히 이해할 수 있다. 왜냐하면 결혼은 평생 서로만 사랑하겠다는 믿음의 약속이기 때문이다.

질투가 없다면 사랑이 아니다. 내가 주변에 친하게 알고 있는 사람이 다른 누구를 사랑한다고 하면 축하해주지 질투를 느끼지는 않는다. 그것은 사랑이 아니라 우정이기 때문이다. 이 세상의 모든 종족은 성적으로나 감정적으로 상대방을 독점하려고 애쓰며, 문화의 차이에 관계없이 모든 인간은 질투를 느낀다. 질투는 두려움이나 분노처럼 '인간 보편성'의 일부이자 인간의 유전자에 새겨진 감정이다.

질투는 세 가지 증상으로 나타난다. 먼저 질투는 참기 힘든 육체적 고통을 일으키는데, 견뎌 낼 수 있는 한에서 가장 고통스러운 아픔이다. 그 다음으로 질투는 전염병이나 병든 세포처럼 저절로 그 크기가 커진다. 끝으로 질투는 근질거리는 가려움을 가져온다. 가려워서 자꾸 긁기 때문에 피부에 상처가 생기고, 상처가 생기기 때문에 자꾸 긁게 된다. 의심을 하면 할수록 점점 더 확증을 찾으려 하고, 찾으면 찾을수록 점점 더 발견하게 되며, 발견하면 할수록 점점 더 의심하게 된다.[2]

진화심리학의 관점에서 볼 때, 질투는 유의미한 진화의 결과로 유전자의 자기보존 노력이라고 할 수 있다. 즉 남성의 경우 다른 사람의 자식인지도 모른 채 부양하는 위험을 줄여주며, 여성의 경우 남성의 부양 능력이 다른 여성에게 옮겨가지 못하도록 막아준다는 것이다. 이런 해석이 맞다면 남성은 여성의 성적 외도를 두려워해야 할 것이고, 여성은 남성의 감정적 외도를 조심해야 할 것이다. 이렇게 생각한다면 질투는 객관적이지 못한 사랑의 시조(始祖)인 셈이다.[3] 물론 이것은 진화심리학의 논리이다. 남성이나 여성과 관계없이 성적 외도뿐만 아니라 감정적 외도로 느끼는 질투는 보편적인 것이다.

사랑이 고통스러운 이유는 상상의 투사(投射) 때문이다. 트리스탄은 '하얀 손의 이졸데'를 알게 되면서 더 고통스러웠을 것이다.* 이름이 같은 여인을 보면서 '금발의 이졸데'에 대한 상상적 투사가 더 깊어졌을 것이기 때문이다. 사랑을 하고 있는 과정에서 상상의 투사는 행복과 만족감을 부여하지만, 그렇지 않을 경우 슬픔이 자리 잡는다. 금발의 이졸데는 트리스탄에게 상상으로만 남아 있다. 그녀의 육체가 곁에 없기 때문이다. 사랑의 고통은 이별의 경험에 바탕을 두고 있기도 하지만 자신의 경험 속에서 이별에 더 많은 의미를 부여함으로써 커져간다.

사랑의 가장 두드러진 특징은 배타성에 있다. 운명적인 만남, 질투, 의심, 상상의 투사 등도 모두 배타성으로부터 비롯된다. 내가 사랑하는 사람이 나 아닌 다른 사람을 사랑한다고 느꼈을 때 이 배타성은 깨진다. 내

---

* 아마도 트리스탄이 가장 고통스러웠던 순간은 '하얀 손의 이졸데'가 거짓말로 전한 검은 돛을 단 배가 오고 있다는 말을 들었을 때일 것이다. 자신의 믿음이 순식간에 깨져버렸기 때문이다.

가 사랑하는 사람은 나 이외에 어떤 사람도 사랑해서는 안 된다고 생각하는데, 이것은 자연스러운 사랑의 소유욕이다. 그러나 상대를 내 안으로 가둔다고 해서 사랑의 불안이 해소되는 것은 아니다.

사랑하는 두 사람이 이별을 하게 되면 서로에게 상처로 남는다. 하나의 흥미로운 사실은 남자와 여자가 이별 이후에 받는 상처의 정도가 다르다는 것이다.

남자는 여자보다 더 쉽게 사랑에 빠지고, 관계가 깨졌을 때도 더 오랫동안 그 사랑을 가슴 속에 간직한다. 대개의 경우 사랑이 끝났을 때 먼저 털고 일어나는 쪽이 여자이며, 그것이 끝났을 때 더 오랫동안 고통 받는 쪽이 남자다. 연애의 실패를 비관하며 자살을 선택하는 쪽은 여자보다 남자가 세 배나 더 많았다. 여자들은 여자 특유의 논리적 사고방식에 따라 하나의 사랑이 끝났다는 사실을 비교적 쉽게 받아들이고 자신의 생활을 재조직한다. 그러나 남자들은 그렇게 쉽게 체념하지 못하고 사랑의 실패를 되새기며, 실패의 원인이 어디에 있는가, 자기가 무엇을 잘못했는가, 무슨 말을 잘못 말했을까 하고 반문한다.[4]

여자는 현실적 사랑, 소유적 사랑, 친구 같은 사랑을 많이 하는 반면, 남자는 낭만적 사랑을 하는 경향이 있다. 낭만적 사랑이 갖고 있는 열정 때문에 남자는 끝난 사랑에서 쉽게 빠져나오지 못한다. 그러나 다른 한편으로 보면, 여성이 남성보다 친밀감을 형성하는데 더 뛰어나기 때문인지도 모른다. 사랑이 깨졌을 때 여성은 다른 사람과 (사랑이 아니더라도) 나누는 친밀감을 통해서 이별의 슬픔을 남자보다도 더 잘 완화시키는 것이 아닐까 싶다.

사랑의 고통은 두 사람 사이의 관계에서 비롯된다. 이것은 두 사람의 심리적 측면에서 사랑이 왜 아플 수밖에 없는가를 설명해준다. 그러나 에바 일루즈는 두 사람의 심리적 관계를 넘어 사회적으로 현대의 사랑은 아플 수밖에 없다고 주장한다. 현대사회의 조건 아래에서 개인의 자아는 상처받기 쉬운 연약함에 빠져 있다. 사랑을 둘러싼 제도들은 사랑에 대한 심적 고통을 강화시킨다.[5]

예를 들어, 사랑의 결과물 중 하나인 결혼 제도가 많이 바뀌었다. 과거에는 두 사람을 이어주는 완충작용(종교적 성향, 같은 계급출신, 가족의 보호 등)이 존재했지만, 현재에는 갈등이 발생했을 때 온전히 두 사람이 해결해야 한다. 서로를 이어주는 사회적 완충기제가 매우 약하게 작용하기 때문에 사랑의 실패로 인한 고통은 개인 스스로 떠안게 된다.

상대를 선택하는 과정도 더 복잡해지고 있다. 선택의 자율성은 높아졌지만, 그 선택이 잘못되었을 때 자아의 부족함 탓으로 돌려야 한다. 상대를 선택하는 폭이 넓어짐으로써 더 좋은 사람을 만날 것이라는 기대감을 저버리지 못한다. 이것은 현재의 사랑을 불안한 상태로 이끄는 원인이 되기도 한다.

사랑의 약속은 가족이나 공동체 등의 감시 없이 두 사람 사이에서 이루어지기 때문에 예전보다 더 쉽게 흔들리는 것도 사실이다. 사랑하는 두 사람의 애정관계는 언제라도 끝날 수 있다는 전제에서 이루어진다. 이것은 현대의 사랑에서 보여지는 주요한 특징이다. 때문에 관계지속에 대한 불안감은 높아진다.

현대사회에서 개인적 자존감을 지키는 일은 매우 중요하다. 사랑은 상대에게 인정받고 싶어 하는 개인의 열망을 잘 드러내는 영역이다. 개인화된 사회에서 사랑의 감정을 통한 자존감 획득은 '자아인정'이라는 점에서 매우 가치 있는 일이다. 자아인정은 상대를 인정할 뿐만 아니라 자신도 상대로부터 인정받는 것이다. 자아인정은 상호작용을 통해서 가능하다.

우리는 사랑을 통해서 자아의 독특한 개성과 가치를 부단히 인정하고 인정받아야한다. 그러나 문제는 자신의 고유한 가치를 추구해나가는 개인화의 과정에서 서로를 인정하고 인정받는 일은 쉽지 않다는데 있다. 그만큼 사랑은 쉽게 무너질 수 있는 토대에서 형성되기 때문에 상처를 주기 쉽다.

자아인정

독일의 여성감독 도리스 되리의 영화 〈파니 핑크〉는 공항 검사원으로 일하는 29세 파니 핑크가 사랑을 찾아가는 이야기이다.* 〈파니 핑크〉의 원제목은 '아무도 나를 사랑하지 않아'인데 자아인정으로서 사랑을 다루고 있다. 사랑을 하는 것도 고통스러운 일이지만, 사랑을 하지 못하고 있는 것도 힘들기는 마찬가지다.

영화는 파니 핑크가 배우자를 소개하는 결혼정보업체 하모니 연구소 카메라 앞에서 자신을 소개하는 장면부터 시작한다. 파니 핑크는 곧 서른 살을 앞두고 있고 4년 전에 애인과 헤어진 이후 쭉 혼자 지냈다. 파니 핑

* 영화 〈파니 핑크〉에 대한 철학적 탐색으로 김용규의 《영화관 옆 철학카페》 4장 〈파니 핑크: 사랑을 얻는 비법〉을 읽어볼 것을 추천한다. 김용규는 파니 핑크가 자기보존 본능, 자기애, 대상애 등을 내포하는 에로스를 통해서 죽음을 향한 본능인 타나토스를 어떻게 극복하고 있는가를 깊이 있게 논의한다.

크는 카메라를 보면서 "나 자신조차도 날 사랑하는 건 힘든 것 같아요"라고 말한다. 그녀는 성당으로 가서 "잘 생길 필요 없어요. 키도 나이도 상관없어요. 담배나 술 안 하고 의료보험만 보장되면 돼요. 이게 너무 큰 바람인가요?"라고 성모마리아 앞에서 묻는다.

오늘날 사랑하지 못한다는 것은 열등감을 불러일으킨다. 내가 너무 보잘 것 없는 존재가 아닐까 하는 감정, 자신은 누구에게도 소중한 존재가 아니라는 생각은 자존감을 무너뜨린다. 이것은 자신의 외모, 성적 매력, 경제적 능력 등에 대한 불만으로부터 나오기도 한다. 다른 사람과 사랑하지 못하고 있다는 사실 자체는 한 개인에게 고통을 안겨준다.

왜 파니 핑크가 사랑을 하고 싶어서 안달났는지 충분히 이해가 된다. 사람은 사랑을 통해서 자신의 자존감과 자기인정을 얻고 싶어 하기 때문이다. 사랑이야말로 내가 살아야 하는 진정한 이유인 셈이다. 파니 핑크가 사랑을 찾기 위해서 하는 일은 두 가지이다.

하나는 "나는 강하다. 나는 아름답다. 나는 똑똑하다. 나는 사랑하고 사랑받는다"라는 자기 주문을 거는 것이다. 또 하나는 '죽음을 배우는 모임'에 가서 죽음을 체험하는 것이다. 이 모임의 참가자들은 얼굴에 비닐봉지를 쓰면서 죽음의 순간을 느끼고, 자신의 관을 직접 제작하며, 실제로 관 속에 들어가 무덤에 묻히는 것까지 경험한다. 영화 속에서 파니 핑크가 죽음을 체험하는 이유는 삶에 대한 열망 때문이다.

파니 핑크가 사는 아파트에는 종말론을 기다리는 여인도 살고 있다. 그녀는 종말이 오면 자신은 구원을 받을 것이라고 믿고 있으며, 그때에 대비해서 항상 옷을 깔끔하게 차려 입고 다닌다. 그러나 파니 핑크가 '죽음을 배우는 모임'에서 죽음을 체험하는 것과 종말론을 기다리는 여인의 행위는 매우 다르다. 종말론자들은 '지금의 나'를 버리는 자이고 현실을 저주하는 자이다. 반면 파니 핑크는 죽음의 체험을 통해서 현재를 사랑하는 법을 배우고자 한다.

파니 핑크는 아파트 엘리베이터에서 우연히 오르페오라는 점성술사를 만난다. 그는 나이트클럽 가수이면서 게이이고, 방송진행자와 사랑에 빠졌다가 헤어진 상태였다. 오르페오는 몇 달치 집세를 내지 못하고 있으며 건강도 많이 나빠져 있었다. 오르페오는 아파트에서 쫓겨나 파니 핑크의 집에 잠시 머무르게 되는데, 파니 핑크에게 점을 쳐주면서 그녀가 곧 사랑을 얻게 될 것이라고 말한다.

> 잔을 봐. 반이 찼어? 비었어? 반이 비었어. 봐 그게 문제야. 없는 것이나 불가능한 것, 잃어버린 것에 대한 불평, 항상 부족해하는 마음. 이미 많은 걸 가지고 있잖아. 일, 집, 가족, 좋은 피부색, 대체 뭘 더 바래?
>
> 겁 내지마. 과거는 죽음 뒤에 있는 뼈 같은 거야. 미래는 네 앞에 있는 너의 모습이고. 과거와 미래는 항상 이와 함께 하면서 가끔 너와 대화할 거야. 네가 원하는 무언가를 약속하면서 말이야. 하지만 그 말 듣지 마. 계속 앞으로 걸어가. 그리고 시계는 차지 마. 항상 몇 시인지 알려고 하니까. 항상 '지금'이란 시간만 가져. 알겠지?
>
> 누구를 위해서 한 번 이라도 희생해 본 적 있어? 항상 자기 생각만 하지. 사랑 받고 싶어 안달하면서.
>
> －〈파니 핑크〉 중에서

오르페오가 사랑을 갈구하는 파니 핑크에게 해주는 말은 세 가지이다. 첫째는 사랑을 찾기 위해서는 항상 자신이 부족하다고 생각하는 마음을 버리라는 것이다. 자신을 인정하고, 자존감을 세울 때 사랑이 찾아온다.

둘째는 '지금'에 대한 소중함이다. 과거는 죽음 뒤에 있는 뼈와 같은 것이므로 존재하지만 생명력을 갖고 있지 않다. 미래는 앞에 있는 시간이므로 불확실하다. 지금의 시간을 소중히 생각하는 것만이 사랑을 찾는 방법이다.

셋째는 사랑 받고 싶어 안달하지 말고 사랑을 주라는 것이다. 사랑은 받는데서 오는 것이 아니라 주는데서 찾을 수 있다.

오르페오의 조언을 통해서 파니 핑크는 자신의 문제가 무엇인지를 깨닫는다. 파니 핑크는 병들어가는 오르페오를 진심으로 간호하고, 아무런 대가 없는 헌신적 사랑(우정)을 보낸다. 오르페오가 떠난 다음 날 아침 파니 핑크는 공원에 있는 나무에 박쥐처럼 매달려 자신의 삶을 거꾸로 바라본다. 이 상징적 행위는 파니 핑크가 과거의 자신에서 완전히 바뀌었다는 것을 보여준다.

파니 핑크는 아파트 이웃 사람들을 초대해서 즉흥 파티를 연다. 사랑을 받아야 한다고 믿는 마음에서 벗어나 사랑을 주는 마음으로 변화한 것이고, 지금 주변에 있는 사람의 소중함과 긍정적 사고를 통해서 스스로 자아인정을 한 것이다.

사랑하지 못하고 있다는 것은 고통스러운 일이지만, 그것에서 벗어나는 길은 자아인정이라는 일종의 자기애이다. 이기심과 자기애는 매우 다르다. 이기심은 타인을 배척하면서 자신만을 사랑하는 것이라는 점에서 자기파괴적 심리현상이다. 내가 타인을 사랑하는 것이 아니라 타인이 나를 사랑해야 한다고 믿는 집착이기도 하다. 이런 측면에서 보면, 이기심은 능동적 행위 같지만 사실은 수동적 태도이다.

프롬은 "사랑은 주는 것이지 받는 것이 아니며, 능력의 문제이지 대상의 문제가 아니다"라고 말한다. 사랑받기 때문에 사랑하는 것이 아니라 사랑하기 때문에 사랑받는 것이다. 사랑은 주는 것이므로 주는 능력의 문제가 된다.[6] 자신을 사랑하는 것이나 타인을 사랑하는 것은 모두 주는 능력이다. 이런 측면에서 보면 사랑의 대상은 이상적으로 존재하는 것이 아니라, 주는 사랑의 능력을 발휘하는 과정에서 존재한다.

비눗방울의 사랑

심리학자 버리스는 사랑을 비눗방울로 비유한다. 어린 시절 비눗방울을 만들었을 때를 회상해보자. 수많은 비눗방울이 허공에 떠돈다. 하나의 비눗방울이 홀로 떠 있는 것도 있고, 두 개가 서로 붙어 있는 것도 있으며 두 개의 비눗방울이 합쳐져서 하나의 방울이 되기도 한다. 버리스는 두 개가 서로 붙어 떠 있는 비눗방울을 이타적 사랑이라고 말하고, 두 개가 합쳐져서 하나의 비눗방울이 되는 것을 열정적 사랑으로 비유한다. 이타적 사랑은 상대방과 분리된 자아개념을 갖는다. 마치 하나의 비눗방울이 다른 비눗방울과 붙어 있지만 하나가 되지 않는 것처럼.[7]

버리스가 사랑을 비눗방울에 비유하는 이유는 이타적 사랑을 설명하기 위해서였다. 그는 이타성과 관련된 실험에서 많은 사람이 곤경에 처한 사람들을 만났을 때, 그 사람과 일체감을 느낀다고 주장한다. 부모 자식의 관계가 아니어도 다른 사람의 아픔을 함께 경험하고 아파한다는 것이다.

버리스의 비눗방울을 통해 좀 더 확대해서 생각해볼 수 있다. 허공에 떠다니는 비눗방울은 그 자체로서 아름답다. 비눗방울들은 햇빛을 받으면 보석처럼 다양한 빛을 내면서 신비로움을 자아낸다. 두 개의 비눗방울이 허공에서 만났을 때 하나가 되어 더 큰 비눗방울이 되기도 한다. 비눗방울은 하나가 될 수 있지만, 그렇다고 두 사람의 자아가 하나가 되는 것은 아니다. 커다란 비눗방울 안에 두 개의 자아가 있는 것이다.

문제는 여기서 발생한다. 비눗방울처럼 완벽히 하나가 될 수 있다면, 사랑에는 아무런 문제가 없지만, 별개의 두 자아를 유지하면서 하나의 커다란 비눗방울이 되었을 때 두 자아 사이에 갈등이 일어난다. 언젠가 비눗방울이 허공에서 터지는 것처럼, 두 사람은 마음의 상처를 입고 헤어지기도 한다.

비눗방울이 터지는 것은 어느 한 순간이다. 사랑도 수많은 순간이 쌓여서 누적되었다가 어느 날 갑자기 폭발하며 터진다. 그때 우리는 감정적 파멸을 경험한다. 에로스가 '삶을 향하는 아름다운 본능'이라면 타나토스는 '죽음이나 파멸을 향하는 본능'인데 사랑은 바로 두 가지를 모두 포함한다.[8] 사랑의 경험은 결핍에서만 나오는 것이 아니고, 고통에서만 오는 것도 아니다. 결핍은 충만으로, 다시 충만은 결핍으로, 고통은 기쁨으로, 다시 기쁨은 고통으로 오고 간다. 사랑을 하면 두 개의 비눗방울이 합쳐져서 더 큰 비눗방울을 만들어 가득함을 주지만, 비눗방울이 터질 땐 공허함을 낳기도 한다.

사랑은 가벼우면서도 무겁고, 탄생이면서 죽음이기도 하다. 그러나 사랑이 깨졌다고 해서 타나토스의 자기파괴적인 경험에 빠지는 것은 적절하지 않다. 트리스탄과 이졸데의 이야기는 죽음을 통한 영원성을 보여주는 아름다운 전설일 수 있지만, 거꾸로 말하면 에로스를 극복하지 못한 채 타나토스에 빠져버린 것으로 해석할 수도 있다.

고통은 우리가 살아있음을 확인해주는 지표이다. 고통이 없다면 우리는 더 이상 살아 있는 것이 아니다. 우리 몸에 종기가 나서 붉게 부풀어 오르면 고통을 느낀다. 그러면 병원에 가거나 약을 먹어 고통을 치유한다. 내 몸에 고통이라는 신체적 반응이 없다면, 그 종기는 더 커져서 견딜 수 없는 상황까지 초래할 것이다. 고통이 있으므로 우리는 그 고통을 치유할 수 있다. 사랑도 마찬가지이다. 사랑에 고통이 있으므로 그것은 치유될 수 있다.

롤랑 바르트로부터

부재(不在),
하지만 부재에는 항상 그 사람의 부재만 있을 뿐이다.
떠나는 것은 그 사람이며,
남아 있는 것은 나 자신이다.

그 사람은 끊임없이 출발,
여행의 상태에 있다.
그의 천직은 철새,
사라지는 것이다.

반대로,
그를 사랑하고 있는 나의 천직은
칩거하는 것,
움직이지 않는 것,

그 사람의 처분만을 기다리며
자리에서 꼼짝하지 않는,
마치 역 한구석에 내팽개쳐진
보따리처럼 유보된 채
고통 속에 머물러 있을 뿐이다.

사랑의 부재는 일방통행이다.
그것은 남아 있는 사람이 말할 수 있는 것이지,
떠나는 사람이 말할 수 있는 것은 아니다.
항상 이 자리에 존재하고 있는

나는
부재 중인 너 앞에서만 내 자신이 된다.

ONE WAY

그러므로

부재를 말하는 것은

남아 있는 나의 자리와 떠나간 너의 자리가

교환될 수 없음을 인정하는 것이다.

그리고

그것은 내가 사랑하는 것만큼

사랑받지 못한다는 의미다.

롤랑 바르트, 《사랑의 단상》, 2004, 30~31쪽

10장

타자의 경계 넘기

지배가 있는 곳에
사랑이 들어설 자리는 없다.

벨 훅스(Bell Hooks)

페르난도 보테르(Fernando Botero), 〈자매들〉, 1969

절대적 타자

시몬 드 보부아르는 "여성은 절대적 타자"라고 말한다. 절대적 타자로서 여성은 여자로 태어나는 것이 아니라 여자가 된다는 것이다. 이것은 여성성이 사회적으로 구성된다는 의미다. 여자라는 존재 자체가 사회적 과정 속에서 내면화가 되어왔기 때문이다. "여성답게 행동하시오"라거나 "아름다운 여성"이라는 것은 사회문화적으로 만들어진 용어이다. 보부아르는 생물학적 성별 개념에서 벗어나 사회적으로 구성되는 젠더 개념을 강조한다.

보부아르에게 여성의 신화는 타자성의 신화다. 남성은 여성을 지배하는 규범과 가치를 만들어왔지만, 여성을 이해하지는 않았다. 보부아르는 교회가 여자를 남자의 부속물임을 인정하는 가부장제 문화를 만들어왔으며, 여자는 남자에게 순종하는 하녀가 됨으로써 축복받은 성녀가 되었다고 주장한다.

성모 마리아가 대표적인 예라는 것이다. "성모 마리아는 죄지은 여인 이브와는 반대의 모습이다. 이브가 원죄의 중개자였다면, 성모는 구원의 중개자이다… 선(善)에 바쳐진 여자는 순결해야 한다. 그녀는 누구에게도 정복되지 않은 완벽한 형태로 여성적인 요소를 간직해야만 한다. 마리아가 아내로서의 성격을 거부한다면, 그것은 그녀에게서 '어머니인 여자'를 보다 순수하게 높이기 위해서이다. 마리아가 자기에게 할당된 종속적인 역할을 받아들여야만 찬미된다. "나는 주의 여종이로소이다" 인류 역사상 처음으로 어머니가 자기 아들 앞에서 무릎을 꿇는다. 어머니는 스스로 자신의 열등성을 인정한다. 그것이야말로 마리아 신앙에서 이룬 남성의 결정적 승리이다."[1]

이브는 유혹자, 퇴폐한 자, 타락시키는 자, 악마의 말에 귀 기울이며 세상에 최초로 죄악을 불러온 존재였다. 그때부터 여자에게 부과된 가장 중요한 임무는 속죄였다. 구원의 중개자로서 성모 마리아는 여자들에게 부과된 속죄를 벗어나게 해주었다. 그럼에도 불구하고 보부아르는 마리아에게 '육체로서의 나'가 완전히 부인되어 있다고 지적한다.

마리아는 성욕의 더러움을 지니고 있지 않은 순수한 존재이다. 그녀에게 성은 자신의 선택이 아니었다. 동시에 그녀는 아내로서의 위치도 지니고 있지 않다. 마리아는 어머니의 위치만 부여받는데, 그것도 자기 아들 앞에서 무릎을 꿇음으로써 스스로 자신의 열등성을 인정한다. 마리아의 정신은 아들의 정신적, 종속적 역할을 받아들였기 때문에 여성으로서 처음으로 찬양받는 지위를 부여받았다.

보부아르의 관점을 그대로 받아들이기 어려운 지점들도 적지 않다. 우선 보부아르는 여성이 타자화되고 사회적으로 구성될 수밖에 없는 이유로 여성의 육체성을 강조한다. 여성이 지니는 월경, 임신, 출산, 양육, 모성 등이 여성을 억압하는 족쇄라는 것이다. 보부아르가 출산과 모성을 비판적으로 본 이유는 그것을 통해서 여성이 가부장제 안으로 편입되기 때문이다. 출산이라는 여성의 창조적 능력을 지나치게 폄하한 것이나 모성을 가부장제의 매개자로 본 것은 모성의 의미를 축소시킨 것이다.

보부아르는 '여자되기'의 한계를 비판했지만, 그녀가 '남자되기'를 추구했다는 점에서 여전히 남성중심적 관점에서 서 있다. 여성의 육체가 억압되어 있다면, 여성이 육체적 억압에서 벗어나 창조적 주체가 되는 것이 가능한지 의문을 제기할 수 있다. 더욱이 보부아르는 여성을 자연, 타자, 자유의지가 박탈된 존재로 보고, 남성을 문화, 주체, 자유의지를 지닌 초월적 존재로 바라보는 것은 지나친 이분법적 사고로밖에 볼 수 없다.

비록 실존주의자이면서 무신론자인 보부아르의 관점을 받아들이기는 어렵다고 하더라도 그녀가 던진 질문들은 현재에도 의미있다. 페미니즘을 성차별주의와 그에 근거한 착취와 억압을 종식시키는 운동이라고 정의한다면, 우리 사회뿐만 아니라 대부분 사회에서도 제도화된 성차별주의가 굳건하게 자리 잡고 있기 때문이다. 페미니즘이 동등한 권리를 추구하는 운동이기 때문에 그것은 남녀의 문제이기도 하지만 평등, 정의와 같은 인간 보편의 문제임에 틀림없다.

여성이 절대적 타자의 위치에 놓여 있는 한 사랑은 존재할 수 없다. 사랑은 지배가 있는 곳에 있는 것이 아니기 때문이다. 사랑은 주체와 객체, 존재와 대상 사이에서 발생하는 것이 아니라 차이의 경계를 넘어서 존재한다.

성(性)과 성(聖)

고대 시대 여성의 성(性)은 성스러웠다. 생명의 창조는 가장 신비로운 일이기 때문이다. '위대한 어머니(magna mater)', 대모신의 숭배는 보편적이었다. 인간이 섹스를 통해 생명을 창조하듯이, 섹스는 자연의 생명력을 증진시킨다고 믿었다. 섹스는 생명을 창조하는 성스러운 행위였기 때문에, 고대 시대 풍요제에서 섹스와 여성은 의례의 중심이었다.

농경시대에 들어오면서 여성의 지위는 하락하기 시작했다. 여성은 노동력을 생산하는 부족의 소유물로 여겨졌다. 여성은 교환 가능한 소유물, 훔칠 수도 있는 소유물이 된 것이다. 생명출산의 주체로서 여성 숭배는 폄하될 수밖에 없었다.

만물의 창조자는 여성이 아니라 신이 되었다. 어머니 신은 창조와 모든 것을 감쌌지만, 아버지 신은 명령하고 원칙과 법칙을 수립했다. 남성 신은 여성 신을 압도했다. 신을 만물의 창조자로 상상한다면 만물을 창조하는 신은 당연히 생명을 잉태하는 여성으로 상상할 수밖에 없다. 따라서 창조주를 남성으로 상상하게 되었을 때, '생명을 잉태하는 남성'이라는 이미지는 도무지 이치에 맞지 않고 어색했을 것이다. 여성과 달리 남성의 몸은 아이를 생산할 수도 없고, 아이에게 먹일 젖을 만들어낼 수도 없기 때문이다. 그래서 신과 인간의 관계는 추상화되고, 소외되며 멀어지고 도덕적으로 변모하게 되었다.

이제 신은 절대적으로 선하고 완벽하며, 인간은 사악하고 결함이 있어야 했다. 신은 물질을 초월하여 순수한 영혼이어야 하고, 땅에 속한 인간은 불결한 몸에 불과해야 했다. 섹스는 불결한 '몸'의 일이므로 금지의 대상이 되었다.[2]

가부장제도는 여성을 성애적 대상으로 바라보는 편향을 확장시켰다. 여성의 적극적인 성적 욕구는 금기시되었고, 여성의 성은 남성의 성을 만족시키기 위해 존재해야 했으며, 여성은 성적 주체가 아닌 성적 대상이 되었다. 종교 역시 마찬가지였다. 마리아는 성적 순결성의 이상화를 보여주어야 했기 때문에 처녀여만 했다. 육체는 악한 것이고 죄와 관련되어 있다고 생각되었기 때문에 육체적 쾌락과 개인적인 사랑은 극도로 억압되었다.

중세 교회의 가르침은 성과 관련해서 갖가지 금지 사항으로 가득했다. 11세기 독일의 교회법 학자인 부르하르트가 쓴 《법령집》에 따르면, "그대는 주일에 아내와 결합하지 않았는가. 만약 그랬다면 그대는 나흘 동안 빵과 물만 먹는 고행을 해야 한다… 그대는 크리스마스 전 20일 동안, 매주 일요일, 법에 따라 정해진 모든 재일(齋日), 12사도의 탄생기념일, 주요 제례일, 만약 그대가 이런 날 순결을 지키지 않았다면 40일 동안 빵과 물만 먹는 고행을 해야 할 것이다." 신앙심이 두터운 부부가 이런 온갖 금기를 정말로 충실히 지켰다면 1년 중 그들이 섹스할 수 있는 날은 90일 남짓이 된다. 게다가 월경, 임신, 출산 직후 등은 여기서 다시 빼야 한다.[3] 그렇다면 부부가 섹스할 수 있도록 허락된 날은 1년에 채 40일도 되지 않는다. 아무리 신앙심이 두터웠다고 하더라도 이와 같은 법령을 당시 부부들은 잘 따랐다고 보기는 어려울 듯하다.

적어도 가부장제와 종교는 여성을 개별인격체로 바라보지 않았다. 여성의 욕망과 의지를 인정하지 않은 것이다. 더욱이 여성의 욕망은 음란함으로 규정되면서 여성의 섹슈얼리티는 박탈되었다. 가부장제의 입장에서 보면, 가부장의 재산을 후손에게 전달하기 위해서 여성은 아들을 낳아야만 존재의미를 지녔다. 후손은 반드시 남편의 자손이어야 하기 때문에 여성의 부정은 받아들여질 수 없었다. 여성이 낳은 후손이 자신의 자손이라는 것을 과학적으로 증명할 수 없었기 때문에 여성의 성은 억압되었다.

여성의 섹슈얼리티는 가부장제와 종교라는 두 가지 축에서 구성되어 왔다. 섹슈얼리티가 성적 욕망, 성정체성 그리고 성 표현을 의미한다면,

섹슈얼리티의 세 가지 구성요소들은 성차별적 요소에 의해서 규정되어왔다. 억압되고 규율화되어 온 여성의 성적 욕망으로부터 여성의 몸에 대한 자율성(성의 자기결정권, 임신선택의 자율성 등)이 해방되어야 하는 것은 분명하다. 이것은 여성의 몸을 대상화하는 모든 관점으로부터의 탈피를 의미한다. '여성다움'에 대한 정의와 관습에서 벗어나는 것도 필요하다.

과거에 규정되어 온 성 편향에서 벗어나서 여성의 성이 갖고 있는 성(聖)스러움을 회복하는 일은 여성의 몸과 욕망을 원위치로 돌리는 일이다. 그것은 여성을 개별인격체로 바라보는 출발점이기도 하다. 상대를 개별적 인격체로 바라보지 않는다면, 사랑은 애초부터 불가능한 일일 뿐이다.

자매애

에리히 프롬은 사랑의 유형으로 형제애, 모성애, 성애, 자기애, 신에 대한 사랑 등을 제시한다. 형제애는 동등한 자들의 사랑이고, 모성애는 무력한 자에 대한 사랑이다. 반면 성애는 형제애나 모성애와 대조적으로 다른 한 사람과 결합하고자 하는 갈망이다. 자기애는 자아에 대한 사랑이면서 다른 존재에 대한 사랑과 불가분의 관계를 맺고 있으며, 신에 대한 사랑은 진리와 정의에 대한 사랑이다.

프롬은 형제애를 모든 형태의 사랑 바탕에 놓여 있는 것으로 인식한다. 형제애는 책임, 보호, 존경, 다른 사람에 대한 지식, 다른 사람의 생명을 촉진하려는 소망 등을 포함한다. 이것은 성서에서 네 이웃을 네 몸처럼 사랑하라고 말하고 있는 것과 같은 종류의 사랑이다. 그러므로 형제애는 모든 인간에 대한 사랑이고, 이 사랑의 특성은 배타성이 없다는 것이다.[4] 프롬이 말하는 형제애는 자매애의 다른 표현이다. 자매애는 동등한 자 사이의 사랑이다.

동등한 자 사이의 사랑은 자매애라는 말보다는 형제애라는 말로 사용되어왔다. 자매애는 역사적으로 형제애에 비해 관심의 대상이 되지 못해왔는데, 그것은 지난 수천 년 동안 우정에 대한 대부분의 기록이 오직 남자들만의 이야기였기 때문이다.

성경에 나오는 가장 아름다운 자매애 중의 하나는 마리아와 엘리사벳의 만남이다. 예수의 어머니와 세례 요한의 어머니가 만나는 함축적인 이야기는 숭고한 자매애를 보여준다. "마리아가 일어나 빨리 산중에 가서 유대 한 동네에 이르러 엘리사벳에게 문안하니 엘리사벳이 마리아의 문안함을 들으매 아이가 복중(腹中)에서 뛰노는지라 엘리사벳이 성령의 충만함을 입어 큰 소리로 불러 가로되 여자 중에 네 복이 있으며 네 태중의 아이도 복이 있도다(〈누가복음〉1:39~42)."

동정녀 상태에서 임신한 마리아는 고령임에도 불구하고 임신한 엘리사벳을 찾아가서 석 달 동안 함께 지낸다. 이는 대천사 가브리엘이 나이가 많아 아이를 배지 못할 것 같던 엘리사벳도 이미 임신한 지 여섯 달이나 되었다는 것을 알렸기 때문이다. 마리아는 약혼한 지 얼마 되지 않은 10대 후반 정도의 나이였을 것이고, 엘리사벳은 임신하기 힘든 나이였다는 것을 고려하면 적어도 50대는 넘지 않았을까 추측할 수 있다. 두 여인은 임신을 통해서 서로를 받아들이는 숭고한 자매애를 만들어나갔고, 하나님에 대한 사랑으로 확장시켰다.

그러나 이 같은 자매애는 20세기에 오기까지 제대로 발전하지 못했다. 메릴린 옐롬과 테리사 브라운은 중세 독일 수녀원들로부터, 16세기 잉글랜드의 '가십들(gossips)'*과 17세기 영국과 귀족계급 여성, 미국의 서부 개척자 여인들을 통해서 자매애를 추적했지만, 그녀들은 자매애가 남자들의 이야기 밖에 희미하게 존재했을 뿐이라는 점을 인정했다.[5]

1960년대 후반 페미니즘 운동이 확대되면서 자매애는 '여성들 간의 정치적 연대'를 의미했다. 1970년대 초 '자매애는 강력하다'라는 모토가 등장했고, '개인적인 것은 정치적인 것'(여성으로서, 아내로서, 어머니로서 남성 중심적 가치를 거부하는 일상생활의 실천들)이라는 담론이 확산되었다. 자매애는 혈연이나 결혼으로 맺어지지 않았다고 하더라도 형제자매 사이의 애정과 의리를 가지고 서로를 대하는 것을 내포했다. 자매애는 과거 친자매 사이의 관계를 가리키거나 좀 더 확장되어 종교 교단에 속한 여성들을 나타냈던 단어였지만, 이제는 같은 경험과 이해와 관심사를 공유하는 모든 여성을 지칭하는 것이 되었다. 거시적으로 보면, 프롬이 말하는 '형제애'와 유사한 의미였지만, 자매애라는 말 자체가 함축하듯 여성의 연대와 정치성이 강조되었다.

그렇다고 해서 자매애가 여성들의 연대와 공동체 의식을 확산시킨 것만은 아니었다. 흑인 페미니스트들은 자매애가 가지고 있는 은폐의 요소를 비판했다. 자매애라는 이상은 '공통된 억압'이라는 개념에 바탕을 두

* 16세기 가십은 오늘날처럼 무가치한 잡담이나 뜬소문 같은 의미가 아니라 부유한 부인들 사이의 우정과 관계를 의미했다.

었지만, 흑인 페미니스트들은 '공통된 억압'에 동의하지 않았다. 왜냐하면 백인 여성들은 흑인 여성을 차별하고 억압해왔기 때문이다. 공통된 억압이라는 개념은 여성들이 처한 다양하고 복잡한 사회현실의 본질을 위장하고 속이는 잘못된 강령이라는 것이다.[6]

흑인 페미니스트인 벨 훅스 등은 백인 자유주의 페미니즘 운동에 매우 비판적이었다. 벨 훅스는 자매애를 부르주아 백인 여성들이 자신의 이익을 위해서 감정적으로 호소하는 것으로 받아들였다. 백인 여성들이 흑인 여성을 착취하고 있음에도 불구하고 공통된 억압을 바탕으로 자매애를 주장하는 것은 위선이라는 것이다. 백인 여성들은 흑인 여성들과 동일한 '희생자'의 위치에 있지 않기 때문에 같은 희생자의 자격으로 연대를 맺기 어렵다는 주장이다. 백인 자유주의 페미니스트들은 오직 남자만이 적이라고 주장하면서 성차별, 인종차별, 계급차별을 유지하고 영속하도록 역할을 맡았던 책임에서 회피될 수 없다는 것이다.

흑인 페미니스트들에게 자매애는 인종주의에 기반한 성차별을 은폐하고 위장하는 백인 페미니스트들의 이데올로기에 불과하다고 주장함으로써 폐기해야 할 단어가 되었다. 그러나 자매애가 가난한 흑인 여성들을 희생시켜 백인 여성들의 이익을 취하도록 하는 것이 아니라, 계급과 인종 등에 기반하여 나타나는 모든 차별에 반대하면서 동등한 자에 대한 사랑을 의미한다면, 그것은 여전히 의미있는 용어다.

영화 〈바그다드 카페〉는 인종을 넘어선 자매애를 보여준다. 독일 여성 야스민은 남편과 여행 중에 싸운 후 사막에 혼자 남겨진다. 야스민은 무거운 트렁크를 들고 사막을 걸어가다가 낡은 카페와 주유소를 운영하는

〈바그다드 카페〉(퍼시 애들론 감독, 1987)

독일 백인 여성 야스민은 사막의 도로에서 남편과 싸운 후 혼자 남게 된다. 그녀는 여행 트렁크를 들고 낡은 바그다드 카페로 간다. 카페와 주유소 주인인 흑인 미국 여성 브렌다는 지친 일상으로 힘들어한다. 야스민은 손수건으로 땀을 닦고, 브렌다는 눈물을 닦는다. 두 여성은 '공통된 경험'을 공유한다. 〈바그다드 카페〉는 포용적 자매애와 생명을 불어넣는 모성애를 함께 보여준다.

신경질적이고 깡마른 흑인 브렌다를 만난다. 브렌다는 무기력한 남편과 자식들 때문에 삶에 지쳐 힘겨운 일상을 보낸다.

야스민과 브렌다는 외면적으로 보면 매우 다르다. 야스민은 독일계 백인이고 뚱뚱하며 아이를 낳은 적도 없다. 그렇지만 관대한 마음과 배려, 친밀감을 만들어내는 능력을 가지고 있다. 반면 브렌다는 깡마른 흑인 미국인이며 매사 신경질적 반응을 보여주며 남편, 철없는 딸 필리스, 미혼부인 아들 살라스의 문제로 늘 골머리를 앓고 있다.

라스베이거스로 가는 네바다주 사막에 있는 바그다드 카페는 버려진 장소이다. 그곳은 어떤 생명이 없는 죽은 장소였지만, 야스민이 도착하면서 새롭게 변해간다. 야스민은 사람들 사이의 관계를 회복시킨다. 브렌다의 딸 필리스에게 다양한 의상을 보여주며 친밀해지고, 평균율을 연주하는 살라스의 음악을 경청하며, 극장 간판을 그렸던 콕스에게는 화가로서의 열망과 자신감을 불어넣어 준다. 야스민은 주변에 있는 대부분 사람에게 아무런 조건 없이 가깝게 다가가는 '포용적 자매애'를 보여준다.

〈바그다드 카페〉에서 '포용적 자매애'는 여성 간의 연대를 넘어 다른 이들 특히 사회적 약자와 소수자들 모두와의 포괄적인 연대를 의미한다. '포용적 자매애'는 현지인과 이방인, 미국인과 독일인, 흑인과 백인의 연대이기도 하다. 이들은 민족, 인종, 국가를 넘어 '여성'이라는 공통분모로 연대할 수 있었다. 더욱이 이들은 부유하는 남성들도 포용한다.[7]

야스민과 브렌다가 보여주는 '포용적 자매애'는 바그다드 카페를 생명의 장소로 탄생시킨다. 바그다드 카페는 웃음과 활기를 찾는다. 트럭 기사들은 바그다드 카페의 마술쇼를 라스베이거스 마술쇼보다도 재미있어 한다. 바그다드 카페는 손님들도 북적거린다. 야스민과 브렌다가 보여주는 진정한 마술은 카페에서 벌이는 쇼가 아니라 황폐함과 무기력에 빠진 바그다드 카페를 생명의 장소로 바꾸었다.

쇠락한 장소였던 바그다드 카페는 새로운 공동체가 되고, 집은 회복되며 생명의 장소가 된다. 트럭을 타고 부유하는 자들에게는 오아시스와 같은 쉼터가 되기도 한다. 야스민의 '모성애'가 카페에 생명력을 부여한 것이다. 모성애는 단지 자식 사랑이 아니라 생명을 키우는 힘과 창조력을 의미한다.

타인의 영접

《아직도 가야 할 길》의 저자인 스캇 펙은 사랑을 명확하게 정의한다. 그에게 사랑은 "자기 자신이나 혹은 타인의 정신적 성장을 도와줄 목적으로 자기 자신을 확대시켜 나가려는 의지"[8]다.

그는 사랑의 목적을 정신적 성장으로 보았다. 사랑은 자신을 확대시켜 나가는 진화의 과정이면서 동시에 타인의 성장도 이끌어가는 것이다. 내가 누군가를 사랑한다는 것은 '의지의 행위'이다. 사랑이 의지의 행위라면, 사랑은 선택하는 것이다. 그렇다면 우리는 사랑에 빠지는 것이 아니라 사랑하기로 선택하는 것이 된다. 스캇 펙은 사랑을 본능으로 간주하는 것이 아니라 선택하는 의지로 본 것이다. 이것은 감정이나 느낌보다는 의지와 실천에 주목하는 것인데, 프롬도 이와 유사하게 사랑을 욕망 자체가 아니라 의지의 행위로 보았다.

우리가 사랑을 자신이나 타인의 정신적 성장을 이끄는 의지로 이해한다면, 타인에게 상처를 주거나 혐오하면서 사랑한다고 말할 수는 없을 것이다. 사랑과 증오는 함께 할 수 없다. 그러나 '절대적 타자'에서 보듯이, 타자화를 통한 폭력은 여전히 진행 중이다. 역사는 언제나 동일성을 위협하는 타자를 배제하면서 타자를 인정하지 않아왔다. 타자의 이질성, 다름을 제거하면서 폭력이 행사되어왔다.

보부아르가 여성을 '절대적 타자'로 보았다는 것은 남성은 '절대적 주체'였다는 것이다. 근대 철학의 주체 중심적 사고는 적지 않은 불행을 초래해 왔다. 문명과 야만을 구분하는 제국주의나 오리엔탈리즘 그리고 인종문제를 바탕으로 가해지는 폭력 등이 모두 타자를 용인하지 않음으로써 나타난 비극이다. 젠더 문제 역시 마찬가지다. 젠더 문제는 농경사회 이후부터 끊임없이 유지되어온 전체성(동일성)의 사고였다. 여성은 보부아르가 말한 대로 절대적 타자의 위치에 있었기 때문에 언제나 객체화된 존재였다.

이제 우리에게 필요한 것은 새롭게 타자를 바라보는 관점이다. 현대철학에서 타자의 윤리학을 제기한 레비나스에 따르면, '타자는 나와 가까이 있지만 내가 아닌 존재, 주체에게 종속될 수 없는 무한한 존재'다. 타자는 전체성으로 동화될 수 없으며, 환원되지도 않는다. 타자를 동일자로 환원시키려는 많은 시도가 폭력(아우슈비츠 유대인 학살이 대표적인 예다)이 되었던 것처럼, 타자로서 여성을 남성의 영역 속으로 끌어들이려는 시도(가부장제)와 관점도 폭력임에 틀림없다.

> 오직 타인에 접근함으로써만 나는 나 자신에 참석한다. 타자들에 대한 사유 속에서 반영되는 객관적 실존, 또 내가 보편성, 국가, 역사, 전체성 속에서 헤아려지게 하는 객관적 실존은 나를 표현하는 것이 아니라 은폐한다. (타자에 대한) 관심은 타자의 지배력을 인정하는 것이고, 그의 명령을 받아들이는 것, 더 정확히 말해 명령함의 명령을 타자에게서 받아들이는 것이다. '물 자체'로서의 나의 실존은 내 안의 무한관념이 현전함과 더불어

시작된다. 이때 나는 궁극적 실재 속에서 나를 찾는다. 그러나 이 관계는 이미 타인에게 봉사하는 데서 성립한다.

– 레비나스, 《전체성과 무한》, 265쪽

레비나스가 주장하는 타자의 윤리학은 타인을 영접하고 손님으로 받아들이는 것이며, 자신보다 타자의 중요성을 깨닫는 것이다. 자아 밖의 타자를 인정하고 받아들임으로써 윤리적 연대감을 추구하는 것이기도 하다. 윤리학은 존재론(존재에 관한 질문)이 아니라 마땅히 존재해야하는 것에 대한 행위규범이나 의무 혹은 책임에 대한 것이다. 따라서 타자의 윤리학은 타자의 다름을 인정하고 타자의 외재성으로 향해가야 한다는 의무나 책임을 담고 있다.

레비나스의 타자론을 받아들인다면, 나는 '타자를 위한 존재'가 된다. 나의 존재 의미는 타자와 그의 미래에 나의 중심이 있기 때문이다. 이와 같은 언술은 젠더 문제에 쉽게 적용해 볼 수 있다. 여성이든 남성이든 내가 타자를 위한 존재라면, 타자 역시 나를 위한 존재가 될 수밖에 없다. 이렇게 보면, 이제 타자로서 여성은 더 이상 객체화되거나 대상화된 존재가 아니다. 남성은 주체이고 여성은 타자라는 주장은 유용하지도 않다. 남성과 여성은 주체일 수 있으며, 동시에 타자일 수도 있다. 각각은 주체이면서 타자인 셈이다. 그러므로 내가 주체이든 타자이든 나의 혼란스러운 세계를 메워주는 존재는 내 안에 있는 것이 아니라 내 밖에 있다.

레비나스의 타자론은 여성과 관련해서 논란을 초래하기도 한다. 레비나스의 사유가 남성적 관점을 취하고 있기 때문이다. 레비나스는 "아이의 미래가 도래하기 위해서는 여성인 타인과의 만남이 필요하다. 이런 미래와의 관계를 우리는 번식성이라고 부른다"[9] 고 주장한다. 이 말은 에로스(사랑)는 번식성(혹은 출산성), 즉 자식을 낳음과 연결되어 있으며, "아버지됨 속에서 자아는 해방된다"는 것이다. 어쩌면 여성이 남성의 초월을 위한 수단으로 받아들일 수 있는 것으로 해석될 여지가 적지 않다. 나는 번식성, 자식성에 대한 부분은 레비나스의 오류라고 생각한다.

그러나 전체적인 측면에서 보면, 레비나스의 철학은 그동안 페미니즘이 비판했던 부분 — 여성을 절대적 타자*로 대상화함으로써 가부장제의 전체성 안으로 끌어들이고, 동화될 수 없는 경험과 감성조차 동화시키려고 하는 지배 — 을 거부하면서 타자의 윤리학을 제시하고 있다.

레비나스는 서양의 주체중심적 철학이 보여주었던 전체성이나 동일성의 논리로부터 벗어나서 나와 가까이 있지만, 내가 아닌 무한한 존재이면서 나의 중심에 있는 존재로서의 타자를 영접하고 받아들여야 한다는 점을 강조하고 있다. 이 같은 레비나스 철학의 인식론은 페미니즘에 새로운 지평을 제공한다. 왜냐하면 레비나스는 페미니스트들이 찾고자 했던 근본적인 타자의 목소리를 보여주고 있기 때문이다.

---

* 보부아르가 말하는 '절대적 타자'와 레비나스가 지칭하는 '절대적 타자'는 완전히 다른 용어이다. 보부아르는 주체(남성)에 의해서 종속되고 배제되며 자유의지가 박탈된 존재로서 여성을 절대적 타자로 불렀지만, 레비나스는 주체가 대상화할 수 없는 미지의 존재, 종속되거나 환원될 수 없는 무한한 존재를 '절대적 타자'로 인식했다.

안토니아스 라인으로부터

일레곤다

역사는 부성계보학의 기록이었다.
종교도 마찬가지다. 아브라함이 이삭을 낳고 이삭은 야곱을 낳고
야곱은 유다와 그의 형제를 낳듯이.

그러나 안토니아스 라인은 모성계보학을 보여준다.
일레곤다가 안토니아를 낳고
안토니아는 다니엘을 낳고
다니엘은 테레사를 낳고
테레사는 사라를 낳는다.

안토니아

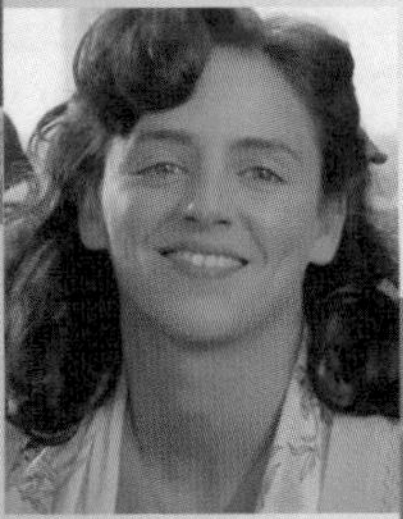

다니엘

테레사

사라

〈안토니아스 라인〉에서 반복적으로 등장하는 장면은
안토니아가 광활한 대지에 씨앗을 뿌리는 것이다.
여성은 자연의 주체이고
생명의 근본임을 보여준다.

자연은 더 이상 정복의 대상이 아니다.
자연은 생명의 원천이고
여성은 창조의 주체이다.

새로운 가족이 올 때마다
틀 앞에서 모두 함께 식사를 한다.
가족은 더 이상 핏줄로 한정되지 않는다.
파계한 신부, 이방인, 장애가 있는 사람들도
모두 가족이 된다.
가족은 공동체이고
이것이 모성이다.

안토니아는 늙은 당나귀를 타고 가면서
증손녀 사라의 질문에 답한다.

"영원한 것이 없다는 게 슬프지 않아요?"
"그래서 많은 게 존재하지"
"크룩 핑거 아저씨랑 마을 사람들은
어디로 간 거죠?"
"크룩 핑거 아저씨 시신은 화장해서
대지에 뿌렸단다. 영원히 죽는 것은 없어.
항상 무언가는 남는단다.
또 새로운 것이 생겨나기도 하고.
그렇게 생명이 시작되지.
어디서 시작되는지도 모르고,
왜 존재하지도 모르는 채로."
"왜요?"
"생명체는 살아가기를 원하거든."

11장

또 하나의 사랑

내가 가노라. 경계를 뛰어넘어 그대에게로,
결합의 이 순간에 환희를 느끼며 지금
이곳에 있기 위하여.
마침내 나는 자유롭다.
여자도 남자도 아닌 내가 여기 있나니,
우린 하나로 합쳐져 하나가 되었네.
인간의 얼굴로.

지미 서머빌(Jimmy Somerville)

쿠르베(Courbet), 〈잠자는 여인들〉, 1866

물병자리가 된 가니메데스

그리스 신화에 나오는 트로이 왕자 가니메데스는 꽃미남이었다. 가니메데스가 얼마나 아름다웠던지 제우스가 첫눈에 반할 정도였으니까. 제우스는 가니메데스가 평원에서 양 떼를 모는 풍경을 보고 그 빼어남에 넋을 잃었다. 독수리로 변신한 제우스는 가니메데스를 납치하여 올림포스 궁정으로 데리고 와서 시중을 들게 했다. 문득 제우스는 가니메데스라 해도 언젠가는 아름다움이 사라질 것이라는 생각이 들었고, 고민 끝에 가니메데스의 아름다움이 사라지지 않도록 그를 밤하늘의 별로 만들었다. 가니메데스는 물병자리가 되어 우주에 떠 있다.

이 신화는 여러 가지 의미로 해석될 수 있는데 그중 하나는 동성애다. 제우스가 여성과 남성 이전에 아름다움을 먼저 발견한 것인지, 아니면 가니메데스에게 남성적 아름다움을 먼저 발견한 것인지 알 수 없지만, 가니메데스를 궁정으로 데려왔다는 것은 성적 관계를 함의한다.

그리스 시대에 동성애는 상류층 남성의 관습이었다. 정복 전쟁이 많았던 그리스에서 장군들이 전쟁에 나갈 때, 여자를 데리고 갈 수 없었기 때문에 미소년과 동행하면서 성적 욕구를 해소했다. 이런 행위는 그리스 지배층에서 자연스럽게 받아들여졌기 때문에 도덕적으로 비난받지 않았다. 그리스 시대에 사랑은 '주는 것'이라는 인식이 있었다. 여기서 '준다는 것'은 상류층에 속하거거나 부유한 남성이 미소년이나 여성에게 사랑을 베푼다는 뜻이었다. 상류층 남성은 미소년이나 여성에게 사랑을 줄 수 있는 자격을 갖추었다고 여겨져서 동성애(소년애)가 허용되었다.

반면 하류층이나 가난한 남성에게는 동성애가 허용되지 않았다. 그들은 사랑을 줄 자격을 갖지 못했기 때문이었다. 여성에게도 동성애는 허용되지 않았다. 여성은 사랑을 주는 자가 아니라 받는 자라고 간주되었기 때문이다. 이런 측면에서 보면, 그리스 시대 동성애는 지배계급과 젠더 이데올로기가 결합된 산물이다.

《삼국유사》 권2 기이2에는 원성왕대 사미(승녀) 묘정(妙正)에 대한 기록이 나온다. 사미 묘정은 금광정(金光井)에서 자라가 준 구슬을 지니고 있었는데 왕의 사랑을 받았다. 왕은 묘정을 사랑하고 소중히 여겨 내전에 맞아들여 좌우에서 떠나지 못하게 하였다. 이때 당 사신으로 가게 된 사람도 묘정을 보고 사랑하여 같이 가기를 청하니 왕이 허락했다.

당의 황제도 묘정을 보고 사랑하게 되었다. 이때 관상을 보는 사람이 황제에게 아뢰기를 "이 사미는 한 군데도 길한 상이 없는데 남에게 신뢰와 존경을 받으니 틀림없이 이상한 물건을 갖고 있습니다"라고 하였다. 황제가 사람을 시켜 몸을 뒤져보니 허리띠 끝에 조그만 구슬이 있었다. 황제가 구슬을 빼앗아 두고 그를 돌려보냈더니, 그 뒤로 이 사미를 사랑하는 이가 없었다.

왕이 묘정을 사랑해서 가까이 두었고, 당나라로 떠나는 사신도 좋아했으며, 당 황제도 사랑에 빠졌다. 이것은 분명히 동성애를 묘사한 것이다. 아마도 신라 시대에 동성애는 조선 시대에 비해서 상대적으로 느슨한 잣대로 바라보았던 것 같다. 일연이 《삼국유사》를 썼던 고려 시대에도 성에 대해서 엄격하지 않았던 것 같다. 그렇지 않다면 승려인 일연이 동성애에 대한 내용을 담아내는데 주저했을 것이기 때문이다.

가니메데스 신화와 묘정 기록이 동성애를 완전히 받아들인 것이라고 해석할 수는 없다. 왜냐하면 제우스는 가니메데스를 항시 자기 곁에 둔 것이 아니라 밤하늘의 별로 만들었기 때문이다. 물론 영원한 아름다움을 보기 위해서라고 하지만, 여러 명의 아내도 있던 제우스가 계속 가니메데스를 옆에 두기에는 부담스러웠기 때문이 아니었을까 싶다.

묘정 이야기도 마찬가지다. 묘정이 동성애를 불러일으킨 것은 구슬, 곧 여의주를 갖고 있었기 때문이다. 동성애를 정당화하는 매개체가 구슬인 셈이다. 왕이나 황제가 묘정을 사랑한 이유는 구슬의 신비스러운 효험 때문으로 정당화한 것이다. 동성애는 여전히 물병자리가 된 가니메데스처럼 우리의 일상에서 멀리 떨어져 있고 배제되어 있다.

배제된 사랑

동성애 이야기는 고금을 막론하고 어디에나 있다. 이슬람 문화에서조차 동성애 이야기가 있다. 《천일야화》에도 동성애는 세 번이나 나온다. 그러나 동성애는 대부분 증오나 처형의 대상이었다. 이슬람 문화에서 동성애자는 사형에 처하고, 중세 기독교 법률도 동성애자는 거세, 화형, 추방을 당했다. 로마 시대에도 동성애는 '비자연적인 것'이라는 이유로 불법이었으며, 불결한 죄로 사형이나 화형이 선고되었다.

르네상스 시대에 동성애는 처벌받았지만, 귀족들 사이에서 널리 퍼졌다. 미켈란젤로나 레오나르도 다빈치도 '소도미'로 기소되었는데, 이것은 동성애를 했다는 혐의였다. 다빈치는 스물 네 번째 생일을 맞이하기 일주일 전 세 명의 젊은이들과 피렌체 법원에 소환되어 동성애자 여부 조사를 받았다. 1476년 6월 7일에는 다시 소환을 받아 단기간이지만 구금까지 당했다.

《성경》은 동성애를 가히 증오할만한 것으로 기록한다.

> 이로 인하여 하나님께서 저희를 부끄러운 욕심에 내버려두셨으니 곧 저희 여인들도 순리대로 쓸 것을 바꾸어 역리(逆理)로 쓰며, 이와 같이 남자들도 순리대로 여인 쓰기를 버리고 서로 향하여 음욕이 불일 듯 하매 남자가 남자로 더불어 부끄러운 일을 행하여 저희의 그릇됨에 상당한 보응(報應)을 그 자신에 받았으니라.
>
> – 로마서, 1:26~27

사도 바울은 "여인들도 순리대로 쓸 것을 바꾸어 역리로 쓰며, 남자들도 서로 향하여 음욕이 불일 듯하고 남자가 남자로 부끄러운 일을 행하고", "탐색하는 자나 남색하는 자(고린도 전서, 6:9)"는 하나님의 나라를 유업으로 받지 못한다고 적고 있다. 여기서 탐색하는 자는 수동적 동성애자를, 남색하는 자는 적극적 동성애자를 의미한다. 사도 바울은 당시 로마 시대의 동성애로 인한 성적 질서의 문란함을 경고한다. 동성애는 순리(順理)가 아니라 증오할만하고 수치스러우며 부끄러운 역리(逆理)라는 것이다.

스탠튼에 따르면, 기독교의 스토리는 창조-타락-구원-영광으로 이어지는데, 이것은 창조에서 출발해서 타락을 인식하고 구원에 동참하는 것이다. 하나님의 창조 사역에는 하나님의 의도가 있다. "하나님 창조의 의도대로 성적 결합이 두 사람을 결혼 안에서 하나의 삶으로 만드는 것이며, 결혼 안에서 창조의 하나 됨에 참여하는 것"[1] 이다. 하나님이 우리를 창조하신 것과 마찬가지로 결혼을 통해서 하나님과 하나가 되는 창조의 즐거움을 경험하는 것이 하나님의 의도다. 동성애는 하나님이 성에 대해서 기대하는 바를 생산하지 못하는 것이며, 하나님의 의도대로 성이 사용되지 않는 것이다.

동성애와 관련해서 여러 가지 논점이 제기될 수 있다. 왜 국가는 성인 시민의 성생활에 관여하는가가 첫 번째 질문이다. 동성애와 관련해서 국가가 동성결혼이나 동성의 애정관계에 어떤 방식으로 개입하는 것이 적절한가 의문을 제기할 수 있다. 한 시민의 성적 취향과 성적 선택은 국가의 영역이 아니라 사생활의 영역이기 때문이다.

둘째, 과연 동성애는 반사회적 행위이거나 비자연적 행위인가에 대한 질문이다. 반사회적이라는 것은 전통적인 이성애를 기초로 동성애가 성적 타락을 초래하고, 가족의 가치를 파괴하며 사회질서를 무너뜨린다는 것이다. 이에 대한 반론도 제기된다. 동성애는 인간에 대한 또 하나의 사랑이므로 성적 타락으로 보는 것은 적절하지 않고, 가족을 혈연관계로만 보는 것도 지나치게 전통가치에 빠지는 것이다. 오늘날 가족은 혈연관계에만 의존하는 것은 아니다. 가족의 의미를 자매애나 형제애, 혹은 공동체적 가치로 확장하는 것이 필요하다는 주장도 설득력이 있다.

동성애가 비자연적인 행위인가에 대해서도 일부 생물학자들은 반대 의

견을 제시한다. 범고래, 해마, 일본 원숭이, 침팬지 등을 포함해서 470종의 조류와 포유류도 동성애를 하기 때문이다. 조안 러프가든은 동성애가 번식과 관계없이 진화적 용도도 있다고 생각한다. 만일 진화가 번식에만 관심이 있다면 동물의 세계에서 나타나는 광범위한 동성애를 설명할 방법이 없다. 러프가든은 동성애는 이성 간의 접촉과 마찬가지로 친밀감을 높이고, 유대감을 형성하며, 공격성과 긴장을 완화시키고, 이 모든 것이 종 구성원들의 생존가능성을 높이기 때문에 진화가 동성애를 지금까지 유지시켜왔다고 주장한다.[2] 동물의 세계에서 동성애는 비자연적 행위가 아니며, 오히려 사회적 행위라는 것이다.

셋째, 성적 취향에 대한 논쟁도 제기된다. 동성애의 성적 취향은 유전자나 다른 생물학적 요인들에 의해 운명지어진 선천적인 것인가? 개인 환경의 산물인 후천적인 것인가? 두 가지 모두가 원인인가? 아니면 단순한 선택의 문제인가? 이와 관련해서 과학계에서 성적 취향이 선택의 문제(사회적으로 구성된 것)라거나 전적으로 생물학적 문제(선천적으로 타고난 것)라고 생각하는 사람은 거의 없다.

생물학자들은 유전자가 성적 취향을 결정하지는 않지만 영향을 미칠 수 있다는 결론을 내릴 뿐이다.[3] 킨제이는 많은 개인이 완전한 이성애자나 완전한 동성애자로 태어나지 않는다고 주장한다. 동성애는 본질적으로 타고나는 것이 아니라 사회적으로 구성된다는 것이다.

아감벤은 주권 권력에 의해서 배제된 호모 사케르라는 집단을 논의한다. 아감벤은 호모 사케르를 종교나 인류학적 의미에서 신성함과 양가성(순수성과 불길함을 포함하는 것)에 있는 것이 아니라, 정치적 의미로 주권 권력이 행사하는 배제와 폭력의 성격으로 이해한다. 살해될 수 있으나 희

생물로 바칠 수 없는 생명이란 주권 권력의 추방령 속에서 살아 있는 삶이므로 '벌거벗은 생명'이 된다.[4] 역사적으로 보면, 동성애는 과거부터 현재까지 '벌거벗은 생명'이다.

노희경의 드라마 〈슬픈 유혹〉은 사랑이란 성별이 중요한 것이 아니라 서로의 상처를 만져주는 것이라는 점을 그려낸다. 성별에 관계없이 사랑은 인간에게 본질이라는 것이다. 왜 동성애자가 되었냐는 문기의 물음에 준영은 다음과 같이 답한다.

문기 "넌… 왜 동성애자가 됐냐?"

준영 "당신은 왜 이성애자가 됐습니까?"

문기 "…?"

준영 "당신이 대답하지 못하는 것처럼, 나 또한 대답할 수 없는 질문입니다. 내 뜻이 아니었습니다. 지금 당신이 늙어가고, 회사에서 밀려나는 게 당신 뜻이 아니었던 것처럼."

문기 "여잘 사랑한 경험이 있냐?"

준영 "그전에도 남자라서 사랑한 경험은 없는 것 같습니다. 진우란 남잘 만나고, 경민이란 남잘 만났지만, 그 사람들이 남자라서 만난 건 아니었습니다. 당신은 당신 부인을 여자라서 만났습니까?"

문기 "…."

준영 "나는 남자를 사랑한 게 아닙니다. 내가 사랑하는 사람이 남자였을 뿐입니다.

– 노희경, 《세상에서 가장 아름다운 이별》, 309쪽

올란도

버지니아 울프의 《올란도》는 매우 독특한 소설이다. 올란도는 죽지 않고 400년을 살면서, 남성이었다가 여성으로 바뀌어 살아간다. 올란도는 엘리자베스 여왕 시대 16세 귀족 소년이었다. 엘리자베스 여왕은 소년의 여성적인 미모에 반해 영원히 늙지도 죽지도 말라고 명하는데, 여왕의 말대로 올란도는 400년을 늙지 않고 살아간다. 올란도는 약혼녀를 버리고 러시아 대사의 딸 사샤에게 반하지만 실연당한다. 올란도는 대공작으로서, 터키 대사로서, 여행자로서의 삶을 살아간다.

그러나 올란도는 7일 간의 혼수상태에 빠진 후 잠에서 깨어났는데 갑자기 여성으로 성전환을 경험한다. 완벽한 남성에서 완벽한 여성으로 다시 태어난 것이다. 그녀는 짚시의 한 사람으로서, 귀부인으로서, 문학의 후원자로서 살아간다. 그녀는 여성이 되었다는 이유로 재산을 상속받지 못한다. 1차 세계대전 이후 올란도는 자유분방한 미국인 쉘머딘을 만나 사랑에 빠진다. 올란도는 남자도 아니고 여자도 아닌 완전한 인간이 된다.

《올란도》가 그려내는 내용은 환상적이면서 기이하다. 그렇다면 왜 울프는 이런 소설을 쓰게 되었을까? 울프는 비타 색빌 웨스트라는 여성과 동성애 관계에 있었다. 울프는 어린 시절 이복 오빠에게 성추행을 당한 후 정신적 상처를 극복하지 못했다. 결혼을 했지만 남편 레너드와 원만한 성관계를 갖지 못했다. 울프가 사랑했던 웨스트가 그녀의 남편에게 쓴 편지에 따르면, 울프와 두 번 잤고 자신은 누군가를 이토록 사랑한 적이 없다고 고백했다.

《올란도》는 울프가 사랑했던 웨스트 가문의 전기(傳記)를 다룬 것이었다. 웨스트 가문의 역사를 올란도라는 하나의 인물을 통해서 그려낸 것이다. 이 소설은 울프가 웨스트에게 보내는 연애편지일 수도 있고, 웨스트에 대한 사랑과 원망의 표현일 수도 있다.

완벽한 남성에서 완벽한 여성으로 성전환되어 살아가는 올란도의 양성성이 의미하는 바는 무엇일까? 어쩌면 울프는 양성성을 그려냄으로써 남성/여성의 본질주의로부터 벗어나고 싶었던 것이 아닐까 싶다. 성은 존재하나 정해진 성은 존재하지 않는다는 것이다. 본질적이고 불변하는 자연으로서의 성이 없다는 것을 말하고 싶었기 때문일 것이다. 울프는 올란도가 깊은 잠에서 깨어나서 성전환된 상황을 다음과 같이 묘사한다.

> 그는 기지개를 켰다. 일어났다. 그는 아무것도 걸치지 않고 우리 눈앞에 섰다. 그리고 나팔소리가 진리! 진리!라고 울려 퍼지면서 명백히 알려줄 뿐이다. 그는 여자였고… 천지개벽 이래 이 모습보다 더 사람을 매혹시키는 것을 본 자는 없는 것이다. 그의 모습은 남성의 힘과 여성의 우아함이 하나로 융합된 것이었다. 올란도는 한 사람의 여성이 된 것이다. 이것은 부정할 수 없다. 그러나 이것 이외에 올란도는 이전 그대로였다. 성전환은 그다음 생애를 바꾸기는 하나 동일인이라는 것은 틀림없다.
>
> – 울프, 《올란도》, 151~152쪽

완벽한 남성에서 완벽한 여성으로 변한 자신을 보면서, 그녀는 같은 사람이고 전혀 달라진 것은 없다고 말한다. 단지 성별만 변했을 뿐이다. 결국 성별이 변했는데 같은 사람이고 달라진 것이 없다면, 성별은 변치 않는 본질이 아니다. 이것은 생물학적 성별의 차이를 거부하는 것이고, 성

테이레시아스는 맹인 출신 예언가인데 완벽한 양성성을 보여준다. 그(그녀)는 남성에서 여성, 여성에서 남성으로 성전환되었기 때문이다. 테이레시아스가 눈이 멀게 된 이유와 관련해서 두 가지 이야기가 있다. 하나는 교미하는 뱀을 죽이자 분노한 헤라가 그의 눈을 멀게 했다는 것이다. 다른 하나는 제우스와 헤라가 남성과 여성이 성관계를 맺을 때 누구의 기쁨이 더 큰가를 가지고 논쟁을 했는데, 남성과 여성 모두를 살아본 테이레시아스가 여성의 기쁨이 더 크다고 말했다. 바람을 피는 제우스의 편을 들어준 것이다. 화가 난 헤라가 그의 눈을 멀게 하자 제우스는 그에게 예언능력을 주었다.

을 고정불변의 범주로 보는 성고착화도 부인하는 것이다. 성이 고정되어 있는 것이 아니라면, 동성애도 받아들일 수 있는 근거가 된다.

6장 〈사랑의 역사〉에서 아리스토파네스의 남성-여성 결합체와 관련해서 페미니스트 정신분석학자인 크리스테바의 견해를 설명했다. 크리스테바는 남성-여성 결합체를 양성성이 아니라 혼성성을 의미한다고 주장했다. 양성은 하나의 성이 다른 쪽의 성적 특성들 중 일부를 갖고 있는 것이고, 혼성은 그 자체로 남성과 여성의 전부를 소유하는 것이다. 현실적으로 완벽한 혼성성과 양성성은 존재하지 않는다.

신화에서는 완벽한 혼성이 등장한다. 하나의 몸에 완벽한 남성과 여성을 지니는 인물은 남성-여성 결합체 인간과 신의 사자(使者) 헤르메스와 아프로디테의 아들인 헤르마프로디테다. 헤르마프로디테는 남성의 성기와 여성의 성기를 함께 지니고 있는 신이다.

남성에서 여성으로, 여성에서 남성으로 변하는 신화의 인물도 있다. 테이레시아스는 청년 시절 산책을 하다가 교미를 하고 있는 암컷과 수컷 뱀을 발견한다. 그는 지팡이로 암컷을 죽였는데 갑자기 여성으로 바뀌었다. 그녀는 7년 동안 여성으로 살면서 많은 남성과 관계를 맺는다. 그리고 다시 같은 장소에서 교미를 하는 뱀을 또 발견한다. 이번에는 수컷을 죽였더니 다시 여성에서 남성으로 성전환이 된다. 이 신화는 양성성을 말하고 있다. 그(그녀)가 성전환되었다는 사실은 성의 고정성에서 탈피했다는 것을 보여준다.

울프는 헤르마프로디테 신화나 테이레시아스 신화로부터 영감을 받아서 《올란도》를 쓴 것인지 알 수 없지만, 그녀는 본질로서의 성을 거부하고 성이 기존의 관습에 의해서 끊임없이 재생산된다는 점도 비판한다. 왜냐하면《올란도》에서 의상과 치장에 대한 내용도 적지 않기 때문이다.

"옷이 우리를 입고 있는 것이지, 우리가 옷을 입고 있는 것이 아니라는 견해… 의복이 우리의 정신과 두뇌와 혀를 그들 마음대로 지배하는 것"[5]에서 알 수 있듯이, 여성다움과 남성다움을 나타내는 것으로서 의복은 '표면적인 성차'(sexual difference)이지 '본질적인 젠더 차이'(gender difference)는 아니라는 것이다. 의상은 신분과 성별을 드러내는 수단이나 억압인 셈이다. 빅토리아 시대의 과도한 여성의상에 대해서, 인간으로서가 아니라 의상으로 대우받는 불편한 현실을 비판한다.

본질로서 성에 대한 거부는 소설이 발간되었던 1920년대 말에 파격적인 생각이었다. 물론 당시 비평가들이나 독자들은 페미니즘이나 퀴어(queer) 이론의 관점에서 이 소설을 바라본 것은 아니었다. 울프의 작품이 갖는 페미니즘의 성격은 1970년대 이후에 재해석되었기 때문이다. 그러나 울프는 1910년대 여성참정권 운동에 참여했고, 그녀의 소설은 시간이 지나면서 지속적으로 페미니즘이나 성소수자의 관심을 받고 있다.

젠더의 해체

대표적인 퀴어 이론가 주디스 버틀러는 성과 젠더의 해체를 주장한다. 그녀는 성은 존재하나 정해진 성은 존재하지 않으며, 본질적이며 불변하는 자연으로서의 성도 없고, 젠더는 구성되는 것이며 비자연적인 것이고 변화하는 것이라고 주장한다.

이런 점에서 버틀러는 보부아르가 제기했던 성과 젠더 개념을 받아들이지만, 그녀는 몇 걸음 더 나아간다. 보부아르가 '여성은 절대적 타자'라고 주장하면서 소외되고 배제되며 자유의지를 박탈당한 타자로서의 여성 지위를 규정하는 사회담론과 제도들을 강력하게 비판했던 것처럼, 버틀러도 남성과 여성의 이분법적 구분이 갖는 기존 젠더구조를 해체하면서 '또 다른 타자'인 성소수자에 대한 사회적 편향을 거부한다. 버틀러는 언어의 반복적 행위, 담론을 통해서 젠더가 수행되는 것을 해체한다.

> 젠더는 리허설을 거친 연기이고, 각본은 그것을 활용하는 특정 연기자들보다 더 오래 지속하며, 다시 한번 현실에 실현되고 재생산되기 위해 연기자를 필요로 한다.
>
> – 버틀러, 〈수행적 행위와 젠더 구성〉, 526쪽

버틀러에게 젠더는 리허설을 거친 연기일 뿐이다. 젠더는 본질적으로 존재하지 않는다는 의미다. 연기자들에게 어떻게 연기하라고 말해주는 각본은 더 오래 지속되어 살아남는다. 각본은 고정된 섹슈얼리티나 강제적 이성애 등을 의미한다. 각본은 사회적으로 이미 구성된 담론들이며, 이것들은 오랫동안 주체를 구성하는데 기여한다. 바꾸어 말하면, 연기자는 연극의 각본에 맞게 연기할 뿐이다. 연기자가 각본을 거부하기 어려운 것처럼, 사회적으로 구성된 고정된 젠더와 섹슈얼리티 규범들에서 벗어나기 힘들다.

"여성답게 행동하라"거나 "남성답게 행동해라" 등과 같은 말은 이미 '여성다움'과 '남성다움'이라는 사회적으로 설정된 규범과 관습에 맞게

행동하라는 것이다. 남자 아이나 여자 아이는 부모나 사회로부터 반복적 언어나 의례적 행위 등을 통해서 '남성다움'과 '여성다움'을 강요받고, 대부분 그것을 받아들이면서 성장한다. 그러나 버틀러에 따르면, 젠더규범과 젠더위계는 리허설을 통한 각본일 뿐이므로 재생산되는 젠더규범이나 윤리는 해체되어야 할 '행위의 양식화된 반복'일 뿐이다.

비슷한 맥락에서 버틀러가 《젠더 트러블》에서 말하고자 했던 핵심주장은 "규범적 섹슈얼리티가 규범적 젠더를 강화한다"[6]는 것이었다. 간단히 말하면, 지배적인 이성애의 틀 안에서 여자의 기능을 해야만 여자라는 것이다. 이 틀에 의문을 제기하면, 그 사람의 젠더 정체성은 의심받는다. 그렇다면 젠더가 섹슈얼리티를 구성하는 것이 아니라 섹슈얼리티가 젠더를 구성하는 것이 된다. 내가 여성이기 때문에 여성다움을 표현하는 것이 아니라, 여성다움의 표현이 그 사람을 여성이라고 말하는 것이다.

행위 이전에 행위자는 없다는 버틀러의 주장도 같은 맥락에서 이해될 수 있다. 행위를 통해서만이 행위자가 규정되기 때문이다. 생물학적으로 남성이지만 자신의 성에 만족하지 않고 이성의 옷을 입는 드래그(drag)* 는 남성으로 불릴 수 없다. 드래그는 "나의 '외적' 용모는 여성이지만, 나의 '내적' 본질(몸)은 남성이고, 동시에 역설의 의미도 가능하다. 나의 '외적' 용모(몸)는 남성이지만, '내적' 본질은 여성"[7]이기 때문이다.

어떤 사람이 생물학적으로 남성이지만 그의 행위와 태도 등은 여성성을 보여주고 있다면, 그를 남성으로 정의하기 어려운 것과 같은 이치다. 게이, 레즈비언, 트렌스젠더 등과 같은 성소수자들은 규범적 섹슈얼리티

* 드래그에는 여장 남성인 드래그 퀸과 남장 여성인 드래그 킹이 있다.

가 규범적 젠더를 강화하는 사회담론을 거부하는 사람들이다.

우리가 행동하는 바에 따라서 젠더와 섹슈얼리티가 결정된다면, 젠더는 남성과 여성 두 가지만 있는 것은 아니다. 시스젠더(cisgender), 트렌스젠더, 제3의 성, 간성(intersex)처럼 다양한 젠더들이 존재한다. 물론 대부분은 본인의 생물학적 성과 젠더 정체성이 일치하는 시스젠더에 속하지만, 그렇다고 해서 트렌스젠더나 제3의 성 등을 배제할 수 없다. 섹슈얼리티의 문제도 마찬가지다. 이성애, 동성애, 양성애, 무성애 등 다양한 섹슈얼리티가 존재하고 있기 때문에 이성애만 자연적이고 본질적인 것이라고 판단할 수 없다.

버틀러는 본질로서 간주되는 생물학적 성을 해체하고, 강제적 이성애의 규범이 성, 젠더, 섹슈얼리티를 강화하고 있다는 점에서 기존의 젠더 규범과 위계를 부정한다. 또한 젠더 문제는 어떤 성적 정체성을 갖는가와 어떤 젠더 지향성을 갖는가에 따라서 다시 규정되어야 할 문제라고 말한다. 이 같은 견해는 퀴어 이론의 토대를 구축한다.

하가시노 게이고의 《아내를 사랑한 여자》는 성정체성의 문제를 다룬다. 한 남성 스토커가 살해되었는데, 그를 죽였다고 주장하는 사람은 바텐더로 일하는 미쓰키다. 그(그녀)는 6살 아들을 둔 평범한 가정주부였지만 트렌스젠더다. 생물학적으로 여성이지만 자신의 성정체성을 남성으로 믿고 있다. 미쓰키는 결혼을 했지만, 성정체성 문제로 가출해서 바텐더로 일했다. 미쓰키의 도피를 도와주는 친구가 데쓰로인데 그는 결혼해서 아내와 살고 있다. 사실 미쓰키는 데쓰로의 아내 리사코를 처음 만났을 때부터 사랑했다.

《아내를 사랑한 여자》라는 제목은 데쓰로의 아내 리사코를 사랑하는 트렌스젠더 미쓰키를 지칭한다. 스토커를 죽인 범인은 미쓰키의 옛 연인이었던 나카오였다. 나카오는 자신의 엄마가 미쓰키처럼 성정체성의 문제로 고통에 빠져 살아왔기 때문에 누구보다 트렌스젠더의 아픔을 잘 알았다.

> 일반적인 종이는 안쪽은 끝까지 안이고 바깥쪽은 영원히 바깥이죠. 양쪽이 만나는 일은 결코 없습니다. 그러나 뫼비우스의 띠는 바깥쪽이라 생각하고 가다 보면 어느새 안쪽으로 들어가게 되지요. 즉 안쪽과 바깥쪽이 이어져 있습니다. 이 세상의 모든 사람은 뫼비우스의 띠 위에 있다고 할 수 있지 않을까요? 완전한 남자도 없고 완전한 여자도 없지요. 또한 모든 사람이 가지고 있는 뫼비우스의 띠는 하나가 아닙니다.
>
> – 히가시노 게이고, 《아내를 사랑한 여자》, 423쪽

뫼비우스의 띠는 젠더 경계의 해체를 의미한다. 게이고는 모든 사람은 뫼비우스의 띠 위에 있고, 모든 사람이 가지고 있는 뫼비우스의 띠는 하나가 아니라고 말한다. 하나의 고정된 젠더, 강요된 섹슈얼리티가 아니라 여러 가지 젠더, 여러 가지 섹슈얼리티가 있다는 버틀러의 주장과 같은 뜻이다.

무지개로부터

1969년 6월 28일
뉴욕 그리니치 빌리지에 있는
게이클럽인 스톤월 인(Stonewall Inn)으로
경찰이 급습했다.

게이들과 경찰 사이 몸싸움이
치열했다. 며칠 동안 2,000여명의
게이와 레즈비언들은 거리투쟁에
참여하면서 자유와 권리를 주장했다.
스톤월 인 사건은 게이 인권 투쟁의
계기가 되었다.

전날인 6월 27일 주디 갈랜드 장례식이 있었고,
추모행사가 진행되었다.

주디 갈랜드는 영화 〈오즈의 마법사〉 도로시로 유명해졌으며
뮤지컬 〈스타탄생〉으로 인기를 끌었지만
스스로 행복해하지 않았다.

그녀의 아버지는 동성애자였고,
영화감독이었던 두 번째 남편 빈센트 미넬리와
네 번째 남편 마크 헤론도 동성애자였다.

놀랍게도, 그녀의 첫째 딸 라이자 미넬리의 남편과
네 번째 남편 마크 헤론이 눈이 맞아 도망가기도 했다.
게이들은 스톤월 인에서 그녀를 추모했고,
그녀는 의도치 않게 게이의 아이콘이 되었다.

도로시가 〈오즈의 마법사〉에서
새로운 세상을 꿈꾸며 부르는 노래가
'무지개 너머(Over the rainbow)'다.

"무지개 너머 저 하늘 높이 어딘가에
자장가에서 예전에 들었던
아름다운 나라가 있어요.
무지개 너머 어딘가에 하늘은 파랗고
내가 꾸었던 꿈들이 정말로 이루어지는 곳이죠.
무지개 너무 어딘가에 새들이 날아다녀요.
그러나 왜, 왜, 나는 날아갈 수 없나요."

무지개는 동성애의 상징이 되었지만 무지개 너머 어딘가에
마음으로 꿈꾸면 정말로 이루어지는 곳이 있을까?
그런 곳은 없다. 그 꿈은 마음속에서만 존재할 뿐이니까.

사르트르 철학의 핵심은 존재가 본질을 앞선다는 거다.
존재는 이미 있지만, 본질은 행동으로 만들어나가라는 뜻이다.
마음이 아니라 행동으로 만들어나가는 곳에 무지개가 있다.

그러므로
무지개 너머는 행동 다음에 있다.

12장

사랑의 과학

사랑을 연구하는 것은 헤아릴 수 없는 수많은
'나' 속에 감추어져 있는
비밀스런 신들을 탐구하는 것과 같다.

벡(Ulrich Beck)과
벡 게른샤임(Elisabeth Beck-Gernsheim)

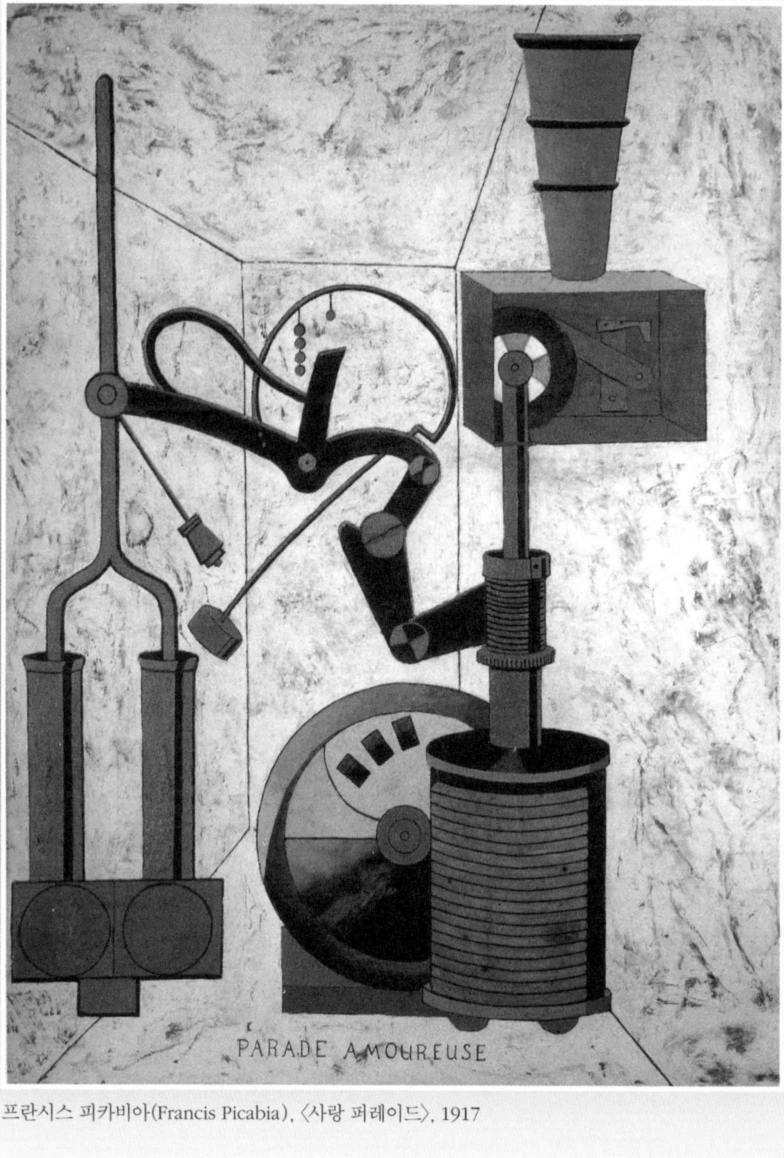

프란시스 피카비아(Francis Picabia), 〈사랑 퍼레이드〉, 1917

과학은 사랑을 설명할 수 있는가?

현상을 관찰해서 설명하고 예측하는 과학이 사랑을 설명하지 못한다고 말할 수는 없다. 그렇지만 과학은 사랑의 일부분만 설명할 뿐이다. 그럼에도 내가 여기서 사랑에 대한 과학적 지식들을 논의하는 이유는 사랑의 편린들이 모아지면, 사랑이 무엇인지 조금이라도 파악할 수 있기 때문이다.

사랑이 인간관계의 중심을 이루고 있음에도 불구하고 사랑에 대한 과학적 연구는 지난 20~30년 이후부터 본격적으로 진행되었다. 사랑은 종교, 철학, 예술의 영역에서 수천 년 동안 논의되어왔다. 모든 종교는 사랑을 말하고 있고, 예술도 마찬가지다. 미술, 음악, 무용, 시, 소설, 영화 등이 창조해내는 사랑의 아름다움과 슬픔은 감동을 불러일으킨다.

과학이 사랑의 복잡한 감정과 태도를 증명하기란 쉽지 않은 것이 사실이다. 종교가 사랑에 대해서 만들어내는 신념, 예술이 창조하는 사랑의 감정은 과학적 지식과 분명히 다르다. 과학적 발견과 지식이 종교적 믿음을 대체하지 못하는 것처럼, 사랑에 대한 과학적 탐구는 예술의 영역에서 이룩한 성취와 동일하게 비교할 수 없다.

자연과학과 사회과학은 서로 다른 관점에서 사랑을 바라보고 이해한다. 생물학자나 뇌과학자들은 생물학적 특성으로서 호르몬, 신경화학물질 등의 변화와 사랑 사이의 관계를 탐구하거나, 종(種)의 궁극적인 목적인 번식과 생존을 위한 특성으로서 사랑을 연구한다. 각각의 종은 짝짓기를 하며, 새끼를 낳고 보호하는데 어떤 방식으로든 사랑이 개입하기 때문이다. 반면 심리학자들은 인간 사이의 심리적 과정으로서 사랑의 본질을 파악하고자 한다. 사회학자들은 시대와 문화, 제도(결혼제도나 가족관계), 경제관계 등에 따라서 사랑이 어떻게 변화되고 있는가를 분석한다.

여기서는 생물학적 사랑, 심리학적 사랑, 사회학적 사랑이라는 세 가지 관점에서 사랑의 의미를 논의할 것이다. 사랑에 대한 다양한 분야의 연구들을 모두 검토하는 것은 내 능력 밖의 일이다. 그렇지만 흥미롭고 중요하다고 판단되는 연구들을 중심으로 사랑의 함의를 살펴볼 것이다.

생물학적 사랑

사랑의 호르몬

생물학자나 생화학자들은 사랑과 관련된 호르몬이나 신경화학물질을 연구해왔다. 이들은 옥시토신, 바소프레신, 도파민, 남성 호르몬인 테스토스테론, 신경전달 화학물질인 세로토닌 등이 어떻게 사랑과 관련되는지 밝혀왔다. 호르몬이나 신경화학물질이 사랑과 관련되는 방식은 매우 흥미롭다.

옥시토신은 포유류에게만 발견되는데 두뇌와 혈액에서 생산된다. 옥시토신은 여성이 출산하거나 수유할 때 분비되고, 남녀가 서로 사랑하는 과정에서도 나오는 신경화학물질로 '사랑의 호르몬'이라고 불린다. 옥시토신은 스트레스의 영향을 많이 받으며, 어린 시절 성적으로 학대를 당한 경험이 있거나 감정적 불안을 겪는 사람에게는 잘 분비되지 않는다. 옥시토신은 사랑하고 싶은 따뜻한 감정이 생길 때 주로 분비되는데, 이는 애착을 유발하고 부모 자식 간의 사랑을 이끈다.

30년 넘게 일부일처제 원숭이들의 짝짓기 행동을 연구해온 동물학자 스노든은 원숭이들이 사랑을 나눌 때, 호르몬의 변화를 겪는다고 밝혔다. 일부일처제 암컷의 뇌에서 옥시토신이 분비되면, 암컷은 어떤 수컷이든 가까이 있는 그 수컷만을 좋아한다. 바소프레신 호르몬은 수컷에게 옥시토신과 비슷한 역할을 한다. 일부일처제 원숭이들 중에서 서로 껴안거나 털을 고르고, 성행위를 하는 데 많은 시간을 보내는 짝은 그렇지 않은 짝보다 몸속의 옥시토신 수치가 훨씬 더 높았다.[1]

폴 잭은 2011년 〈TED Global〉 강연에서 직접 진행했던 옥시토신 실험에 대해 말했다. 그때 참여한 KBS 스텝 중 한 남성은 SNS를 하고 있었는데 옥시토신 수치가 매우 높게 나타났다. 폴 잭은 아마도 그가 어머니나 애인과 SNS를 하고 있는 중일 것이라고 예상했다. 폴 잭의 예상대로 그는 애인과 SNS를 하고 있었다.

다른 사람을 신뢰할 때도 옥시토신 수치가 높아지기 때문에 폴 잭은 옥시토신을 '도덕 분자'라고 말한다. 옥시토신이 증가하면 도덕성도 함께 높아지기 때문이다. 옥시토신이 높아진 사람은 정직하게 행동하고 다른 사람을 배려하는 경향이 있다.[2]

남성 스테로이드 호르몬인 테스토스테론은 옥시토신과 상충하는 기능을 갖는다. 테스토스테론의 활동은 옥시토신을 억제하고 이기적인 행동을 유발하기도 한다. 테스토스테론 수치가 높으면, 남성과 여성의 성욕이 증가하고 근육 생성도 촉진된다. 마라지티와 동료들은 남성과 여성이 사

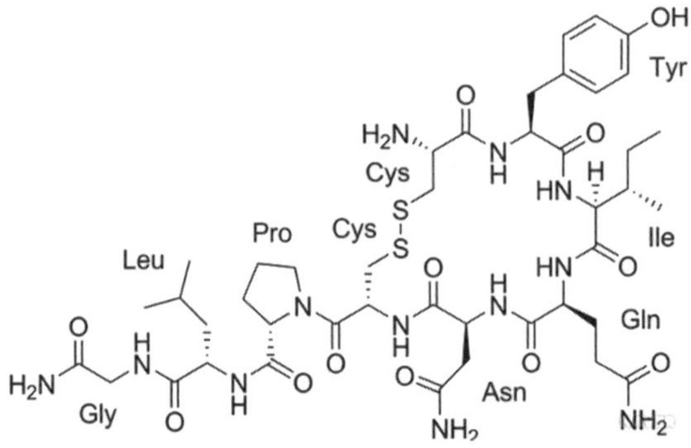

〔그림 1〕 옥시토신의 분자구조

랑을 하게 되면, 남성은 테스토스테론이 감소하지만, 여성에게는 증가한다는 것을 밝혔다.[3] 남성과 여성이 생물학적으로 호르몬의 조화를 맞춘다는 것이다.

짝이 없는 마모 원숭이 수컷이 새로운 암컷의 냄새를 맡으면 성적 반응을 일으켜 테스토스테론이 급속히 증가한다. 그러나 새끼가 있는 수컷은 새끼의 냄새를 맡으면 테스토스테론 수치가 낮아진다. 새끼 원숭이가 아빠 원숭이의 호르몬 반응을 낮춰 가정에 더 충실하도록 만든 것이다. 인간도 마찬가지다. 자녀가 있는 기혼남성은 미혼이거나 자녀가 없는 기혼남성보다 테스토스테론의 수치가 현저히 낮다. 인간과 마모 원숭이에게 나타나는 이런 생물학적 현상은 신비롭기만 하다.

마라지티와 동료들은 세 집단(최근 6개월 내 사랑에 빠진 집단, 강박장애 환자 집단, 일반 집단 각각 20명)의 세로토닌 수치를 측정했다. 흥미로운 연구결과는 사랑에 빠진 집단과 강박장애 환자 집단의 세로토닌 수치가 비슷한 수준으로 낮았다는 것이다.

세로토닌의 감소는 강박장애 환자에게 나타나는 현상이다. 세로토닌이 부족하면 우울증과 불안증이 생긴다. 세로토닌은 행복한 감정을 느끼게 해주는 분자로 호르몬은 아니지만 '행복의 호르몬'으로 불린다. 사랑에 빠진 사람과 강박장애 환자의 세로토닌 수치가 비슷하다는 것은 흥미로운 결과였다. 또한 사랑에 빠진 사람에게는 스트레스 호르몬인 코르티솔 수치가 증가했는데 마라지티는 이를 바탕으로 사랑은 스트레스라는 결론을 내렸다. 사랑하는 사람에 대한 집착이나 불안은 스트레스로 작용한다는 것이다.[4]

'사랑은 스트레스'라는 마라지티의 결론은 신중하지 못한 것같다. 나는 세로토닌이 감소하고 코르티솔이 증가한다는 것만으로 사랑이 스트레스라고 말하는 것은 과잉해석이라고 생각한다. 사랑이 열정이라면, 그 열정은 집착을 낳기도 한다. 집착이나 중독에 빠진 사람에게 세로토닌은 감소하고 코르티솔이 증가한다. 집착이나 중독은 스트레스를 유발하기 때문이다.

마라지티는 사랑을 집착이나 중독과 동일하게 간주함으로써 사랑도 스트레스라는 성급한 결론을 내렸다. 사랑이 주는 행복과 기쁨보다 불안을 강조했기 때문이다. 우리가 사랑을 할 때 느끼는 불안한 감정으로 스트레스를 받는다고 해서 사랑이 곧 스트레스라고 말할 수는 없다.

언뜻 보면, 두 종류의 연구결과는 상이하다. 한편의 과학자들은 사랑을 하면 신뢰가 생기고 즐거움이 넘쳐서 사랑의 호르몬인 옥시토신이 증가한다고 주장하고, 다른 한쪽의 과학자들은 사랑을 하면 집착과 불안으로 행복의 호르몬인 세로토닌이 감소하고 스트레스의 호르몬인 코르티솔은 증가한다고 밝히고 있다.

나와 같이 생물학을 모르는 사람은 연구결과를 어떻게 해석해야 하는가? 상식적인 해석은 사랑은 기쁨과 불안이 동반하는 복합적인 감정과 태도라는 것이다. 이것은 소크라테스가 이미 말한 것처럼 사랑은 중간자라는 뜻과 같다. 사랑이 하나의 감정이 아니라는 사실은 명백하다. 우리는 사랑을 하게 되면 행복감을 느끼지만, 혹시 연인이 바람을 피우거나 다른 사람을 만나지 않을까 불안해하기도 한다. 상대방을 통해 기쁨을 얻기도 하지만, 사소한 말투나 행동으로 마음의 상처를 받기도 한다.

뇌과학 연구의 사랑

신경과학자들은 사랑을 뇌에 유전적으로 새겨진 생물학적 메커니즘의 결과로 인식한다. 이들은 사랑을 문화적으로 형성되는 사회적 산물로 보는 것이 아니라 뇌의 생물학적 특성 속에서 파악한다.

처음으로 fMRI(기능성 자기공명영상)를 활용해 사랑과 뇌 영역의 활성화 관계를 탐구한 바텔스와 제키의 뇌 영상연구 결과에 따르면, 어머니의 사랑과 낭만적 사랑은 뇌 영역에서 일어나며, 이 뇌 영역은 사랑의 호르몬 옥시토신과 바소프레신 수용체가 풍부한 부분이었다. 인간의 사랑 메커니즘은 동물에게 발견되는 사랑의 메커니즘과 밀접한 연관이 있었다.[5]

사랑의 메커니즘은 뇌의 보상체계라는 것이 신경과학자들의 결론이다. 개인 간에 유대를 지속하기 위해서는 도파민과 함께 옥시토신과 바소프레신이 충분해야 하고, 사랑과 관련된 뇌 영역과 호르몬은 부모와 자녀의 유대, 부부애, 동성 또는 이성 간 사랑에서 동일하며, 들쥐든 양이든 인간이든 모든 종 안에 존재한다. 따라서 뇌의 보상체계에서 옥시토신이나 바소프레신 수용체를 관장하는 유전자 한 개가 사랑을 하고 사랑을 하지 못하는 차이를 만든다. 사랑 호르몬 한 방울로 새끼를 낳아본 적이 없는 암컷이 낯선 강아지에게 강한 모성을 느끼게 만들 수도 있다.[6]

뇌과학 연구는 낭만적 사랑에 빠진 사람들은 동기와 보상과 관련된 뇌 영역이 활성화된다는 점도 밝히고 있다.[7] 뇌과학 연구에서 사랑의 핵심은 동기부여에 있다. 동기부여란 사랑하는 사람과 함께 지내고 싶고, 즐거운 시간을 가지려 하며, 사랑하는 사람에게 매혹적으로 보이거나 섹스를 하고 싶어 하는 욕망 등을 의미한다. 동시에 사랑에 빠진 사람은 보상을 획득한다. 만족감, 행복감, 안전감, 하나라는 느낌 등을 얻기 때문이다.

아론과 동료들의 연구결과를 해석하면, 사랑은 이기적인 감정이다. 동기가 부여되지 않고 보상이 없으면 사랑이 성립되지 않기 때문이다. 사랑은 이기적인 측면을 많이 가지고 있다. 사랑이 이기적인 이유는 소유욕망 때문이며, 동기부여와 보상획득은 소유욕망과 깊이 관련되어 있다. 그러나 사랑을 이기적인 감정으로만 바라보는 것은 사랑에 대한 비관적 관점이다. 여전히 성스러운 사랑은 세속적인 사랑을 넘어서고, 이타적 사랑 또한 존재하고 있기 때문이다.

이와 관련해서 뇌과학 연구는 아니지만, 헤기와 베르그너는 사랑에 대한 보편적인 정의가 가능한가라는 질문을 던진다. 사랑의 종류에 따라서 사랑도 다르다는 일반적 인식과 달리, 이들은 사랑이 본질적으로 하나의 개념이라는 결론을 내렸다.

낭만적 사랑, 부부애, 동반자적 사랑, 이타적 사랑이라는 네 종류의 사랑에는 보편적으로 관통하는 사랑의 개념이 있는데, 그것은 타인의 안녕(well-being)을 위해서 헌신하는 감정이나 표현이었다. 그렇다고 낭만적 사랑, 부부애, 동반자적 사랑, 이타적 사랑이 동일하다는 것이 아니다. 각각의 사랑은 독특한 특성들을 지니지만 초월적으로 공통되는 점이 존재한다는 것이다. 헤기와 베르그너의 연구는 사랑은 동기부여가 아니라 초월적 가치를 지닌 것임을 밝히고 있다.[8]

우리는 이 같은 연구결과로 무엇을 생각할 수 있을까? 바텔스는 사랑의 메커니즘은 '중독'이라고 말한다. 왜냐하면 사랑에 빠진 사람들의 뇌 영상에는 도파민과 관련된 뇌 부위의 활동이 증가하기 때문이다. 이 뇌 부위는 행복감, 도취감, 보상을 통한 만족감과 관련된 영역이며, 마약이 투입되었을 때 활성화되는 장소이기도 하다. 신경과학자들에게 '중독'은 보통 사람에게는 사랑에 빠진 '열정'을 의미하는 것 같다.

연구결과들은 사랑에 빠졌다는 것에 대한 생물학적 근거를 밝히고 있다. 하지만 사랑 호르몬이 사랑 자체를 통제할 수 있다는 논리를 어떻게 받아들일 수 있는가? 바텔스의 주장처럼, 유전자 하나로 외로운 늑대는 짝을 찾을 수 있고, 평생 부부애가 없던 동물에게 부부애를 유발시킬 수 있다면 놀라운 일이다. 이런 실험은 동물에게만 시행했고 인간에게는 적용되지 않았지만, 이 메커니즘을 인간에게도 동일하게 적용할 수 있다는 주장은 과학 도그마에 빠진 논리이다.

사랑 호르몬으로 우울증이나 자폐증 환자를 치료할 수는 있을 것이다. 그렇지만 헤어진 부부에게 사랑 호르몬을 투입해서 사라진 부부애를 다시 만들어낼 수는 없다.

사랑에 대한 과학적 해석들은 설명하지 못하는 많은 부분들이 있다. 그것들은 두 가지 근본적인 것을 놓치고 있다. 하나는 섹스 없는 사랑의 욕망이라는 영역이고, 다른 하나는 사랑이 배제된 성적 욕망의 영역이다.[9]

그렇지만 내가 이해한 사랑에 관한 생물학적 연구결과들이 주는 함의는 대략 세 가지이다. 첫째, 옥시토신이 진화론적으로 오래된 뇌 화학물질이라는 것은 사랑이 인간의 본질이라는 것이다.

둘째, 사랑이란 너무나 모순적이고 복합적인 현상이라는 점이다. 사랑은 행복과 불안을 함께 만들고, 이기적인 감정이면서도 타인의 안녕을 위해 헌신하는 마음이다. 감정이면서 생물학적 반응이고, 주관적이면서 공유되는 경험이기도 하다.

셋째, 만일 사랑이 동기부여와 보상체계이고 상대방의 안녕을 증진시키는 것이라면, 사랑하는 사람에게 그렇게 행동하는 것이 필요하다. 이것은 생물학적 연구가 말하는 사랑의 힘이다.*

사랑의 심리학

사랑의 삼각이론

심리학자들은 부모와 자식의 애착관계로부터 사랑을 탐구한다. 열정적 사랑은 부모를 향한 자녀의 애착이고, 헌신적 사랑은 자녀를 향한 부

---

* 프레히트는 생물학적 연구의 함의는 사랑의 기원은 성애에 있는 것이 아니라 모성애에 있다는 것이라고 주장한다. 어머니와 자식 간의 친밀한 경험이 남녀관계로 확장되어 사랑이 되었다는 것이다. 따라서 사랑은 양육의 산물이며, 성적 애착은 사랑을 강화하는 역할을 담당했을 뿐이라고 말한다(프레히트, 《사랑, 그 혼란스러운》, 182~188쪽).

모(특히 엄마)의 애착이다.[10]

과학자들은 부모에 대한 자녀의 애착경험은 아기가 성인이 되어도 유지된다고 가정한다. 자녀가 부모에게 사랑받기를 갈구하는 것이 열정적 사랑이라면, 부모가 자녀에게 모든 것을 바치는 노력과 이타성은 헌신적 사랑이다. 하지만 열정적 사랑과 헌신적 사랑이 완전히 분리된 것은 아니다. 사랑은 이 두 종류의 사랑이 얽혀서 구성된다.

심리학자 스턴버그는 사랑의 삼각이론을 제시했는데, 이것은 사랑을 논의할 때 자주 제시되는 모델이다. 사랑의 삼각이론은 친밀감 요인, 열정 요인, 약속/헌신 요인이라는 세 가지 기본 요소로 구성되어 있다. 친밀감은 정서적인 것으로 따뜻하고, 가까이 있으며, 함께 있다고 느끼는 상태이다. 친밀감의 측정 요소들로는 함께 있을 때 행복감을 느끼는 정도, 사랑하는 사람의 행복을 높여주고자 하는 바람, 친밀한 대화, 서로에 대한 이해, 사랑하는 사람과 함께 공유하고 싶은 마음 등이다.

열정은 낭만적이고, 신체적인 매력을 느껴 성관계를 맺고 싶어 하는 욕망이다. 성적 욕망은 중요한 역할을 하지만, 열정은 자기존중, 상대방에 대한 지배와 복종, 자아실현 욕망을 함께 포함한다.

약속/헌신은 두 가지 측면에서 구성된다. 단기적으로 상대방을 사랑하겠다는 약속과 장기적으로 그 사랑을 지속시키는 헌신이다.[11] 약속과 헌신이 언제나 함께 있는 것은 아니다. 단기적으로 사랑한다고 약속해 놓고 지키지 않는 경우도 있고, 반대로 사랑한다는 약속이 없어도 헌신하는 경우가 있다. 전통 시대 부모가 맺어준 결혼관계는 약속은 없었지만 함께 살면서 헌신하는 경우이다. 약속과 헌신은 정서적 요인인 친밀감이나 동기적 요인인 열정과 분명히 다르다. 약속을 지켰는가 또는 헌신하고 있는

〈표 1〉 사랑의 삼각형 구성요소

	구성요소		
속성	친밀감	열정	약속 / 헌신
안정성	어느 정도 높다	낮다	어느 정도 높다
자신의 통제력	어느 정도 통제	낮다	높음
단기관계의 중요성	어느 정도 중요	매우 중요하다	중요하지 않다
장기관계의 중요성	매우 중요하다	어느 정도 중요하다	매우 중요하다
사랑의 공통분모	많다	적은 편이다	어느 정도 있다
심리적 관여	어느 정도 관여한다	높다	낮다

Sternberg(1986, p.120)

가는 비교적 명료하지만, 어느 정도 친밀감이 있는가와 어느 정도 열정이 있는가는 정의하고 측정하는 데 어려움이 있다.

〈표 1〉에서 보듯, 친밀감은 관계의 안정성(관계가 쉽게 깨지지 않는다는 점에서)이 높으며, 단기관계와 장기관계에서도 중요한 역할을 한다. 친밀감은 지속되는 경향이 있으며 두 사람 사이 사랑의 공통분모도 많은 편이다.

열정은 관계의 안정성과 자신을 통제하는 능력이 낮다. 열정은 감정의 변화에 따라서 금방 식기도 하고 더 뜨거워지기도 한다. 열정은 상대방에게 심리적으로 영향을 주고 상대방이 어떻게 대응하는가에 따라서 민감하게 반응한다. 반면 약속/헌신은 장기관계에서 중요하지만, 심리적으로 서로 관여하는 정도는 낮다.

〔그림 2〕는 사랑의 구성요소들이 사랑의 유형과 어떻게 연관되는지 보여준다. 두 사람 사이에 친밀감만 존재한다면, 우정과 같은 호감이다. 열정만 있으면 도취이다. 도취는 상대에게 일방적으로 감정을 표현하거나

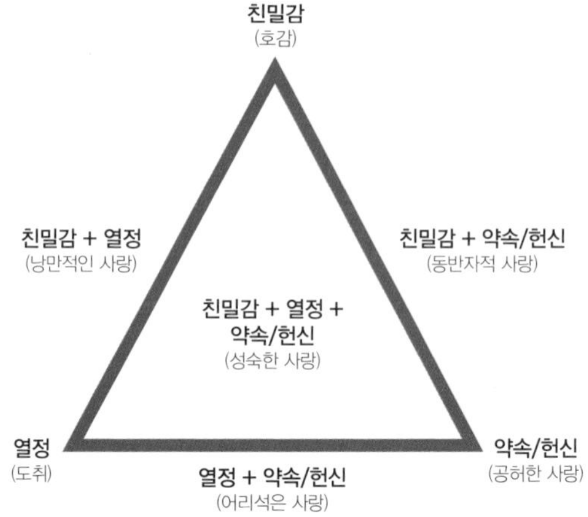

〔그림 2〕 사랑의 삼각형

혼자 빠지는 것이다.

약속/헌신만이 있으면, 공허한 사랑이다. 공허한 사랑은 상대방에게 헌신하지만 친밀한 정서적 관계와 열정적인 관심이 부족한 경우로 두 사람 사이의 관계가 끝나갈 때 나타난다. 오랜 기간 사귀어서 아무런 애정도 없이 책임감으로 만난다면 공허한 사랑일 수 있다. 친밀감, 열정, 약속/헌신의 어느 하나만 존재한다면, 사랑이라고 부르기 어렵다(스턴버그는 이것들도 사랑에 포함시킨다).

낭만적 사랑은 친밀감과 열정이 결합되어 만들어진다. 낭만적 사랑은 젊은 세대의 사랑에서 주로 나타나며, 서로 같이 있을 때 행복감을 느끼고 자기가 가진 것을 함께 나누고 싶어 한다. 친밀한 의사소통을 하면서 서로에게 매력적으로 보이려는 신체적 욕망과 성적 욕망이 강하게 나타난다.

동반자적 사랑은 친밀감과 약속/헌신이 만나서 이루어진다. 앙드레 고르와 도린 케어나 영화 〈아무르〉에 등장하는 조르주와 안느는 동반자적 사랑을 보여준다. 어리석은 사랑은 열정과 약속/헌신으로 이루어져 있다. 동반자살을 선택하는 커플들은 어리석은 사랑을 하는 것이다. 세 가지 사랑의 구성요소들이 조화를 이루면 성숙한 사랑이거나 완전한 사랑이 된다.

스턴버그는 낭만적 사랑, 동반자적 사랑, 어리석은 사랑, 공허한 사랑, 성숙한 사랑, 호감, 도취로 사랑의 유형을 구분한다. 그러나 낭만적 사랑과 동반자적 사랑을 제외하면, 다른 사랑의 유형들은 현실적으로 적합하지 않다. 이타적 사랑이나 현실적 사랑과 같이 사랑의 유형이 배제되어 있기 때문이다.

스턴버그는 세 가지 구성요소를 동일한 비중에서 바라보았지만, 현실에서는 그렇지 않은 경우가 대부분이다. 만일 어떤 사람이 사랑에서 성격이 가장 중요하다고 생각한다면, 그것은 친밀감을 중요한 요소로 간주하는 것이다. 따라서 세 가지 구성요소들은 동일한 무게를 갖는 것이 아니라, 개인이 추구하는 사랑의 지향점에 따라 중요도가 다를 수 있다.

친밀감, 열정, 약속/헌신이라는 사랑의 구성요소와 시간, 강도(强度)를 고려해서 〔그림 3〕과 같은 사랑의 그래프를 생각해보자. 열정은 매우 빠른 속도로 불타오르다가 시간이 지나면 익숙해져서 식는 것이 일반적이다.

열정은 신경과학자나 심리학자에게 중독과 같은 의미를 지닌다. 심리학자들은 중독현상을 설명할 때, '긍정적 동기의 힘'과 '부정적 동기의 힘'이라는 두 가지 상반되는 힘이 작용한다고 말한다. 긍정적 동기의 힘은 자기 자신을 상대방에게 끌리게 하는 힘으로 매우 빠르게 생겨나 곧 한계점에 도달한다. 부정적 동기의 힘은 상대방에게 끌리지 않게 하는 힘

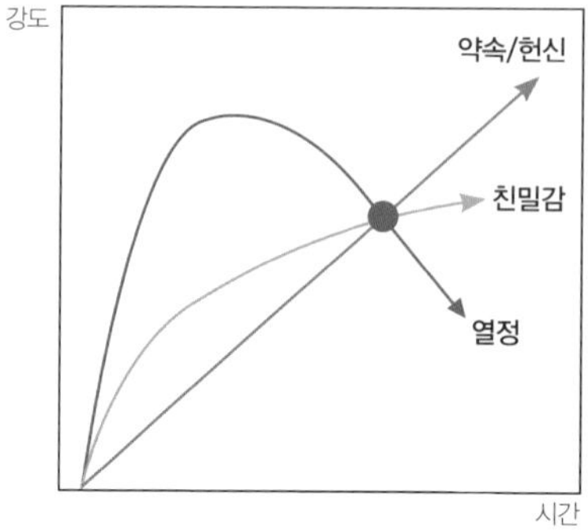

〔그림 3〕 사랑의 그래프

인데 서서히 나타난다. 긍정적 동기의 힘이 줄어들고, 부정적 동기의 힘이 커지면 습관화되어 열정은 식어 버린다.[12]

친밀감은 열정만큼 빠르게 타오르지 않지만 꾸준히 상승하며 점차 완만한 기울기를 보여준다. 약속/헌신은 시간과 정비례해서 강도가 높아진다. 두 사람이 오랜 기간 동안 사귀고 있다면, 두 사람 사이의 헌신은 크다고 볼 수 있다.

내가 〔그림 3〕 사랑의 그래프에서 주목하는 것은 작은 원의 위치이다. 사랑의 위기가 온다면 열정이 친밀감 아래로 떨어질 때가 아닐까 싶다. 열정이 친밀감과 헌신 아래쪽으로 더 떨어지고 약속/헌신도 하향 곡선을 그리면 두 사람은 이별할 가능성이 높다.

두 사람은 사랑하면서 수많은 위기에 부딪힌다. 처음 만나서 사랑을 할 때는 두 사람 사이 관계 이외의 요소는 잘 개입하지 않는다. 그러나 시간이 지나면 가족문제, 경제문제, 성격문제가 개입하면서 위기가 찾아올 수밖에 없다. 만일 그때 사랑을 지속시키겠다는 약속을 지킨다면, 약속/헌신은 열정과 친밀감을 끌어올려서 위기를 극복하게 만들 것이고, 그렇지 않다면 이별을 하게 될 것이다.

사랑을 지속시키고자 한다면, 생물학적 사랑에서 보았듯이, 동기유발과 보상체계를 작동시켜서 사랑을 유지하도록 행동하는 실천이 필요하다. 반드시 상대방에게 사랑의 동기를 촉발시켜야 한다는 이성적 판단만이 아니라 그에 따른 정서적 노력과 태도를 보여주어야 한다.

스턴버그의 사랑의 삼각이론은 하나의 가설이다. 심리학자들은 스턴버그가 제시한 사랑의 삼각형이 과학적으로 타당한지 검증해왔다. 한국에서 스턴버그의 가설을 적용해 부부의 사랑을 검증한 연구결과는 〔그림 4〕와 같다.

한국인 부부의 사랑을 보면, 책임감(약속/헌신)의 평균 점수가 높고, 열정의 평균점수가 낮았다. 한국인 부부는 결혼을 통한 제도적 관계의 의미를 중요하게 생각하는 것으로 해석할 수 있다. 사랑의 세 구성요소와 결

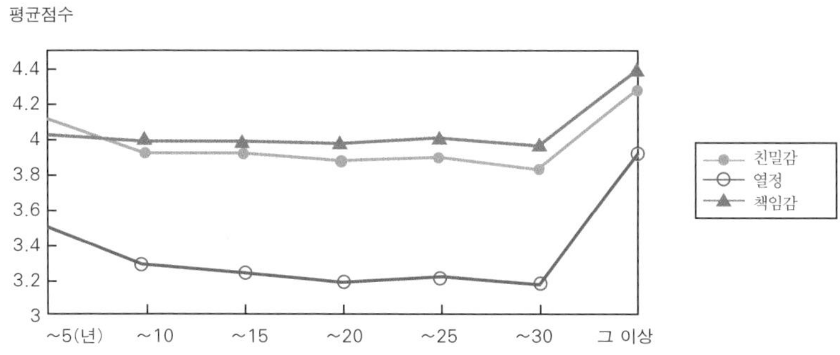

〔그림 4〕 한국인의 결혼지속연수별 사랑의 세 구성요소 변화

혼지속연수의 관계를 보면, U자형 패턴을 보여준다. 특히, 결혼 30년 차 이상에 속하는 집단은 5년 이내의 집단보다 전체적인 평균점수가 더 높았다. 아마도 오랜 기간 함께 잘 지내왔다는 자긍심과 함께 서로에 대한 신뢰와 따뜻한 정을 느끼며 남은 인생도 함께 할 것을 다짐하는, 즉 친밀감, 열정, 책임감이 모두 삶에 녹아서 나타난 결과로 보인다.[13]

사랑의 삼각이론에서 제시하는 사랑의 유형들이 큰 의미가 있는 것은 아니다. 보다 중요한 것은 세 가지 사랑의 구성요소들과 시간의 변수, 다른 사회적 요인들(직업, 교육, 자녀 등)이 어떻게 관련되는가 하는 점이다. 왜냐하면 사랑의 지속기간은 친밀감, 열정, 약속/헌신 등에 영향을 미치고, 두 사람 사이의 경제관계나 교육 정도 등도 사랑을 만들어가는 데 중요한 요인으로 작용하기 때문이다.

사랑의 색상

존 앨런 리가 여섯 가지 사랑의 유형을 색깔에 비유해서 제시한 이후, 이것을 검증하는 심리학 연구들이 활발히 진행되었다. 존 앨런 리는 삼원색(빨강, 파랑, 노랑)과 혼합색(보라, 초록, 주황)을 사랑의 유형으로 분류했다. 빨강은 에로스(열정적 사랑), 파랑은 루두스(유희적 사랑), 노랑은 스토르게(우정 같은 사랑)를 뜻한다. 빨강과 파랑의 혼합색인 보라는 마니아(소유적 사랑), 파랑과 노랑의 혼합색인 초록은 프라그마(현실적 사랑), 빨강과 노랑의 혼합색인 주황은 아가페(이타적 사랑)를 상징한다.[14]

에로스는 열정적이며 낭만적인 정서적 경험이다. 에로스의 특징은 상대방에게 즉각적이면서 강력한 매력을 느끼는 것이다. 첫 눈에 반해 사랑에 빠지며, 상대방을 매일 만나고 싶어 하고, 즐거운 환상에 빠진다. 이들에게 결혼은 허니문의 연장이다. 에로스 사랑에 빠진 두 사람은 만남 초기부터 자주 스킨십을 하고 서로의 성적 매력에 빠진다.

루두스는 사랑을 게임이나 놀이로 간주한다. 루두스 사랑을 하는 사람은 지금 만나는 사람과 미래의 삶을 약속하거나 관계를 지속하고자 하는 의도가 없다. 이들에게 결혼은 덫으로 간주된다. 상대방을 자신의 통제하에 두고 싶어 하며 거짓말도 자주 한다. 루두스 사랑을 하는 사람은 상대방과 밀접한 정서적 결합을 희망하기보다는 현재 시점에서 즐기는 것을 더 선호한다.

스토르게는 우정 같은 사랑 혹은 가족 같은 사랑이다.* 열병 없는 사랑이라고 할 수 있다. 두 사람은 우정, 믿음, 신뢰를 바탕으로 관계를 유지하기 때문에 강렬한 감정을 느끼지 못하며, 서로에게 성적 매력도 느끼지 않는다. 두 사람은 공통의 관심사에 대해서 이야기하고 함께 즐기는 것을 좋아한다. 스토르게는 우정의 확장이고 삶의 중요한 부분을 차지하지만, 사랑 자체에 대한 목적을 갖지 않는다. 스토르게 사랑을 하는 사람들은 헤어져도 가끔씩 만나는 경향이 있다.

마니아는 상대방에게 집착하는 소유적 사랑이다. 집착과 질투는 낮은 자존감에서 나온다. 상대방에게 애정을 갈구하며, 상대방을 믿지 못하는 경향이 있다. 상대방을 자신의 손 안에 묶어두고 싶어 하며, 자신이 사랑하는 만큼 상대방도 자신을 사랑해야 한다는 생각을 갖는다. 에로스와 마찬가지로 곧바로 열정적 사랑에 빠지는 경향이 있다. 마니아는 비합리적

* 소크라테스는 스토르게(가족 같은 사랑)와 필리아(우정 같은 사랑)를 구분했지만 존 앨런 리에게 스토르게는 두 종류의 사랑을 포함한다.

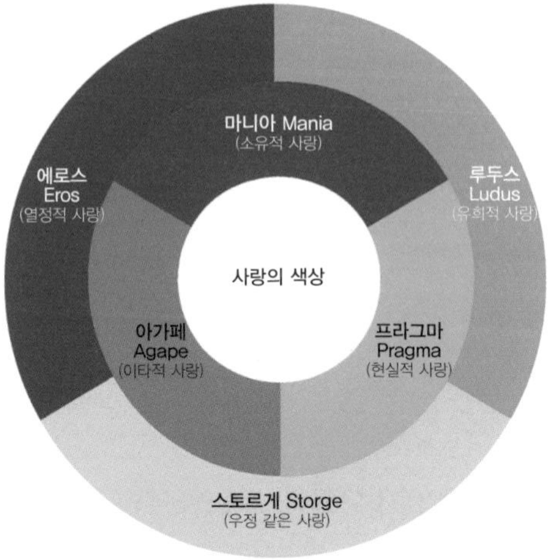

〔그림 5〕 사랑의 색상

〈표 2〉 사랑의 유형과 정의

유형	정의
에로스(Eros) 열정적 사랑	열정, 낭만, 환상을 갖는 사랑. 육체적, 정서적 친밀감이 매우 높다.
루두스(Ludus) 유희적 사랑	게임이나 놀이로서의 사랑. 사랑을 통해서 가능한 한 즐거움을 얻고자 한다.
스토르게(Storgè) 우정 같은 사랑	우정 같은 사랑 혹은 가족 같은 사랑. 믿음과 신뢰를 바탕으로 하지만 강렬한 감정을 느끼지 못한다.
마니아(Mania) 소유적 사랑	집착하거나 소유하는 사랑. 자신이 사랑하는 만큼 상대방도 자신을 사랑해야 한다고 생각한다.
프라그마(Pragma) 현실적 사랑	이성적이며 논리적인 사랑. 자신이 생각하는 조건을 상대방이 갖고 있지 않으면 사랑하지 않는다.
아가페(Agapè) 이타적 사랑	무조건적이며 희생하는 사랑. 상대방에게 모든 것을 주면서도 보상을 기대하지 않는다.

Lee(1973)

이고, 극단적으로 질투가 많으며 집착적이고 때론 불행해지기도 하는 사랑의 유형이다. 이별한 이후 상처를 치유하는 데 많은 시간이 필요하다.

프라그마는 이성적이고 논리적이며 현실적인 사랑이다. 자신이 설정한 조건을 상대방이 가지고 있지 않으면 사랑하지 않는다. 마치 쇼핑 리스트를 작성하듯이, 상대방의 조건을 면밀히 검토한다. 일반적으로 배우자를 선택할 때, 가장 많이 나타나는 사랑의 스타일이다.

아가페는 희생적이고 헌신적인 이타적 사랑이다. 아가페는 모든 것을 주는 사랑이며, 사랑을 하는데 어떤 보상이나 기대를 갖지 않는다. 자기가 좋아하는 사람이 다른 사람을 만난다고 하더라도, 사랑하는 사람에 대한 헌신은 약해지지 않으며 기꺼이 포기하기도 한다. 아가페는 모든 사람이 사랑을 받을 가치가 있고, 무조건적인 사랑이야 말로 성숙한 사랑으로 간주한다.

사랑의 색상이론은 두 가지 함의를 지닌다. 첫째는 사랑의 유형(에로스, 루두스, 스토리게, 마니아, 프라그마, 아가페)을 구분한 것이 아니라, 각각의 유형이 어떻게 성별, 인종, 연령 등과 관련되는가이다. 적지 않은 연구들은 존 앨런 리가 제시한 사랑의 유형과 인구통계학적 변인(성별, 나이, 인종 등)의 관계를 밝혀왔다.

연구결과들을 보면, 여성은 우정 같은 사랑과 현실적 사랑을 추구하는 경향이 있고, 남성은 여성보다 유희적 사랑과 이타적 사랑의 점수가 높았다. 남성이 여성보다 이타적 사랑을 보여준다는 것은 사랑을 위해 자신을 희생하려는 의지가 더 높다는 것이다. 젊은 세대는 열정적 사랑을 추구하는데 사랑의 육체적 측면을 중요시하고, 감정이 발전하는 속도도 빠르다. 나이가 많은 세대도 젊은 세대와 마찬가지로 열정적 사랑을 추구한다. 나이가 들었다고 해서 사랑의 열정마저 식는 것은 아니다.

아시안계 미국인들은 우정 같은 사랑과 현실적 사랑을 하는 반면, 열정적 사랑의 점수는 백인이나 흑인에 비해서 낮았다. 미국인들은 프랑스인보다 유희적 사랑과 소유적 사랑을 하지만, 프랑스인은 미국인보다 이타적 사랑의 점수가 더 높았다. 성별, 나이, 인종, 경제배경 등에 따라서 사랑의 유형이 다르게 나타난다는 것은 사랑은 사회문화적 영향을 받으며 학습(부모세대나 학교, 교회 등 교육을 통해서)된다는 것이다.

둘째 함의는 개인은 하나의 사랑 유형으로 국한되지 않는다는 점이다. 한 개인은 대체로 2~3가지 사랑의 유형을 가지고 있다. 한 개인이 열정적 사랑과 소유적 사랑 두 가지 유형을 지니거나 유희적 사랑과 우정 같은 사랑을 갖기도 한다.

예를 들어, 어떤 사람이 연애 따로 결혼 따로 라는 생각을 갖는다면, 그는 유희적 사랑과 현실적 사랑의 유형을 갖고 있는 것이다. 한 사람이 하나의 사랑 유형에 빠져 있다고 해도, 그 사랑의 유형에 고정되어 있는 것은 아니다. 연애 초기에는 소유적 사랑에 속해 있다가도 결혼할 시점에서는 현실적 사랑으로 바뀌는 경향도 있다.

사랑의 원형

사랑의 원형(prototype)이론은 '상향식' 접근으로 사랑을 연구한다. 반면, 앞에서 논의한 사랑의 삼각이론이나 사랑의 색상이론은 '하향식' 접근으로 사랑을 검증하는 것이다. 심리학자들은 낭만적 사랑, 열정적 사랑, 소유적 사랑, 유희적 사랑 등과 같이 사랑의 유형을 설정한 후 사람들이 어떤 사랑에 속해 있는지, 사랑의 유형과 성별, 나이, 인종 등의 관계를 분석하기 때문이다.

일부 심리학자들은 이와 같은 하향식 접근법에 의문을 제기한다. 이는 일반 사람들이 일상 속에서 사랑하는 사람과 행동하고, 말하고, 느끼는 것들을 바탕으로 설정된 사랑의 유형이 아니기 때문이다. 사랑의 원형적 접근을 취하는 심리학자들은 보통 사람들이 생각하는 사랑에 대한 생각들(이것을 '원형적 특성들'이라고 부른다)을 모두 찾아내고 싶어 한다. 이것들을 바탕으로 사랑의 유형을 설정하고 사랑의 의미를 밝힌다.

예를 들어, 백여 명의 사람들에게 자신들이 생각하는 사랑이 무엇인지 개방형(서술형) 질문에 답하게 한다. 응답자들은 자신이 일상에서 생각하는 사랑에 대한 생각들(원형적 특성들)을 나열한다. 연구자는 나열된 사랑의 특성들을 모아서 유사한 것들끼리 사랑을 범주화한다. 이렇게 범주화된 것이 '원형'이다. 쉽게 말하면, 상향식 접근 방법인 사랑의 원형이론은 귀납적으로 사랑을 밝히는 것이고, 사랑의 삼각이론 등은 연역적 방법으로 사랑을 연구하는 것이다.

베벌리 페는 보통 사람들이 사용하는 일상 언어 속에서 '원형적 특성들'이 무엇인가를 조사했다. 한 집단은 일상에서 경험하거나 느끼는 사랑의 특성을 기술하고, 다른 집단은 기술된 각각의 특성들이 얼마나 중요한가를 평가했다. 그녀는 사람들이 생각하는 93개의 사랑에 대한 원형적 특성들을 찾았고, 후속 연구에서는 68개의 원형적 특성을 밝혔다. 사랑의 원형적 특성은 믿음, 배려(돌봄), 정직, 우정, 존경, 다른 사람의 안녕을 위한 관심, 충성심, 헌신 등이었다. 기존 연구자들이 가장 중요하게 생각했던 열정은 사랑의 원형적 특성에 포함은 되었지만 중요도의 순위는 낮았다.

이것들을 바탕으로 사랑의 유형들을 범주화했더니 모성애, 부모사랑, 우정, 자매애, 낭만적 사랑, 형제애, 가족사랑 등의 순으로 나타났다. 보통 사람들이 사랑이라고 말할 때, 가장 중요하게 생각하는 것은 모성애였다. 낭만적 사랑은 자매애보다도 순위가 낮았다.[15] 다른 연구자들은 포괄적인 사랑 전체보다 낭만적 사랑의 원형적 특성이 무엇인지 찾았다. 연구결과를 보면, 성적 매력과 열정은 낭만적 사랑의 특성에 포함되지만, 중요도의 순위에 있어서 믿음, 정직, 행복감, 동반자적 특성보다 낮았다.[16]

그렇다면 사랑의 원형이론이 함의하는 것은 사람들이 사랑이라고 생각할 때, 일반적 사랑과 특별한 사랑을 구분한다는 것이다. 일반적 사랑은 모성애, 부모사랑, 우정, 자매애 등과 같이 친밀감이 높은 동반자적 특성의 사랑을 의미하고, 특별한 사랑은 남녀 간의 사랑이다. 그러나 가장 중요한 사랑의 요소는 친밀감이었다. 낭만적이거나 열정적 사랑에서조차도 성적 매력이나 열정보다 친밀감의 중요도가 높게 평가되었다. 보통 사람들은 친밀감이 바탕에 깔려 있지 않다면, 무의미한 사랑이라고 생각하는 경향이 있다.

사랑의 사회학

친밀성의 구조변화

사회학적 접근은 사회구조, 경제제도, 계급, 젠더, 제도(가족과 결혼) 등의 관계 속에서 사랑을 탐구한다. 사회학자들은 사랑을 개인 간의 심리적 과정으로 바라보지 않는다. 각기 다른 사회이론의 배경에 서 있지만, 사랑과 관련해서 의미 있는 작업을 진행한 대표적인 사회학자들은 내가 이 책에서 논의했던 앤소니 기든스, 니클라스 루만, 벡과 그의 아내인 벡 게른샤임, 에바 일루즈 등이다.

친밀성은 사회학자들에게도 가장 중요한 사랑에 대한 탐구 주제이다.* 전통사회에서 현대사회로 변화하면서 '친밀성' 역시 큰 변화를 겪었다. 사랑하는 방식, 남성과 여성이 서로를 바라보는 방식, 데이트와 결혼 방식이 바뀌었으며, 부부관계, 가족관계, 이성관계, 동성관계 등도 변화하고 있다.

성이 변화의 중심에 있다. 과거 역사(동양이나 서양이나 마찬가지로)는 남성이 지배하는 성적 추구의 과정이었다. 여성의 성은 남성에 의해 통제되어왔다. 남성은 '이중 기준'(모든 사람에게 적용되는 하나의 기준이 아니라, 두 개의 기준이 있어서 남성과 여성에게 달리 적용하는 것)을 가지고 성을 바라보았다.[17]

---

* 영어로는 똑같은 intimacy지만 친밀성과 친밀감은 매우 다르다. 앞에서 논의했듯이 심리학자들이 말하는 친밀감은 심리적 과정으로서 개인의 감정이나 태도를 의미한다. 반면 사회학자들이 논의하는 친밀성은 섹슈얼리티(성적 욕망, 성정체성, 성적 표현)와 사랑, 결혼, 연애, 가족 등 사회적인 요인들과 관련되어 있다.

여성을 성적으로 밝히는 남성은 자신처럼 행동하는 여자들을 좋아하지 않는다. 자신은 성적 욕망을 풀어내면서 정작 여성에게는 '정숙한 여자'와 '방탕한 여자'라는 이중 기준을 적용해왔다. 남성은 가정의 안락함과 매춘부의 성을 분리하면서 성의 권력을 행사해왔고, 여성들도 남성들이 설정한 이중 기준을 (과거에는) 받아들이기도 했다. 여성들은 성적으로 순진하고 무지한 척 하는 관습과 관행을 따랐다.

그러나 현재 성에 대한 인식은 완전히 바뀌었다. 도착은 변태적인 행위였고 병리적 현상으로 인식되었지만 지금은 성적 일탈로 불리며, 에로틱한 쾌락은 비정상적인 행위였지만 현재에는 성적 취향으로 받아들여지고 있다. 과거 실패한 성이었던 동성애에 대한 의식도 바뀌고 있다.

무엇보다도 '섹시함'에 대한 인식도 바뀌었다. 과거에 섹시함은 여성의 성적 매력만을 뜻했지만, 이제는 남성에게도 적용된다. 남성이 자랑했던 독립심, 가정에서 갖는 권위, 남성사회의 동지애나 유대감이 느슨해지면서 남성성도 약해졌다. 바로 이런 이유 때문에 섹시함은 남자다움의 중요한 '신분적 특성'이 되었다.[18] 이것은 여성도 남성을 성적 대상으로 바라본다는 것을 의미한다.

남성들은 다양한 성생활을 즐기고, 혼외의 성적 모험을 즐겨도 무방하지만, 여성들은 그렇게 행동하면 안 된다는 생각은 오늘날 받아들여지지 않는다. 여성도 남성과 마찬가지로 성적 쾌락을 추구한다. 서구에서 아내의 혼외정사는 남편의 혼외정사와 큰 차이가 없다. 여기서 문제는 남성들은 여전히 이중 기준에 빠져 있다는 것이다. 성에 대한 인식이 변화되었음에도 불구하고, 그렇지 못한 남성들은 적지 않다.

기딘스는 이것을 남성들의 성적 강박증으로 해석한다. 남성의 성적 강박증은 집착일 뿐만 아니라 연약하다는 것을 의미한다는 것이다. 남성이 성적 강박증을 보이는 것은 여성에 비해서 친밀성을 만들어가는 능력이 부족하기 때문이다. 과거에 결혼을 하면 노동은 남편의 영역이고 아내는 가정을 맡는 역할분업이 이루어졌다. 남성은 여성을 가정 안으로 종속시키고 외부세계와 분리했다. 남성은 상대적으로 여성보다 많은 성적 자유를 누렸으며, 레저나 스포츠를 통해서 동지애를 구축했다. 반면 여성은 모성을 바탕으로 가족 내 자녀들과 친밀성을 만들어왔으며 결혼의 실망감을 완화시키는 여성의 우정을 유지해왔다.

하지만 성 혁명을 통해서 여성의 성적 자유가 확대되었고, 남성이 지녔던 성의 지배력이 떨어지기 시작했다. 가정 내 영향력이 약화되면서 성적 강박증은 확대되고 있다. 이것은 남성이 과거에 집착한다는 것을 말할 뿐이다. 기딘스는 남성들이 과거에 중요하게 생각했던 성의 기준들을 버려야 한다고 말한다. 남성은 '팔루스'(남성이 여성에게 행하는 이기적이고 독단적인 성적 지배)를 포기하고 '페니스'(생물학적 성기)로 돌아가야 한다. 기딘스의 이와 같은 주장에 나 역시 동의한다. 사랑에서 성이 차지하는 중요성은 말할 필요도 없다. 심리학에서 성적 매력이나 성의 중요성이 친밀감보다 낮게 인식된다고 하더라도 성은 두 사람의 사랑에서 중요한 매개 고리이다. 친밀한 사랑은 성의 평등한 관계와도 관련 있다.

남녀가 만나서 서로를 선택하는 방식은 많이 바뀌었다. 과거에는 남성이 선택하고 여성은 항상 유보적 입장에서 남성의 헌신을 검증했다. 여성은 남성이 자신에게 열정을 바치고 헌신하는가를 확인한 이후 청혼을 받아들일지 말지 결정했다. 그러나 지금 남성은 헌신하기를 주저하지만 여성은 헌신하고자 하는 양상으로 바뀌고 있다.

에바 일루즈에 따르면, 남성은 '헌신기피증'의 전략을, 여성은 '파트너를 독점하기 위한 배타주의 전략'을 사용한다. 여성은 자신과 교양수준이 비슷한 남성을 놓고 경쟁을 벌이는 상황에서 남성보다 파트너 선택의 폭이 좁은 편이다.[19]

현대사회에서 교양수준이 높거나 사회적 지위가 있는 여성은 어느 정도 나이가 있을 수밖에 없다. 그녀가 선택하고자 하는 남성은 대부분 이미 결혼한 경우가 적지 않다. 누가 보아도 좋은 경제적 조건을 가지고 있음에도 불구하고 결혼하지 못하는 경우가 많다. 골드미스가 늘어가는 것을 보면 쉽게 이해할 수 있다. 이것은 여성이 배타주의 전략을 사용할 수밖에 없는 이유다.

반면 남성은 더 많은 여성을 만날 수 있는 기회를 줄이고 싶어 하지 않으며, 성과 감정을 섞지 않으려고 한다. 남성은 성과 결혼을 분리시킴으로써 성의 즐거움과 여성에 대한 감정적 지배를 유지하고 싶어 한다.

이와 같은 친밀성 관계의 변화 속에서 결혼의 안정성은 분명히 과거에 비해 떨어진다. 두 사람은 개인적 선택을 통해 결혼함으로써 사회 네트워크, 가족, 친족의 영향력이나 압박감으로부터 자유롭기 때문이다. 두 사람이 사랑을 하고 결혼하는 기준은 친밀감, 애정, 조건이라고 볼 수 있는데, 만일 어느 것이 충족되지 않으면 결혼관계는 미련 없이 깨질 수 있다. 시간이 지날수록 사랑의 불안정성은 커질 수밖에 없다.

장거리 사랑을 통한 세계가족의 증가도 주목할 수 있다. 세계가족은 국적이 다른 쌍, 장거리 사랑, 결혼이주여성, 대리모 등을 지칭한다.[20] 전통적인 가족은 같은 장소에서 함께 사는 것이었다. 과거 농장이나 집에서 함께 일하는 경제관계로 묶인 확대가족은 핵가족으로 변했고, 이제는 아주 새로운 가족 형태들〔연속가족(이혼 후 재혼가족), 다문화가족, 동성가족 등〕이 나타나고 있다. 가족의 친밀성 문제가 제기되지 않을 수 없다.

임신과 출산의 의미도 변화되었다. 과거에 임신과 출산은 자연의 섭리였고 자연의 결정이었다. 재생산(임신) 없는 성(피임), 성 없는 재생산(시험관 아기)이 가능해진 사회에서 개인이 모든 것을 선택하고 결정해야 하는 어려움을 겪는다. 물론 피임과 합법적 낙태허용(나라마다 차이가 있지만)은 여성을 전통적인 의무로부터 해방시키는 데 기여하기도 했다. 모성은 더 이상 자연적 운명이 아니라 계획되고 있다. 키우는 어머니, 법정 어머니, 자궁 어머니(대리모) 등 다양한 모성도 존재한다.

이와 같은 친밀성의 구조변화들로 사랑은 이전보다 더 중요하고, 사랑은 이전보다 더 어렵고 힘들어졌다. 기딘스는 애정과 친밀성의 변화과정에서 '합류적 사랑'을 제안한다.

> 합류적 사랑은 감정적인 기브 앤 테이크(give and take: 내가 너를 사랑하는 것만큼 너도 나를 사랑해야 하고, 네가 나를 사랑하는 만큼 나도 너를 사랑해 준다)에서 평등을 선취하는데, 사랑의 유대가 순수한 관계의 원형에 가까우면 가까울수록 더욱 바람직하게 유지된다. 이런 사랑은 친밀성이 발전하는 만큼, 그리고 파트너 각자가 상대에게 자신의 관심과 욕구를 드러내고 서로에게 민감해줄 준비가 되어 있는 정도만큼 발전한다.
> –기딘스, 《현대사회의 성, 사랑, 에로티시즘 : 친밀성의 구조변동》, 109쪽

합류적 사랑은 따로 흐르던 두 개의 지류가 하나로 만나 강물이 되어 흐르는 것과 같다. 따로 흘러오는 두 개의 지류는 두 사람이 각각 상대방의 경계를 인정하는 것이다. 이것은 한 사람이 상대방에게 동일시를 요구하는 것이 아니다. 동일시는 어느 한 사람이 다른 사람에게 흡수되는 것이기 때문이다. 서로 평등한 관계에서 타자와 자신의 감정공유, 성, 의사소통을 이룰 때, 합류적 사랑이 형성된다.

기딘스의 합류적 사랑이 기발한 생각은 아니지만, 그렇다고 다른 뾰족한 대안이 나올 수 있는 것도 아닌 듯하다. 다만, 성과 젠더의 역사가 그동안 남성 중심적이었다는 사실을 고려한다면, 아름다운 사랑을 위해서 남성이 내려놓아야 할 부분들이 더 많은 것은 분명하다.

낭만적 사랑과 자본주의

자본주의 혹은 경제논리와 사랑의 관계는 사회학 영역에서 제대로 규명되지 않아왔다. 전통적으로 사회학은 근대사회의 이행과정에서 나타나는 노동과 자본의 관계, 합리화, 다양한 사회시스템의 변화 등에 초점을 맞추었기 때문이다. 사랑이라는 감정의 영역은 공적 영역이 아니라 사적 영역으로 간주함으로써 연구대상이 아니었다.

앞에서 논의한 친밀성의 구조변화는 사적 영역의 사랑이 어떻게 변화되고 있는가와 관련되어 있다면, 에바 일루즈는 사랑과 자본주의(계급과 자본)의 관계에 주목한다.

그동안 낭만적 사랑은 계급과 관련이 없는 것으로 여겨졌다. 중세 시대 기사의 사랑이나 18세기 귀족의 문란한 성문화는 계급과 관련되어 있지만, 하층계급이 낭만적 사랑을 하지 못했던 것은 아니기 때문이다. 사랑은 계급과 관련이 없는 보편적인 것으로 생각되었다.

사랑은 무계급적인 유토피아의 세계이며, 종교적인 성스러움이 세속적인 성스러움으로 대체된 것으로 여겨지기도 했다. 마치 청바지를 입은 빌 게이츠가 햄버거를 먹으면서 무계급의 신화를 보여주는 것처럼, 자본주의가 만든 여가와 소비의 민주화를 통해서 모든 계급은 평등하게 사랑의 관행을 따르는 것처럼 보인다. 그러나 자본주의의 발전은 사랑이 계급과 자본으로부터 분리될 수 없음을 보여준다. 사랑이 시장에서 상품화되고 계급화되었기 때문이다.

> 〔사랑과 시장의〕 교차점은 '상품의 낭만화'와 '로맨스의 상품화'라는 두 가지 과정을 통해서 만들어진다. 상품의 낭만화는 20세기 초 영화와 광고 이미지 속에서 상품이 낭만적 아우라를 획득하는 방식을 일컫는다. 반면 로맨스의 상품화는 로맨스 관행들이 초기 대중 시장을 통해 제공된 여가 상품과 여가 기술의 소비와 점차 맞물리고 그러한 상품과 기술에 의해 정의되는 방식과 관련된다.
>
> – 일루즈, 《낭만적 유토피아 소비하기: 사랑과 자본주의의 문화적 모순》, 57쪽

'상품의 낭만화'는 영화, 광고, 음악 등에서 낭만적 사랑을 활용하는 것이다. 이것은 환상을 활용하는 상품생산이라 할 수 있다. 사랑이 없는 대중문화 상품은 생각할 수 없다. 아마도 로맨스 소설은 낭만적 사랑을 상품화한 출발점이 아니었을까 생각한다. 18세기 낭만적 소설은 외부 세계와 분리된 여성들로 하여금 사랑의 상상력을 불러일으키면서 인기를 끌었다. 그리고 현대사회에 접어들면서 사랑을 활용한 대중문화 상품들은

다양한 장르에 걸쳐서 확대되고 있다.

'로맨스의 상품화'는 시장을 통해서 제공되는 여가상품과 기술로 놀이공원, 댄스홀, 여행상품, 신혼여행, 레스토랑, 자동차, 영화관 등을 예로 들 수 있다. 20세기 초에 인기 있었던 2인승 포드 자동차는 커플들로 하여금 둘만의 장소를 제공해주면서 친밀성을 높였고, 먼 곳으로 여행을 떠나게 함으로써 낭만적 기억을 만들어냈다. 상품의 낭만화가 사랑의 유토피아를 통해서 커플들을 환상 속의 세계로 이끌었다면, 로맨스의 상품화는 데이트의 장소, 신기술을 매개로 사랑을 더욱 낭만적으로 포장했다.

자본의 논리가 사랑의 영역을 지배함으로써 사랑이 소비되는 방식을 변화시켰다. 그렇다고 해서 사랑 자체가 자본화될 수 있는 것은 아니지만, 커플들은 자본이 만들어낸 사랑의 장소와 환상을 추구함으로써 자본의 논리에 빠지게 된다. 말하자면 '자본화될 수없는 감정과 경험을 가진 사랑의 자본화' 이것이 사랑과 자본주의의 문화적 모순이다.

계급은 사랑이 자본에 의해서 낭만적 상품으로 소비되고 생산되는데 관여한다. 로맨스에 대한 표준적 정의는 중간계급의 문화적 능력과 생활양식을 요구하기 때문이다. 두 사람이 데이트를 하는 공식은 '점잖음'과 '고상함'이라는 중간계급의 가치와 관련되어 있고, 데이트 예절이나 에티켓, 괜찮은 레스토랑에서 함께 음식을 즐기거나 연극이나 콘서트에 가는 것 등도 마찬가지이다.

사랑의 생산과 소비는 중간계급의 문화적 경험에 바탕을 두고 있다. 따라서 노동계급이나 하층계급 출신의 남성들은 덜 낭만적이거나 예의가 없는 사람으로 비추어진다. 이들은 사랑에 쓸 돈도 부족하고 문화적 경험도 적기 때문이다. 결과적으로 에바 일루즈의 주장에 따르면, 낭만적 사랑은 자본주의 사회에서 안식처가 되기보다는 자본과 계급에 포섭됨으로써 불평등하게 소비된다.

지금까지 과학이 사랑을 설명할 수 있는가에 대한 질문으로 생물학이나 뇌과학, 심리학, 사회학이 바라보는 사랑의 방식을 살펴보았다. 내가 너무나 상이한 사랑의 접근방법들을 논의한 것은 사랑의 층위 —— 생물학적 종, 사랑의 심리적 관계, 사회적으로 형성되고 변화하는 성과 젠더의 친밀관계 —— 를 보여주기 위해서였다.

생물학적 종으로서 인간의 사랑은 호르몬과 신경화학물질과 관련되어 있다. 인간과 유사한 포유동물도 비슷한 특징을 지닌다. 연구결과들이 흥미롭기는 하지만 사랑의 호르몬 때문에 사랑을 하는 것이 아님을 분명하다. 어린 시절 사랑을 받지 못한 아이들에게서 분비되는 사랑의 호르몬 양이 적다는 것은 사회문화적 경험의 중요성을 말해준다.

인간이 사랑을 하게 될 때, 분비되는 호르몬이나 신경화학물질은 놀라운 '평형'을 이루는 것 같다. 사랑의 호르몬이 증가하면 동시에 스트레스의 호르몬도 증가하는 것에서 보듯이, 생물학적 평형을 심리학의 관점에서 보면 친밀감이 아닐까 싶다. 열정이나 헌신 같은 사랑의 요소들은 한 사람이 다른 사람에게 보내는 감정과 행위지만, 친밀감은 두 사람 사이에서 형성되는 것이기 때문이다. 친밀감은 곧 두 사람 사이의 '조화'이다.

사회학은 평형이나 조화를 '평등'이라고 말한다. 사회는 구조적으로 불평등한 관계 속에서 발전해왔다. 원시시대 이후 세상이 평등한 적은 없었다. 사회학은 불평등한 사회에 대한 탐구와 비판을 통해서 평등한 세상을 꿈꾸는 학문이기 때문에, 사랑의 사회학은 불평등한 성과 젠더의 관계에

초점을 맞추었다. 사회학은 사랑의 본질을 논의하는 것이 아니라 불평등한 사랑의 관계를 비판한다. 기딘스가 말한 합류적 사랑은 남녀 사이에서 혹은 동성 사이에서 평형과 조화의 관계를 의미한다. 그렇다면 사랑의 한 단면은 생물학적 평형, 심리적 조화, 사회적 평등관계로부터 나온다고 말할 수 있다.

대초원 들쥐와 목초지 들쥐로부터

미국 중서부 초원에 사는 대초원 들쥐는
평생 정절을 지키며 살아갑니다.
대초원 들쥐는 일부일처로 살며
떨어지지 않고
자식도 함께 키웁니다.
암컷과 수컷의 첫교미는 둘의
혼인서약입니다.
죽음이 둘을 갈라놓을 때까지 사랑은
지속됩니다.

그러나 대초원 들쥐의 가까운 친척인
목초지 들쥐는 고정된 애착관계 따위는
모르고 마음 내키는 대로 짝짓기를 합니다.

이런 차이는 어디서 오는 것일까요?

비밀은 두 가지 호르몬
옥시토신과 바소프레신에 있습니다.
두 종류의 들쥐는 겉모습은 비슷하지만
뇌는 전혀 다르게 작동합니다.
대초원 들쥐는 두 호르몬을 잘 생산하는
반면 목초지 들쥐는 그렇지 않았습니다.

애틀랜타 애모리대학교 인셀 연구팀은
뇌의 화학작용을 조작하는 실험을
했습니다. 바소프레신 수용기를
만들어내는 대초원 들쥐의 유전자를
분리해 그것을 목초지 들쥐의
전뇌(前腦)에 주입했더니 이 호색한
목초지 들쥐는 자기 짝밖에 모르는
조신한 들쥐로 바뀌었습니다.

반대로 대초원 들쥐에게 옥시토신과
바소프레신 차단제를 투입했더니
순식간에 정조관념을 버리고 무분별한
짝짓기 행동을 했습니다.

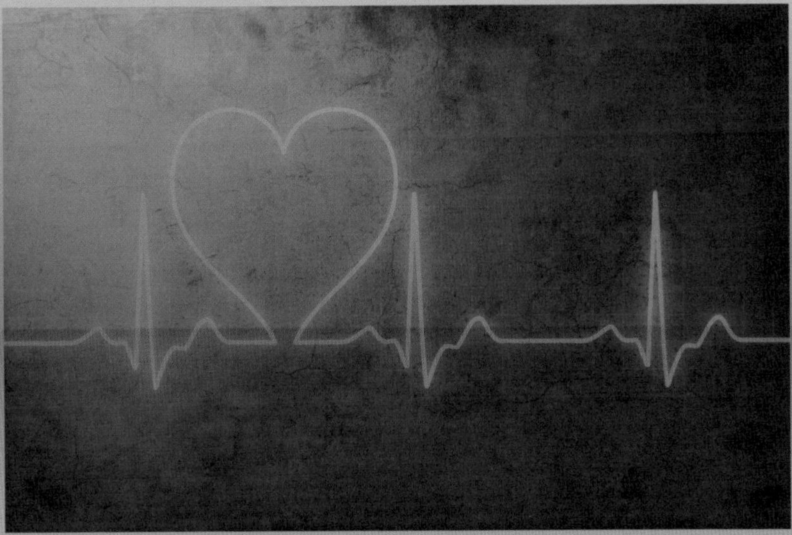

그렇다면 이 실험이 인간의 사랑에도 효력을 발휘할까요?
들쥐 연구팀은 회의적인 반응을 보입니다.
옥시토신과 바소프레신이 성적 만족감과 신뢰감을 주는 것은
사실이라고 하더라도 사랑이라는 복잡한 행위가 그처럼
단순한 유전적 프로그래밍에 따라
결정되리라 생각하지 않기 때문입니다.*

* 프레히트, 《사랑, 그 혼란스러운》, 203~207쪽

만일 사랑이 두 사람이 함께 만드는 멋진 요리라면,
옥시토신과 바소프레신은 수많은 양념 중의 하나일 뿐입니다.
우리는 양념을 가지고 요리라고 말하지 않습니다.
멋진 요리에는 좋은 재료들과 양념들
그리고 요리사의 정성이 함께 들어가 있기 때문입니다.

에필로그

0

사랑은 연역이 아니라 귀납이다.

1

사랑은 현실적 관계와 영원이라는 시간의 관계를 공유하는 것이다. 그러나 영원은 지금이라는 현재적 시간 속에서만 존재한다. 시간은 잃어버리는 것이 아니라 인식의 문제이기 때문에 지금의 순간성이 바로 영원이다. 사랑이 영원을 꿈꾸는 것이라면, 사랑하는 두 사람은 상상의 관계 속에 놓여 있다. 상상의 관계는 두 사람이 한 발은 현실의 땅을 딛고, 다른 한 발은 우주를 향하고 있다는 것이다. 사랑은 현실 속에서만 있는 것도 아니고, 환상 속에서만 있는 것도 아니기 때문이다.

2

사랑의 힘은 구체적일 때 나온다. 우리가 가장 경계해야 할 것은 추상이며, 우리는 사랑을 통해서 추상화된 대상과 관념을 아래로 끌어내려야 한다. 그러나 그 구체적인 사랑이 같은 방식으로 반복될 때 사랑은 구체성을 잃는다. 구체적인 사랑을 위해서 사랑의 형식은 그 둘에 의해서 변해야 한다. 변화하지 않는 사랑은 사랑이 아니듯이 변화하지 않는 구체성은 구체성이 아니다.

3

사랑에는 형용사가 필요하지 않다.

4

처음으로 어떤 대상에게 '나의'라는 수식어를 붙인다. '나의'라는 수식어를 두렵게 네 이름 앞에 붙인다. 사랑이 내 안에서 비밀스러운 또 다른 나를 찾는 과정이라면, 또 다른 내가 네가 된다는 것은 신비한 일이다. 나는 지금까지 누구도 '나의 너' 혹은 대상이 되어본 적이 없다. 나는 네가 나의 일부이기를, 이제는 조심스럽게 확인하고 받아들일 것이다. 그것은 기쁨이고 아름다움이다. 내가 네가 되는 세상은 포기할 수 없는 꿈이다. 나와 너의 거리가 사라질 때 세상은 사랑의 의상을 입는다.

5

자기에 대한 반성적 질문과 자기가 사랑하는 대상에 대한 반성적 질문의 공통분모가 사랑을 만든다.

6

어디로 간 것일까.
길 등 맨발로 서 있는 거리를 지나
손끝 피나게 부벼대 핏물처럼
그득했던 우리의 사랑은
어느 돈 많은 상인의 나귀에 실려
바람 끝 지났을까.

7

사랑하는 두 사람은 땅과 우주 사이에 있는 두 개의 별이다. 모든 별이 그렇듯이, 사랑도 중력과 궤도를 갖고 있다. 한 영혼이 다른 영혼을 끌어당기듯이, 다른 영혼도 한 영혼을 끌어당긴다. 그러나 서로 끌어당긴다고 하더라도 충돌하지 않는다. 일정한 사이가 유지되기 때문이다. 사랑의 중력은 자기인식과 자기애로부터 출발한다. 자기인식은 자신의 가치에 대한 확신이다. 자기애는 자신의 본질을 소중히 여기는 내적 태도이다. 누구나 현재의 자신이 된 데는 그만한 이유가 있다는 확신을 가져야 한다. 사랑의 중력은 이중적 의미를 지닌다. 하나는 나 자신의 관점에서 볼 때 구심력의 자기애이다. 이것으로부터 확장된 원심력이 타인에 대한 사랑이다. 상대방도 마찬가지이다. 구심력과 원심력 사이의 조화가 사랑의 궤도를 만든다.

8

나르키소스의 문제는 자기애에 빠진 것이 아니다. 나르키소스가 벌을 받은 이유는 자신만 사랑했기 때문이 아니라 사랑을 타인으로까지 확장하지 않았기 때문이다. 나르키소스는 미성숙한 상태에 있었던 것이다. 진정한 자기애는 현실적인 자아와 공존하면서 사랑을 밖으로 확장하는 것이다. 그러므로 사랑은 진정한 자기애의 확장이면서, 받는 것이 아니라 주는 능동적 활동이 된다.

9

"여름은 위대하다" 횔덜린의 싯귀다. 아마도 횔덜린은 여름의 그 향일성(向日性) 때문에, 태양과 빛과 초록의 나무들과 물방울, 무지개, 끊임없는 영원으로 날아오르려는 여름의 속성 때문에 여름이 위대하다고 노래했을 것이다. 그렇다면 나에게도 지난 여름은 그 향일성 때문에 아름다웠다. 향일성은 태양을 향하는 것이 아니라 너를 향하고 있기 때문에, 그것은 내가 도달할 수 없는 태양에 대한 추구가 아니라 아름다운 한 사람에 대한 추구이기 때문에.

10

사랑에서 중요한 것은 사랑을 일으키는 울림의 계기가 아니라 오히려 울림 자체다. 사랑의 힘은 우리 안에서 내재하는 존재생성의 힘 혹은 존재의 전환을 일으키는 힘이다. 사랑은 혼(魂)의 비상이다.

11

무섭고 아름다운 것은 소리 없이 다가와서 우리를 정복한다. 언제나 무섭고 아름다운 것들은 소리 없이 와서 소리 없이 각자의 내면에 어떤 씨앗을 뿌려 놓는다. 그 씨앗은 각자 심장의 정원에서 자란다. 사랑은 자신도 모르는 사이 어느 대상 혹은 관념 안으로 들어가게 만든다. 시간이 흐른 뒤에 그것은 손금처럼 우리의 의식에서 각인되어 있다.

12

비가 오후까지 내린다. 그리움을 식히기라도 하려는 듯이, 오전부터 내내 비가 왔고, 나는 너에게 편지를 부치기 위해 우체국으로 갔다. 비가 와도 나는 젖지 않는다. 비가 와도 젖지 않으므로 사랑은 젖지 않는다. 그리움의 빗속으로 사람들이 지나간다. 빗속에서 우산으로 비가 오지 않는 세계를 받쳐 들고 그들은 어디로 가는 것일까. 비가 온다. 그리움으로 내리는 비가 와도 사랑은 젖지 않는다.

13

사랑은 커뮤니케이션이다. 커뮤니케이션은 현재 속에서 과거의 미래와 미래의 과거를 공유하는 것이다.

0

사랑 그 자체는 물질성을 지닌다.

후주

프롤로그

1) 일루즈(Illouz, E.), 《사랑은 왜 아픈가: 사랑의 사회학》, 김희상 역, 돌베개, 2013, 223쪽.
2) 벡과 벡-게른샤임(Beck U. and Beck-Gernsheim, E.), 《사랑은 지독한 그러나 너무나 정상적인 혼란》, 강수영 · 권기돈 · 배은경 역, 새물결, 2006.
3) 김승희, 《4분의 1의 나와 4분의 3의 당신》, 나남, 2014, 113쪽.
4) Fein, E. and Schneider, S., *The Rules: Time-Tested Secrets for Captuing the Heart of Mr. Right,* NY: Warner Books, 1995.
5) 가세트(Gasset, O.), 《사랑에 관한 연구》, 전기순 역, 풀빛, 2008. 11~19쪽.

1장 미켈란젤로의 발견

1) Rusbult, C. Finkel, E. and M. Kumashiro, The Michelangelo phenomenon, *A Journal of the Association for Psychological Science*, 18(6), 2009, pp. 305~309.
2) 괴테(Goethe), 《젊은 베르테르의 슬픔》, 박찬기 역, 민음사, 2009, 40쪽.
3) 세익스피어, 《로미오와 줄리엣》, 최종철 역, 민음사, 2008, 42~43쪽.
4) 시몽(Simon, Y.), 《다음 사랑》, 강금희 역, 문학사상사, 1997, 83쪽.
5) 오비디우스(Ovidius), 《원전으로 읽는 변신이야기》, 천병희 역, 숲, 2005.
6) Hayes, J., *Smart Love*, London: Arrow, 1990, pp. 174~175.

7) 스탕달(Stendhal), 《연애론》, 권오석 역, 홍신문화사, 2013, 15쪽.
8) 스탕달(Stendhal), 《연애론》, 권오석 역, 홍신문화사, 2013, 366~379쪽.
9) 가세트(Gasset, O), 《사랑에 관한 연구》, 전기순 역, 풀빛, 2008, 26~28쪽.

2장 사이 메우기

1) Jauss, H. R., *Toward an Aesthetic Reception*, Sussex: The Harvester Press, 1982, p. 24.
2) 한병철, 《에로스의 종말》, 김태환 역, 문학과 지성사, 2015, 19~20쪽.
3) 알랭 드 보통(Botton, A.), 《왜 나는 너를 사랑하는가》, 정영목 역, 청미래, 2007, 11쪽.
4) 피터 홀워드(Hallward, P.), 《알랭 바디우: 진리를 향한 주체》, 박성훈 역, 도서출판 길, 2016, 323쪽.
5) 임지연, 《사랑: 삶의 재발명》, 은행나무, 2017, 58쪽.

3장 열정의 역설

1) 한형곤, 〈단테의 생애와 작품세계〉, 《신곡》, 서해문집, 2005, 32쪽.
2) Tennove, G., Love and Limerence: The Experience of Being Love, Maryland: Scarborough, 1999.
3) 루만(Luhmann, N.), 《열정으로서의 사랑: 친밀성의 코드화》, 정성훈 · 권기돈 · 조형준 역, 새물결, 2009, 96쪽.
4) 프롬(Fromm, E.), 《사랑의 기술》, 황문수 역, 문예출판사, 2014, 13~14쪽.
5) 임지연, 《사랑: 삶의 재발명》, 은행나무, 2017, 34쪽.

4장 에로스의 거울보기

1) 헤시오도스(Hesiodos), 《신들의 계보》, 천병희 역, 도서출판 숲, 2012, 40쪽.

2) 플라톤(Platon), 《향연》, 천병희 역, 도서출판 숲, 2012, 203a~203d.
3) 바타이유(Bataille, G.), 《에로티즘》, 조한경 역, 민음사, 1989.
4) 프로이트(Freud, S.), 《집단심리학과 자아분석》, 이상률 역, 이책, 2015, 73쪽.
5) 가세트(Gasset, O.), 《사랑에 관한 연구》, 전기순 역, 풀빛, 2008, 41쪽.
6) 김규진, 《한권으로 읽는 밀란 쿤데라》, 21세기북스, 2013, 357쪽.
7) 김용규, 《영화관 옆 철학카페》, 이론과 실천, 2002.
8) 기딘스(Giddens, A.), 《현대 사회의 성 사랑 에로티시즘: 친밀성의 구조변동》, 배은경 · 황정미 역, 새물결, 2003, 200~201쪽.
9) 바우만(Bauman, Z.), 《리퀴드 러브: 사랑하지 않을 권리》, 권태우 · 조형준 역, 새물결, 2013, 46쪽.
10) 슐트(Schuldt, C.), 《낭만적이고 전략적인 사랑의 코드》, 장혜경 역, 푸른숲, 2008, 82쪽.
11) 바우만(Bauman, Z.) 《리퀴드 러브: 사랑하지 않을 권리》, 권태우 · 조형준 역, 새물결, 2013, 37쪽.
12) 프로이트(Freud, S.), 《문명 속의 불만》, 김석희 역, 열린책들, 2014, 300쪽.
13) 루만(Luhmann, N.), 《열정으로서 사랑: 친밀성의 코드화》, 정성훈 · 권기돈 · 조형준, 새물결, 2009, 48쪽.

5장 기억의 공유

1) 니체(Nietzsche, F), 《선악의 저편, 도덕의 계보》, 김정현 역, 책세상, 2002, 217:19~21.
2) 제임스(James, W.), 《한 권으로 읽는 심리학의 원리》, 정명진 역, 부글북스, 2018, 376쪽.
3) 호르스트(Horst, E.), 《중세 최대의 연애사건: 엘로이즈와 아벨라르의 금단의 사랑》, 모명숙 역, 생각의 나무, 2005.
4) 호르스트, 《중세 최대의 연애사건: 엘로이즈와 아벨라르의 금단의 사랑》, 모명숙 역, 생각의 나무, 2005, 89쪽.

5) 레러(Lehrer, J.), 《사랑을 지키는 법》, 박내선 역, 21세기북스, 2017, 193쪽.

6장 사랑의 역사

1) 플라톤(Platon), 《향연》, 천병희 역, 도서출판 숲, 2012, 189c ~ 193d.
2) 크리스티바(Kristeva, J.), 《사랑의 역사》, 김영 역, 민음사, 1995, 112~114쪽.
3) 프롬(Fromm, E.), 《사랑의 기술》, 황문수 역, 문예출판사, 2014, 25쪽.
4) 필립스(Philips, C.), 《사랑 그 위대한 악법: 소크라테스 사랑을 말하다》, 이세진 역, 예담, 2009.
5) 피치노(Ficini, M.), 《사랑에 관하여: 플라톤의 〈향연〉 주해》, 조규홍 역, 나남, 2011, 270쪽.
6) 플라톤(Platon), 《파이드로스》, 천병희 역, 도서출판 숲, 2013, 252c~253c.
7) 플라톤(Plato), 《향연》, 천병희 역, 도서출판 숲, 2012, 206a.
8) 주경철, 〈사랑의 역사〉, 《사랑》, 서울대학교출판문화원, 2014, 34~36쪽.
9) 탱(Tin, G.), 《사랑의 역사: 이성애와 동성애 그 대결의 기록》, 이규현 역, 문학과 지성사, 2010, 37~38쪽.
10) 슐트(Schuldt, C.), 《낭만적이고 전략적인 사랑의 코드》, 장혜경 역, 푸른숲, 2008, 48~50쪽.
11) 루만(Luhmann, N), 《열정으로서 사랑: 친밀성의 코드화》, 정성훈 · 권기돈 · 조형준, 새물결, 2009, 73쪽.
12) 주경철, 〈사랑의 역사〉, 《사랑》, 서울대학교출판문화원, 2014, 86~87쪽.
13) 일루즈(Illouz, E.), 《낭만적 유토피아 소비하기: 사랑과 자본주의의 문화적 모순》, 박형신 · 권호언 역, 이학사, 2014, 28쪽.
14) 일루즈(Illouz, E.), 《낭만적 유토피아 소비하기: 사랑과 자본주의의 문화적 모순》, 박형신 · 권호헌 역, 이학사, 2014.
15) 마르쿠제(Marcuse, H.), 《에로스와 문명: 프로이트 이론의 철학적 탐색》, 김인환 역, 나남출판, 1996.
16) 벡과 벡-게른샤임(Beck, U. and Beck-Gernsheim, E.), 《사랑은 지독한 그러

나 너무나 정상적인 혼란》, 강수영 · 권기돈 · 배은경 역, 새물결, 2006, 152쪽.
17) 일루즈(Illouz, E.), 《사랑은 왜 아픈가: 사랑의 사회학》, 김희상 역, 돌베개, 2013, 85쪽.
18) 바우만(Bauman, Z.), 《액체근대》, 이일수 역, 도서출판 강, 2009, 155쪽.

7장 디지털 사랑 : 관계맺기와 연결하기

1) Mannovich, L., *The Language of New Media*, Cambridge: London, Massachusettes: MIT Press, 2001.
2) 윤석민, 《한국사회 소통의 위기와 미디어》, 나남, 2011, 145쪽.
3) 일루즈(Illouz, E.), 《사랑은 왜 아픈가: 사랑의 사회학》, 김희상 역, 돌베개, 2013, 59쪽.
4) New York Daily News, Online dating grows in popularity, attracting 30 percent of web users, 16. Feb. 2010.
5) Match.com., Dating stats you should know, 31. Match. 2015.
6) Michaelsen, G., *Love is in the Mouse! Online Dating for Women: Crush Your Rivals and Start Dating Extraordinary Men*〔Kindle Edition〕, 2014.
7) 바우만(Bauman, Z.), 《리퀴드 러브: 사랑하지 않은 권리》, 권태우 · 조형준 역, 새물결, 2013, 24~26쪽.
8) 주창윤, 《허기사회: 한국인은 지금 어떤 마음이 고픈가》, 글항아리, 2013.
9) 데이비도우(Davidow. W.), 《과잉연결 시대》, 김동규 역, 수이북스, 2011.
10) 박홍근, 〈신자유주의 시대에 연애가 가능할까? 연애코칭 프로그램 〈마녀사냥〉을 중심으로〉. 《방송작가》(3월호), 2015, 90~97쪽.
11) 슐트(Schuldt, C.), 《낭만적이고 전략적인 사랑의 코드》, 장혜경 역, 푸른숲, 2008, 316~320쪽.

8장 내 안의 타인

1) Hatfield, E., and Rapson, R., Love and intimacy, *Encyclopedia of Mental Health*, Vol.2, 1994, pp. 583~592.
2) Sternberg, R.(1986), A triangular theory of love, *Psychological Review*, 93, 1986, pp. 119~135.
3) Cohen, Das Buch meiner Mutter, 1984, p. 18.(벡과 벡-게른샤임, 2006, 184쪽, 재인용)
4) 브리토(Brito, R.), 〈몸에서 몸으로〉, 《사랑에 대한 모든 것》, 민영진 역, 흐름출판, 2014, 73쪽.
5) 사르트르(Sartre), 《존재와 무》, 변광배 역, 동서문화사, 2005, 309쪽.
6) 메를로 퐁티(Merleau-Ponty, M.), 《지각의 현상학》, 류의근 역, 문학과 지성사, 2002.

9장 비눗방울의 상처

1) 루만(Luhmann, N.), 《열정으로서의 사랑: 친밀성의 코드화》, 정성훈 · 권기돈 · 조형준 역, 새물결, 2009, 80쪽(역주).
2) 가잘레(Gazale, O.), 《철학적으로 널 사랑해》, 김수경 역, 레디셋고, 2013, 309쪽.
3) 슐트(Schuldt, C.), 《낭만적이고 전략적인 사랑의 코드》, 장혜경 역, 푸른숲, 2008, 103~104쪽.
4) 김중술, 《사랑의 의미》, 서울대학교 출판부, 2009, 49~50쪽.
5) 일루즈(Illouz, E.), 《사랑은 왜 아픈가: 사랑의 사회학》, 김희상 역, 돌베개, 2013.
6) 프롬(Fromm, E.), 《사랑의 기술》, 황문수 역, 문예출판사, 2014, 13~14쪽.
7) 버리스(Burris, C.), 비누거품, 《사랑에 대한 모든 것》, 민영진 역, 흐름출판, 2014, 184~187쪽.
8) 김용규, 《영화관 옆 철학카페》, 이론과 실천, 2002, 209쪽.

10장 타자의 경계 넘기

1) 보부아르(Beauvoir, S.), 《제2의 성》, 이희영 역, 동서문화사, 2009, 226~227쪽.
2) 김명주, 《여성의 性이 聖스러웠을 때: 사랑의 페미니즘을 위하여》, 충남대학교출판문화원, 2018, 167쪽.
3) 주경철 · 정재승 · 박지현 공저, 《사랑》, 서울대출판문화원, 2014, 27쪽.
4) 프롬(Fromm, E.), 《사랑의 기술》, 황문수 역, 문예출판사, 2014, 70~71쪽.
5) 얠롬(Yalom, M)과 브라운(Brown, T. D), 《여성의 우정에 관하여: 자매애에서 동성애까지 그 친밀한 관계의 역사》, 정지인 역, 책과 함께, 2016.
6) 훅스(Hooks, B), 《페미니즘: 주변에서 중심으로》, 윤은진 역, 모티브북, 2010, 82쪽.
7) 이채원, 《영화 속 젠더 지평》, 서강대출판부, 2014, 305쪽.
8) 펙(Peck, S.), 《아직도 가야 할 길》, 신승철 · 이종만 역, 열음사, 2004, 113쪽.
9) 레비나스(Levinas, E.), 《전체성과 무한: 외재성에 대한 에세이》, 김도형 · 문성원 · 손영창 역, 그린비, 2018, 406쪽.

11장 또 하나의 사랑

1) 스탠튼(Stanton, J.), 《동성애 어떻게 볼 것인가》, 김성녀 역, IVP, 1999, 13쪽.
2) 러프가든(Roughgarden, J.), 《진화의 무지개: 자연과 인간의 다양성, 젠더와 섹슈얼리티》, 노태복 역, 뿌리와이파리, 2010.
3) 모알렘(Moalem, S.), 《진화의 선물, 사랑의 작동원리》, 정종욱 역, 상상의숲, 2011, 201쪽.
4) 아감벤(Agamben, G.), 《호모 사케르: 주권 권력과 벌거벗은 생명》, 박진우 역, 새물결, 2008.
5) 울프(Wolf, V.), 《올란도》, 최홍규 역, 평단문화사, 2004, 209쪽.
6) 버틀러(Butler, J.), 《젠더 트러블》, 조현준 역, 2008, 문학동네, 49쪽.
7) 버틀러(Butler, J.), 《젠더 트러블》, 조현준 역, 2008, 문학동네, 342쪽.

12장 사랑의 과학

1) 스노든(Snowdon, C.), 〈동물들의 사랑〉, 《사랑에 대한 모든 것》, 민영진 역, 2014, 흐름출판.
2) Zak, P., TED Global presentation, 2011.
3) Marazziti, D., Akiskal, H., Rossi, A., and Cassano, G., Alteration of platelet serotonin transporter in romantic love, *Psychol Med*, 29(3), 1999, pp. 741~715.
4) 마라지티(Marazziti, D.), 〈사랑 실험실〉, 《사랑에 대한 모든 것》, 민영진 역, 2014, 흐름출판.
5) Bartels, A., and S. Zeki, The neural basis of romantic love, *NeuroReport*, II(17), 2000, pp. 3829~3834.
6) 바텔스(Bartels, A.) 〈사랑의 신경과학〉, 《사랑에 대한 모든 것》, 민영진 역, 2014, 흐름출판.
7) Aron, A., Fisher, H., Mashek, D., Strong, G., Li, H., & Brown, L., Reward, motivation and emotion systems associated with early-stage intense romantic love, *Journal of Neurophysiology*, 94(1), 2005, pp. 327~337.
8) Hegi, K. and Bergner, R., What is love? An empirically-based essentialist account, *Journal of Social and Personal Relationships*, 27(5), 2010, pp. 620~636.
9) 가잘레(Gazalé, O.), 《철학적으로 널 사랑해》, 김주경 역, 레디셋고, 2013, 43쪽.
10) Hatfield, E., and Rapson, R.(1994), Love and intimacy, *Encyclopedia of Mental Health*, Vol.2, pp. 583.
11) Sternberg, R., A triangular theory of love, *Psychological Review*, 93, 1986, pp. 119~135.
12) 김중술, 《사랑의 의미》, 서울대학교 출판부, 2009, 9쪽.
13) 최혜경 · 강진경 · 신수진, 〈Sternberg의 사랑의 삼각이론의 한국 부부에의 적용〉, 《한국가정관리학회지》, 제17권 4호, 1999, 47~59쪽.
14) Lee, J. A, *The Colors of Love: An Exploration of the Ways of Loving*,

Toronto: New Press, 1973.

15) Fehr, B., Prototype analysis of the concepts of love and commitment, *Journal of Personality and Social Psychology*, 55, 1988, pp. 557~579; Fehr, B. and Russell, J. A., the concept of love viewed from a prototype perspective, *Journal of Personality and Social Psychology*, 60(3), 1991, pp. 425~438.

16) Regan, P. C., Kocan, E. R. and Whitlock, T., Ain't love grand! A prototype analysis of the concept of romantic love, *Journal of Social and Personal Relationships*, 15(3), 1998, pp. 411~420.

17) 기딘스(Giddens, A.), 《현대 사회의 성, 사랑, 에로티시즘》, 배은경 · 황정미 역, 새물결, 2003, 83쪽.

18) 일루즈(Illouz, E.), 《사랑은 왜 아픈가: 사랑의 사회학》, 김희상 역, 돌베개, 2013, 114쪽.

19) 일루즈(Illouz, E.), 《사랑은 왜 아픈가: 사랑의 사회학》, 김희상 역, 돌베개, 2013, 154~155쪽.

20) 벡과 벡-게른샤임(Beck, U. and Beck-Gernsheim, E.), 《장거리 사랑》, 이재원 · 홍찬숙 역, 새물결, 2012, 25쪽.

참고문헌

김규진, 《한권으로 읽는 밀란 쿤데라》, 21세기북스, 2013.
김두식, 《욕망해도 괜찮아》, 창비, 2012.
김명주, 《여성의 性이 聖스러웠을 때: 사랑의 페미니즘을 위하여》, 충남대학교출판문화원, 2018.
김승희, 《4분의 1의 나와 4분의 3의 당신》, 나남, 2014.
김용규, 《영화관 옆 철학카페》, 이론과 실천, 2002.
김중술, 《사랑의 의미》, 서울대학교 출판부, 2009.
노희경, 《세상에서 가장 아름다운 이별》, 북로그컴퍼니, 2010.
박홍근, 신자유주의 시대에 연애가 가능할까? 연애코칭 프로그램 〈마녀사냥〉을 중심으로. 《방송작가》(3월호), 2015, 90~97쪽.
오규원, 《가슴이 붉은 딱새: 무릉日記》, 문학동네, 1996.
윤석민, 《한국사회 소통의 위기와 미디어》, 나남, 2011.
이도흠, 〈마음의 깨달음과 정치 참여의 화쟁: 원효와 맑스〉, 《문화과학》 64호, 2010, 126~149쪽.
이승우, 《사랑의 생애》, 예담, 2017.
이채원, 《영화 속 젠더 지평》, 서강대출판부, 2014.
임지연, 《사랑: 삶의 재발명》, 은행나무, 2017.
정진국, 《사랑의 이미지》, 민음사, 2005.
주경철 · 정재승 · 박지현, 〈사랑의 역사〉,《사랑》, 서울대학교출판문화원, 2014.
주창윤, 《허기사회: 한국인은 지금 어떤 마음이 고픈가》, 글항아리, 2013.

최혜경 · 강진경 · 신수진, 〈Sternberg의 사랑의 삼각이론의 한국 부부에의 적용〉, 《한국가정관리학회지》, 제17권 4호, 1999, 47~59쪽.

한병철,《에로스의 종말》, 김태환 역, 문학과지성사, 2015.

한형곤, 〈단테의 생애와 작품세계〉,《신곡》, 서해문집, 2005.

황광우,《사랑하라: 단 한권의 소크라테스전》, 생각정원, 2013.

히가시노 게이고,《아내를 사랑한 여자》, 이선희 역, 창해, 2006.

아감벤(Agamben, G.),《호모 사케르: 주권 권력과 벌거벗은 생명》, 박진우 역, 새물결, 2008.

바르트(Barthes, R.),《사랑의 단상》, 김희영 역, 동문선, 2004.

바타이유(Bataille, G.),《에로티즘》, 조한경 역, 민음사, 1989.

바우만(Bauman, Z.),《리퀴드 러브: 사랑하지 않은 권리》, 권태우 · 조형준 역, 새물결, 2013.

바우만(Bauman, Z.),《액체 근대》, 이일수 역, 도서출판 강, 2009.

보부아르(Beauvoir, S.),《제2의 성》, 이희영 역, 동서문화사, 2009.

벡과 벡-게른샤임(Beck, U. and Beck-Gernsheim, E.),《사랑은 지독한 그러나 너무나 정상적인 혼란》, 강수영 외 역, 새물결, 2006.

벡과 벡-게른샤임(Beck, U. and Beck-Gernsheim, E.),《장거리 사랑》, 이재원 · 홍찬숙 역, 새물결, 2012.

보통(Botton, A.),《왜 나는 너를 사랑하는가》(개정판), 정영목 역, 청미래, 2007.

버리스(Burris, C.), 비누거품,《사랑에 대한 모든 것》, 민영진 역, 흐름출판, 2014.

버틀러(Butler, J.),《젠더 트러블》, 조현준 역, 문학동네, 2008.

붕크(Buunk, A.P.), 파괴적인 질투,《사랑에 대한 모든 것》, 민영진 역, 흐름출판, 2014

단테(Dante, A.),《신곡》, 한형곤 역, 서해문집, 2005.

데이비도우(Davidow, W.),《과잉연결 시대》, 김동규 역, 수이북스, 2011.

피치노(Ficini, M.),《사랑에 관하여: 플라톤의 〈향연〉 주해》, 조규홍 역, 나남, 2011.

프로이트(Freud. S.),《문명 속의 불만》, 김성희 역, 열린책들, 2004.

프로이트(Freud. S.), 《집단 심리학과 자아분석》, 이상률 역, 이책, 2015.
프롬(Fromm, E.), 《사랑의 기술》, 황문수 역, 문예출판사, 2014.
프롬(Fromm, E.), 《소유냐 존재냐》, 차경아 역, 까치, 1996.
가세트(Gasset, O.), 《사랑에 관한 연구》, 전기순 역, 풀빛, 2008.
가잘레(Gazale, O.), 《철학적으로 널 사랑해》, 김수경 역, 레디셋고, 2013.
기딘스(Giddens, A.), 《현대 사회의 성, 사랑, 에로티시즘》, 배은경 · 황정미 역, 새물결, 2003.
괴테(Goethe), 《젊은 베르테르의 슬픔》, 박찬기 역, 민음사, 2009.
곰브리치(Gombrich, E.), 《서양미술사》, 최민 역, 열화당, 1994.
고르(Gorz, A.), 《D에게 보낸 편지》,임희근 역, 학고재, 2007.
홀워드(Hallward, P.), 《알랭 바디우: 진리를 향한 주체》, 박성훈 역, 도서출판 길, 2016.
엘로이즈와 아벨라르(Héloïse et Abélard), 《엘로이즈와 아벨라르》, 강계순 편역, 제삼기획, 1988.
헤시오도스(Hesiodos), 《신들의 계보》, 천병희 역, 숲, 2009.
호르스트(Horst, E.), 《중세 최대의 연애사건: 엘로이즈와 아벨라르의 금단의 사랑》, 모명숙 역, 생각의 나무, 2005.
훅스(Hooks, B.), 《페미니즘: 주변에서 중심으로》, 윤은진 역, 모티브북, 2010.
일루즈(Illouz, E.), 《낭만적 유토피아 소비하기: 사랑과 자본주의의 문화적 모순》, 박형신 · 권오헌 역, 이학사, 2014.
일루즈(Illouz, E.), 《사랑은 왜 아픈가: 사랑의 사회학》, 김희상 역, 돌베개, 2013.
제임스(James. W), 《한 권으로 읽는 심리학의 원리》, 정명진 역, 부글북스, 2018.
크리스티바(Kristeva, J.), 《사랑의 역사》, 김영 역, 민음사, 1995.
쿤데라(Kundera, M.), 《참을 수 없는 존재의 가벼움》, 이재룡 역, 민음사, 2011.
쿤데라(Kundera, M.), 《불멸》, 김병욱 역, 민음사, 2010.
레더(Lehrer, J.), 《사랑을 지키는 법》, 박내선 역, 21세기북스, 2017.
레비나스(Levinas, E.), 《전체성과 무한: 외재성에 대한 에세이》, 김도형 · 문성원 · 손영창 역, 그린비, 2018.

루만(Luhmann, N.), 《열정으로서의 사랑: 친밀성의 코드화》, 정성훈 · 권기돈 · 조형준 역, 새물결, 2009.
마르쿠제(Marcuse, H.), 《에로스와 문명: 프로이트 이론의 철학적 탐색》, 김인환 역, 나남출판, 1996.
마르케스(Marquez, G.), 《콜레라 시대의 사랑》, 송병선 역, 민음사, 2004.
메를로 퐁티(Merleau-Ponty, M), 《지각의 현상학》, 류의근 역, 문학과 지성사, 2002.
모알렘(Moalem, S.), 《진화의 선물: 사랑의 작동원리》, 정종욱 역, 상상의숲, 2011.
니체(Nietzsche, F), 《선악의 저편, 도덕의 계보》, 김정현 역, 책세상, 2002.
오비디우스(Ovidius), 《원전으로 읽는 변신이야기》, 천병희 역, 숲, 2005.
오비디우스(Ovidius), 《오비디우스의 사랑의 기술》, 김원익 역, 에버리치홀딩스, 2010.
펙(Peck, S.), 《아직도 가야 할 길》, 신승철 · 이종만 역, 열음사, 2004.
페로(Perrault, C.), 《푸른 수염》, 김주열 역, 샘터, 2007.
필립스(Philips, C.), 《사랑 그 위대한 악법: 소크라테스 사랑을 말하다》, 이세진 역, 예담, 2009.
플라톤(Plato), 《파이드로스》, 천병희 역, 도서출판 숲, 2013.
플라톤(Plato), 《향연》, 천병희 역, 도서출판 숲, 2012.
프레히트(Precht, R.), 《사랑 그 혼란스러운: 사랑을 믿는 이들을 위한 위험한 철학책》, 박규호 역, 21세기북스, 2009.
포프(Pope, A.), 《포프 시선》, 김옥수 역, 커뮤니케이션북스, 2010.
러프가든(Roughgarden, J.), 《진화의 무지개: 자연과 인간의 다양성, 젠더와 섹슈얼리티》, 노태복 역, 뿌리와이파리, 2010.
사르트르(Sartre, J.P), 《존재와 무》, 변광배 역, 동서문화사, 2005.
슐트(Schuldt, C.), 《낭만적이고 전략적인 사랑의 코드》, 장혜경 역, 푸른숲, 2008.
스탠튼(Stanton, J.), 《동성애 어떻게 볼 것인가》, 김성녀 역, IVP, 1999.
스탕달(Stendhal), 《연애론》, 권오석 역, 홍신문화사, 2010.
시몽(Simon, Y.), 《다음 사랑》, 강금희 역, 문학사상사, 1997.

스트라스부르크(StraBurg, G.), 《트리스탄과 이졸데》, 박휜 역, 실험출판사, 1979.
톨스토이(Tolstoi, L.), 《인생론》, 송숙경 역, 현암사, 1983.
탱(Tin, G.), 《사랑의 역사: 이성애와 동성애 그 대결의 기록》, 이규현 역, 문학과 지성사, 2010.
월러(Waller, R. J.), 《매디슨 카운티의 다리》, 공경희 역, 시공사, 2002.
울프(Wolf, V.), 《올란도》, 최홍규 역, 평단, 2004.
옐롬(Yalom, M.)과 브라운(Brown, T. D.), 《여성의 우정에 관하여: 자매애에서 동성애까지 그 친밀한 관계의 역사》, 정지인 역, 책과함께, 2016.

Aron, A., Fisher, H., Mashek, D., Strong, G., Li, H., & Brown, L., Reward, motivation and emotion systems associated with early-stage intense romantic love, *Journal of Neurophysiology*, 94(1), 2005, pp. 327~337.
Bartels, A., and S. Zeki, The neural basis of romantic love, *NeuroReport*, II(17), 2000, pp. 3829~3834.
Butler, J., Performative acts and gender construction: An essay in phenomenology and feminist theory, Theatre Journal, 1988, pp. 519~531.
Fehr, B., Prototype analysis of the concepts of love and commitment, *Journal of Personality and Social Psychology*, 55, 1988, pp. 557~579
Fehr, B. and Russell, J. A., The concept of lvoe viewed from a prototype perspective, *Journal of Personality and Social Psychology*, 60(3), 1991, pp. 425~438.
Fein, E. and Schneider, S., *The Rules: Time-Tested Secrets for Capturing the Heart of Mr. Right*, NY:Warner Books, 1995.
Hatfield, E., and Rapson, R.(1994), Love and intimacy, *Encyclopedia of Mental Health*, Vol.2, pp. 583~592.
Hayes, J., *Smart Love*, London: Arrow, 1990.

Jauss, H.R., *Toward an Aesthetic Reception*, Sussex: The Harvester Press, 1982.

Lee, J.A., *The Colors of Love: An Exploration of the Ways of Loving*, Tornoto: New Press, 1973.

Mannovich, L., *The Language of New Media*, Cambridge: London, Massachusettes: MIT Press, 2001.

Match.com, Dating stats you should know, 31. Match. 2015.

Michaelsen, G., *Love is in the Mouse! Online Dating for Women: Crush Your Rivals and Start Dating Extraordinary Men* [Kindle Edition], 2014.

New York Daily News, Online dating grows in popularity, attracting 30 percent of web users, 16. Feb. 2010.

Rusbult, C., Finkel, E. and M. Kumashiro, The Michelangelo phenomenon, *A Journal of the Association for Psychological Science*, 18(6), 2009, pp. 305~309.

Sternberg, R., A triangular theory of love, *Psychological Review*, 93, 1986, pp. 119~135.

Sternberg, R., (1988), Triangulating love, In R. Sternberg & M. L. Barnes(Eds.), *The Psychology of Love*, New Haven: Yale University Press.

Tennove, G., Love and Limerence: The Experience of Being Love, Maryland: Scarborough, 1999.

Wearing, D., *Forever Today: A Memoir of Love and Amnesia*, London: Cogibook, 2005.

Zak, P., TED Global presentation, 2011.

사랑의 인문학

1판 1쇄 발행 2019년 5월 14일
1판 4쇄 발행 2023년 8월 21일

지 은 이 주창윤
펴 낸 이 신혜경
펴 낸 곳 마음의숲

대　　표 권대웅
편　　집 전유진 채수희
디 자 인 임정현 박기연
마 케 팅 노근수

출판등록 2006년 8월 1일(제2006-000159호)
주　　소 서울시 마포구 와우산로30길 36 마음의숲빌딩(창전동 6-32)
전　　화 (02) 322-3164~5 팩스 (02) 322-3166
이 메 일 maumsup@naver.com
인스타그램 @maumsup
용지 월드페이퍼(주) 인쇄·제본 (주)에이치이피

ISBN 979-11-6285-029-9 (03300)

*값은 뒤표지에 있습니다.

*잘못 만들어진 책은 구입하신 곳에서 교환해드립니다.

*이 도서의 국립중앙도서관 출판예정도서목록(CIP)은 e-CIP홈페이지(http://www.nl.go.kr/ecip)와
국가자료공동목록시스템(http://www.nl.go.kr/kolisnet)에서 이용하실 수 있습니다.
(CIP제어번호: CIP2019015999)